2025年度版

石川県の家庭科

過去問

協同教育研究会 編

協同出版

本書には，石川県の教員採用試験の過去問題を収録しています。各問題ごとに，以下のように5段階表記で，難易度，頻出度を示しています。

難　易　度

非常に難しい	☆☆☆☆☆
やや難しい	☆☆☆☆
普通の難易度	☆☆☆
やや易しい	☆☆
非常に易しい	☆

頻　出　度

◎	ほとんど出題されない
◎◎	あまり出題されない
◎◎◎	普通の頻出度
◎◎◎◎	よく出題される
◎◎◎◎◎	非常によく出題される

※本書の過去問題における資料，法令文等の取り扱いについて

本書の過去問題で使用されている資料や法令文の表記や基準は，出題された当時の内容に準拠しているため，解答・解説も当時のものを使用しています。ご了承ください。

はじめに～「過去問」シリーズ利用に際して～

教育を取り巻く環境は変化しつつあり，日本の公教育そのものも，教員免許更新制の廃止やGIGAスクール構想の実現などの改革が進められています。また，現行の学習指導要領では「主体的・対話的で深い学び」を実現するため，指導方法や指導体制の工夫改善により，「個に応じた指導」の充実を図るとともに，コンピュータや情報通信ネットワーク等の情報手段を活用するために必要な環境を整えることが示されています。

一方で，いじめや体罰，不登校，暴力行為など，教育現場の問題もあいかわらず取り沙汰されており，教員に求められるスキルは，今後さらに高いものになっていくことが予想されます。

本書の基本構成としては，出題傾向と対策，過去5年間の出題傾向分析表，過去問題，解答および解説を掲載しています。各自治体や教科によって掲載年数をはじめ，「チェックテスト」や「問題演習」を掲載するなど，内容が異なります。

また原則的には一般受験を対象としております。特別選考等については対応していない場合があります。なお，実際に配布された問題の順番や構成を，編集の都合上，変更している場合があります。あらかじめご了承ください。

最後に，この「過去問」シリーズは，「参考書」シリーズとの併用を前提に編集されております。参考書で要点整理を行い，過去問で実力試しを行う，セットでの活用をおすすめいたします。

みなさまが，この書籍を徹底的に活用し，教員採用試験の合格を勝ち取って，教壇に立っていただければ，それはわたくしたちにとって最上の喜びです。

協同教育研究会

CONTENTS

第１部

石川県の
家庭科
出題傾向分析

石川県の家庭科　傾向と対策

石川県家庭科は，中高共通問題である。問題数は年度によって多少の変動があるが，2024年度も2023年度同様，大問8問で解答時間は60分である。2022年度は大問6問で試験時間は60分であった。解答形式は選択式と記述式の併用であるが，ここ数年，選択式(マークシート式)のウエイトが高くなっている。2024年度の記述式については，説明を求めるものや受験生の考えを問うもの，データを読み解く力を問うもの，いくつかの条件にあった料理を考え，その作り方・分量を4群に分けるなど，簡潔な説明力が要求されるものが出題されており，食に対する深い知識が問われた。難易度は高等学校の教科書レベルが多いが，ファッション造形やフードデザインなど専門教科からの出題もみられた。

出題領域は，年度によって傾向が異なる。子どもへの理解，高齢者の暮らし，栄養と健康，調理，衣服の材料，間取り・平面図の書き方，お金の管理・カード・家計・消費者保護の法律については出題頻度が高い。また，生活文化に関連する問題も，毎年，衣生活や食生活，住生活の各分野のいずれかにおいて出題されており，2024年度は衣生活と食生活の出題であった。

学習指導要領について，2023年度は中学校と高等学校の家族・家庭生活の指導事項に関する問題が出題され，過去には学習指導要領の改訂箇所の出題頻度が高く出題されていた。2024年度は学習指導要領解説は示されたが，出題はそれに関して幼児の遊びであった。

「子ども・高齢者と家族」では，2023年度同様，今日的な問題が多く，幼児の遊び，子育て支援に関してネウボラ，高齢者に関しては超高齢化社会，高齢者虐待，高齢者のための国連原則，エイジレス社会が出題された。過去には，家族の機能の変化，父親の育児参加など夫婦で子育てと職業を両立させるための法律・制度，父親の育児参加についての授業案作成の問題が出された。「食生活」では炭水化物の種類と働き，分子式などが出題された。また，食文化・調理・栄養に関する複合問題で，加賀野菜を使った料理を考える問題もみられた。2023年度は県内の伝統的な醗酵食品を選ぶ問題が出題されており，2024年度の加賀野菜も含め，地域特有の食文化は確認しておきたい。過去にはトレーサビリティと食品表示が出題されたこともある。さらに，防災に関してローリングストックの出題もあった。「衣生活」では和服の歴史，伝統文様，反物の裁断など生活文化的な問題とダーツなどの製作技法が出題された。ファッション造形などの専門教科の教科書も確認しておきたい。過去には衣服材料として糸に関してかなり詳細な問題や新開発のポリ乳酸繊維は環境問題に関連して出題された。さらに，実習に関連して布，糸，針の規格が出題されたこともある。「住生活」は2023年度は出題がなかったが，2024年度は安全な住まい，防災について，ハザードマップ，トラッキング現象，耐震・免震・制振構造，災害時の備えなどが出題された。「消費生活と環境」では消費者保護の法律，クーリングオフの対象と変更点について出題された。過去にはキャッシュレス社会と給与明細，成年年齢引き下げ，インターネットショッピング，未成年の契約，消費者運動と消費者保護などについて出題された。年利計算は2021年度・2020年度と続けて出題されたことがある。環境については，過去には気候変動枠組条約や京都議定書，循環型社会形成推進基本法，カーボン・オフセット，SDGs，アップサイクル，LCA，フェアトレードが出題された。

対策について，近年，選択式(マークシート式)の割合が高くなり，かなりの高得点が予想される。よって，わずかな取りこぼしも合否に関わってくると考えられるため緻密な準備が必要である。出題内容は年度によって大きく異なるので，すべての分野にわたって偏りなく準備して試験に臨んでほしい。専門的な出題や複合的な出題もみられるので，知識と理解を深めておきたい。1次試験で実技試験も課されているので，調理・衣服を実際に製作し，図の確認なども行っておきたい。指導法については，2020～22年度の出題はみられなかったが，2023年度に出題されているのでこれまでのテーマを参考に授業案作成の学習をしておきたい。これは，面接試験や模擬授業で役に立つだろう。学習指導要領については，目標，内容，指導計画の作成と内容の取扱いを中心に，学習指導要領解説を参考にしながら学習を進めてほしい。特に，小学校～高等学校までの連続性や系統性など，改訂の要点を把握しておきたい。実技試験では，被服実習か調理実習が実施されており，2024年度は被服実習が課された。

家庭科の試験対策は知識，技術共に範囲も広く，準備も容易ではないが，1・2次試験，教員となってからも必要なものであるので，早くから少しずつ準備を始めてほしい。

過去5年間の出題傾向分析

分　類	主な出題事項	2020年度	2021年度	2022年度	2023年度	2024年度
子ども・高齢者と家族	子どもへの理解	●	●	●		●
	子育て支援の法律・制度・理念				●	●
	児童福祉の法律・制度			●	●	
	家族と家庭生活	●	●	●	●	
	高齢者の暮らし	●	●	●	●	
	高齢者への支援	●				●
	福祉と法律・マーク					
	その他				●	
食生活	栄養と健康	●			●	●
	献立					●
	食品		●		●	
	食品の表示と安全性		●	●	●	
	調理	●	●			●
	食生活と環境					
	生活文化の継承		●	●	●	
	その他	●			●	
衣生活	衣服の材料	●	●		●	
	衣服の表示	●	●			
	衣服の手入れ			●		
	製作	●				●
	和服			●		●
	衣生活と環境	●		●	●	
	生活文化の継承			●		●
	その他	●			●	
住生活	住宅政策の歴史・住宅問題					
	間取り，平面図の書き方	●	●			
	快適性（衛生と安全）	●	●	●		●
	住まい方（集合住宅など）			●		
	地域社会と住環境		●			
	生活文化の継承		●	●		
	その他					●
消費生活と環境	消費者トラブル	●		●		
	消費者保護の法律	●		●	●	●
	お金の管理，カード，家計	●	●		●	
	循環型社会と3R		●			
	環境問題と法律		●			
	消費生活・環境のマーク					
	その他				●	
学習指導要領に関する問題		●	●		●	●
学習指導法に関する問題					●	

第2部

石川県の
教員採用試験
実施問題

2024年度　実施問題

【中高共通】

【1】安心・安全な住まいについて，次の文章を読み，以下の問いに答えなさい。

住まいの役割のひとつは，自然環境や自然災害から私達の身を守ることである。自然災害は，いつ，どこで発生するかわからない。同じ災害でも，住まいが建っている地盤や高低差，傾斜などによって被害の内容や程度が変わる。各地域の[　ア　]などで，あらかじめ自分が住む地域の地盤や地形を調べ，日頃から対策を考えておくことが重要である。

また，地震の多い日本では，技術が発達し，耐震・免震・制振構造など地震に強い構造も考えられており，様々な室内の地震対策も提案されている。例えば，家具類の転倒や落下物により負傷しないように，家具を固定したり，倒れても負傷しないような家具の配置などの工夫も必要である。

住まいの危険は，災害だけではない。家庭内事故の防止も大切である。家庭内事故による死者は，交通事故による死者より多く，その死者の年齢層としては，[　イ　]の割合が最も高い。調理器具やたばこなど，さまざまな原因によって建物の火災が発生することもある。例えば，[　ウ　]は，電源プラグに周囲のほこりが付着することにより起こる。定期的に電源プラグを抜いて周囲のほこりを取り除くなど十分注意する必要がある。

問1　空欄[　ア　]～[　ウ　]に当てはまる語句として最も適当なものを，次の①～⑧からそれぞれ一つずつ選びなさい。

① 0～4歳　　② インフラストラクチャー
③ トラッキング現象　　④ コンバージョン
⑤ 65歳以上　　⑥ ハイドロプレーニング現象
⑦ バックドラフト　　⑧ ハザードマップ

問2　下線部に関連する語句について，語句と以下の あ～う の説明の組合せとして正しいものを，次の①～⑥から一つ選びなさい。

①　耐震構造－あ　　免震構造－い　　制振構造－う
②　耐震構造－あ　　免震構造－う　　制振構造－い
③　耐震構造－い　　免震構造－あ　　制振構造－う
④　耐震構造－い　　免震構造－う　　制振構造－あ
⑤　耐震構造－う　　免震構造－あ　　制振構造－い
⑥　耐震構造－う　　免震構造－い　　制振構造－あ

あ　揺れのエネルギーを吸収する装置で被害を抑える構造
い　柱や壁を強くしたり，筋交いを入れたりして地震に耐える構造
う　建物と地面の間にゴムなどをつけて地面の揺れを建物に伝えないようにする構造

(☆☆☆◎◎◎◎)

【2】災害時の備えについて，次の文章を読み，以下の問いに答えなさい。

大規模災害では，災害発生直後から一定期間は外部から支援が得られないことが想定される。自治体の支援も1～3日程度かかり，電気，水道，ガスなどのライフラインの復旧には時間がかかる。そのため，日頃から災害時に利用できる食料を備蓄しておくことが大切である。

問1　下線部について，次の文章の空欄[　あ　]～[　う　]に当てはまる数字の組合せとして正しいものを，以下の①～④から一つ選びなさい。

政府広報オンラインによれば，水は飲料水と調理用水として1人当たり1日[　あ　]L程度必要で，食料は最低でも[　い　]日分備蓄しておくことが重要と示されている。また，災害時に家族の安否を確認する「災害用伝言ダイヤル」は[　う　]である。

①　あ　1　い　1　う　171　　②　あ　1　い　3　う　177
③　あ　3　い　1　う　177　　④　あ　3　い　3　う　171

問2　災害時の備えとして「ローリングストック」という方法がある。これはどのような方法か，具体的に説明しなさい。

(☆☆☆◎◎◎◎)

【3】超高齢社会について，次の問いに答えなさい。

問1　次の文章を読み，以下の(1)～(3)に答えなさい。

私たちの社会は，急速に人口の高齢化が進んでいる。総人口のうち65歳以上が占める割合(高齢化率)は，世界の中で1980年代までは下位であったが，2005年からは世界で最も高い水準となっている。高齢化率が，一般に人口の[　a　]%を超えた社会を高齢化社会といい，[　b　]%を超えると高齢社会と呼ばれる。さらに[　c　]%を超えた社会を超高齢社会と呼ぶ。

また，高齢化が進む中で，「高齢者虐待」が世界で深刻な問題となっている。虐待の内容として一番多いものが，[　ア　]，次に[　イ　]が続く。また，虐待を受ける高齢者の性別は圧倒的に[　ウ　]が多く，虐待の加害者の被虐待高齢者との続柄は[　エ　]が最も多い。

1991年に国連で採択された高齢者のための国連原則では5つの観点から，高齢者の人権擁護が取り上げられた。それを受けて日本では，2006年に[　オ　]が施行された。

(1)　空欄[　ア　]～[　オ　]に当てはまる語句として最も適当なものを，次の①～⓪からそれぞれ一つずつ選びなさい。

①　経済的虐待　　②　介護等の放棄
③　身体的虐待　　④　心理的虐待
⑤　高齢者虐待防止法　　⑥　高齢社会対策基本法
⑦　男性　　⑧　女性
⑨　息子　　⓪　娘

(2)　空欄[　a　]～[　c　]に入る数の組合せとして正しいものを，次の①～④から一つ選びなさい。

①　a　6　b　12　c　8　　②　a　7　b　14　c　21
③　a　8　b　16　c　24　　④　a　9　b　18　c　27

(3)　下線部について，この5つの観点に当てはまらないものを，次の①～⑥から一つ選びなさい。

①　自立(independence)　　②　参加(participation)

③　ケア(care)　　④　自己実現(self-fulfilment)

⑤　尊厳(dignity)　　⑥　自助(self-help)

問2　次の日本の高齢者に関するグラフを踏まえて，「エイジレス社会」について説明しなさい。

<グラフ>

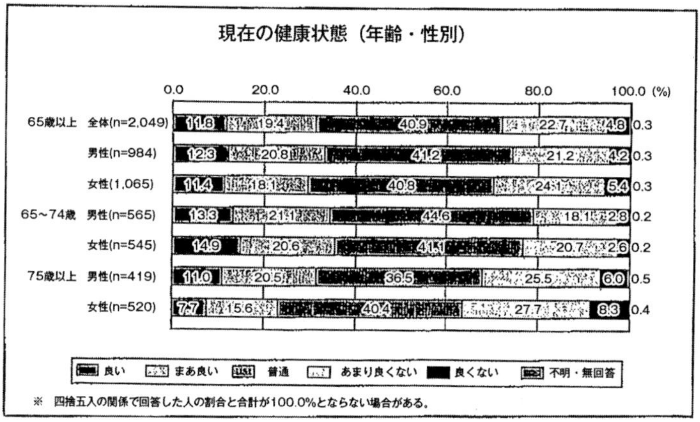

<令和４年版「高齢社会白書」内閣府>

(☆☆☆◎◎◎◎)

【４】子供の発達と子育て支援について，次の問いに答えなさい。

問1　次の中学校学習指導要領(平成29年告示)解説に示された記述を読み，以下の(1)～(3)に答えなさい。

(A)幼児の遊びについては，市販の玩具・遊具や絵本などを用いた遊び，(B)自然の素材や身の回りのものを用いた遊び，言葉や身体を用いた遊びなど，様々な遊びがあることに気付くようにする。その際，遊びの種類によって促される発達が異なることを理解できるようにする。また，(C)子供の成長にとっては，室内遊びだけでなく戸外での遊びも大切であることや，適切で十分な遊びを体験できる環境が重要であることも理解できるようにする。

(1)　下線部(A)について，遊びの種類と内容，具体的な遊びの組合せとして正しいものを，次の①～④から一つ選びなさい。

	遊びの種類	内　容	具体的な遊び
①	受容遊び	見たり聞いたり，考えたりして楽しむ	絵本　テレビ　音楽
②	模倣遊び 1歳半から2歳頃	何かになったつもりや，代用品を本物に見立てて遊ぶ	お絵かき　積み木
③	ルール遊び	目，耳，口，手足などを使って，感覚や音を楽しむ	ぬいぐるみ　ままごと
④	感覚遊び	自分の体の動きを楽しむ	ガラガラ　でんでん太鼓

(2)　下線部(B)について，木の葉または草の葉を用いた「構成遊び」として，どのような遊びが考えられるか，具体的に書きなさい。

(3)　下線部(C)について，次の文の空欄[　a　][　b　]に入る語句として最も適当な組合せを，以下の①～④から一つ選びなさい。

2歳頃の幼児は，ほかの子どもに関心はあるが，まだいっしょに遊ぶことは難しく，ほかの子どもの遊びをそばで見る[　a　]遊びや，隣どうしで同じ遊びを別々にする[　b　]遊びをする。

①　a　一人　　b　平行　　②　a　一人　　b　集団

③　a　傍観　　b　平行　　④　a　傍観　　b　集団

問2　次の文章を読み，以下の(1)(2)に答えなさい。

すべての子どもは，健やかに育つ権利を持っている。すべての子どもが，心身共に健康で幸せに暮らしていけるように支援する活動を児童福祉という。その充実に向け，子育てしやすい社会を目指して，国は(D)フィンランド発祥の育児支援サービスの考え方を取り入れた(E)子育て世代包括支援センターの設置を2017年から自治体の努力義務とし，各市町村は，地域のニーズに基づいて計画を策定し，子育て支援体制を整えている。

(1)　次の図は下線部(D)の制度のイメージ図であるが，この制度を何というか，最も適当なものを，以下の①～⑤から一つ選びなさい。

図

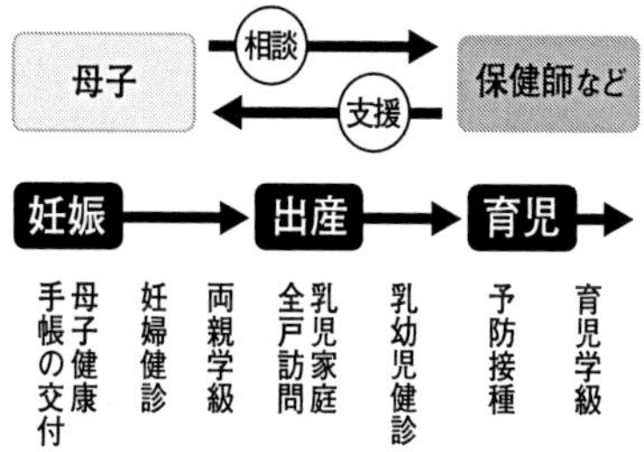

① エンゼルプラン　　② ネウボラ
③ タームタイムワーク　　④ キブツ
⑤ ソーシャル・インクルージョン

(2) 下線部(E)について，それによる利用者側の利点を書きなさい。

(☆☆☆◎◎◎◎)

【5】日本の衣生活の特徴について，次の文章を読み，以下の問いに答えなさい。

現代の私たちの日常着は，おもに洋服であるが，かつては和服も着ていた。和服は，平安時代に貴族の[　ア　]の下着として着用されていた[　イ　]が鎌倉・室町時代に[　ウ　]となり，[　エ　]が栽培されるようになるにつれて日常着となって，江戸時代に和服として確立したものである。

人々は，季節に応じて色や柄，生地を変えて和服を着用し，楽しんできた。また，着る人の願いや喜び，祈り，教養や遊び心を文様に託し表現してきた。四季の変化に合わせて衣服を変える衣替えの習慣は，洋服の生活になった現代でも残っている。

問1 空欄[　ア　]～[　エ　]に当てはまる語句として最も適当なものを，次の①～⑥からそれぞれ一つずつ選びなさい。

① 表着　② 絹　③ 小袖　④ 十二単　⑤ 襦袢
⑥ 木綿

問2 下線部について，以下の文様の呼び名と，その文様が表現するものとして正しいものを，それぞれあとの①～⑤から一つずつ選びなさい。

呼び名：① 麻の葉　② 七宝　③ 亀甲
　　　　④ 矢絣　⑤ かまわぬ

表現するもの：① 子供の健やかな成長の願い
　　　　　　　② 円満や平和への願い
　　　　　　　③ 長寿・吉兆の象徴
　　　　　　　④ 魔除け
　　　　　　　⑤ 鎌と輪とひらがなのぬ

問3　次の図は，着物を作る際の反物の裁断イメージ図である。a～eの部位のうち，aとcの組合せとして正しいものを，以下の①～⑥から一つ選びなさい。

図　<着物一反（幅　約36cm　長さ　約12mとする）>

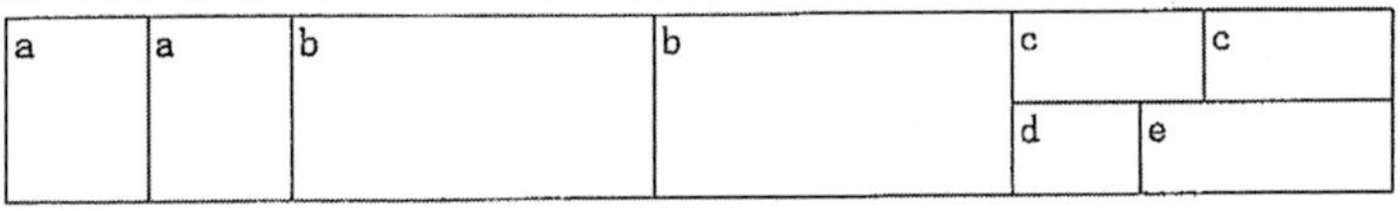

① a　そで　　c　えり　　② a　そで　　c　かけえり
③ a　そで　　c　おくみ　④ a　身ごろ　c　えり
⑤ a　身ごろ　c　かけえり　⑥ a　身ごろ　c　おくみ

問4　生地を縮める工程のことで，ジャケットの袖付けに使用されることが多い，平面である布に丸みをつける技法を何というか，最も適当なものを，次の①～④から一つ選びなさい。

① ダーツ　② イセ込み　③ ギャザー　④ タック

(☆☆☆☆◎◎◎◎)

【6】消費者を保護する仕組みについて，次の文章を読み，以下の問いに答えなさい。

すべての契約の基本となる民法では，麻薬の売買など公序良俗に反する契約は無効となり，詐欺や脅迫の場合，未成年の場合などは取り消すことができる。また，キャッチセールスなどによる[　ア　]の契約では，情報を十分理解し，冷静に判断することが難しい。こうした，消費者問題が発生しやすい販売方法については，一定期間，契約を解除できる機会が消費者に与えられている。この制度が，クーリング・オフで，解除できる販売方法は[　イ　]によって定められている。

さらに，消費者と事業者を結ぶ全ての契約を対象として，「嘘の説明をする」など，事業者による不適切な行為のもと結んでしまった契約は，[　ウ　]により取り消すことができる。合わせて，一定の条件を備えた消費者団体が消費者に代わって訴訟を起こすための[　エ　]も設けられている。製品の欠陥により身体や財産に被害を受けた場合には，[　オ　]により，製造業者に対して損害賠償を求めることができる。

問1　空欄[　ア　]～[　オ　]に当てはまる語句として最も適当なものを，次の①～⑦からそれぞれ一つずつ選びなさい。

① 特定商取引法　② 消費者契約法
③ 消費生活センター　④ 消費者団体訴訟制度
⑤ 製造物責任法　⑥ 故意
⑦ 不意

問2　下線部について，次の文の空欄に当てはまるものを，以下の①～⑤から全て選びなさい。

・クーリング・オフできる期間が8日間である適用対象は，[　　]である。

① キャッチセールス　② エステ
③ マルチ商法　④ アポイントメントセールス
⑤ モニター商法

問3　2021年6月16日に公布された「消費者被害の防止及びその回復の

促進を図るための特定商取引に関する法律等の一部を改正する法律」において，2022年6月1日から施行されたクーリング・オフの通知に関する変更点について書きなさい。

(☆☆☆◎◎◎◎)

【7】栄養素の種類と働きについて，次の文章を読み，以下の問いに答えなさい。

炭水化物は，自然界に多く存在している栄養素である。植物の光合成によって，[　ア　]と水からつくられる。

炭水化物は，エネルギー源となる[　イ　]と，からだの機能を調節する[　ウ　]に分けられる。[　イ　]は，体内で酸化分解されて，1gあたり約[　エ　]kcalのエネルギーを発生する。炭水化物，特に(a)しょ糖や(b)果糖の過剰摂取は，体内で脂肪に変換されてしまい，肥満の原因となるため注意が必要である。

問1　空欄[　ア　]~[　エ　]に当てはまる語句として最も適当なものを，次の①~⑦からそれぞれ一つずつ選びなさい。

①　食物繊維　　②　炭素　　③　酸素　　④　糖質
⑤　二酸化炭素　　⑥　4　　⑦　9

問2　下線部(a)しょ糖について，次の文の空欄[　A　][　B　]に当てはまる語句の組合せとして正しいものを，以下の①~④から一つ選びなさい。

・しょ糖は，[　A　]であり，その構造は，ぶどう糖+[　B　]である。

①　A　少糖類　　B　ガラクトース
②　A　少糖類　　B　果糖
③　A　多糖類　　B　ガラクトース
④　A　多糖類　　B　果糖

問3　下線部(b)果糖の組成式を，次の①~③から一つ選びなさい。

①　$C_2H_4O_2$　　②　$C_6H_{12}O_6$　　③　$C_{12}H_{22}O_{11}$

(☆☆☆◎◎◎◎)

【8】食品とその特徴及び調理性について，次の問いに答えなさい。

問　次の文章を読み，栄養バランスの取れた「祖父をもてなすための料理」を考え，その料理名と作り方及びその料理に使用する材料をあとの〈解答欄〉に書きなさい。なお，材料については，以下の献立表を使って考え，主菜の欄を参考に書くこと。

「敬老の日」に祖父が家に遊びに来ることになった。母は，栗ご飯を作ると言い，姉はかきたま汁とデザートに牛乳かんを作るらしい。父は張り切って魚をさばいて刺身にすると言っている，私は，ひそかに祖父の大好物である加賀野菜の「へた紫なす」を使って料理を一品作り，もてなすことにした。誰ともメニューがかぶらず，味も飽きないようにするには何を作ればいいのだろうか。ちなみに，祖父は76歳で，身体活動レベルは普通であり，歯が悪く固いものは苦手である。

			第１群		第２群		第３群			第４群			
		<材料> ・材料Ａ○g ・材料Ｂ○mL　等	乳・乳製品	卵	魚介・肉	豆・豆製品	野菜	いも	果物	穀物	砂糖	油脂	調味料・その他
主食	栗ご飯	・うるち米60g ・もち米20g ・酒5mL ・塩0.8g ・栗50g											
主菜	刺身	・鯛40ｇ ・醤油5mL			４０								5
汁物	かきたま汁	・卵50ｇ ・豆腐50ｇ ・ねぎ3ｇ ・かたくり粉1.5g ・醤油2mL ・塩0.6g ・だし汁150mL											
菓子	牛乳かん	・牛乳50mL ・みかん30g ・砂糖7g ・粉寒天0.7g ・水50mL											
Ａ　合計													
Ｂ　70歳以上男性の１日に必要な食品の概量（ｇ）			250	50	120	80	350	100	200	320	10	20	

〈解答欄〉

	第1群		第2群		第3群			第4群			
<材料>	乳・乳製品	卵	魚介・肉	豆・豆製品	野菜	いも	果物	穀物	砂糖	油脂	調味料・その他

(☆☆☆☆☆◎◎◎)

解答・解説

【中高共通】

【1】問1　ア　⑧　　イ　⑤　　ウ　③　　問2　④

〈解説〉問1　ハザードマップは，防災マップ，被害予測図，被害想定図，アボイド(回避)マップ，リスクマップなどの種類もある。国土交通省のポータルサイトで提供されており，地図や航空写真と災害リスクを重ねて表示できる「重ねるハザードマップ」と，居住する市区町村のハザードマップを閲覧できる「わがまちハザードマップ」がある。厚生労働省の「人口動態統計(確定数)」(2022年)によれば，家庭における不慮の事故で亡くなった人のうち65～79歳が31.2%，80歳以上が57.5%と，高齢者の割合が9割近くを占める。死因としては不慮の溺死及び溺水が最も多く，家庭内事故の約4割を占める。これには浴室内外の気温差が引き起こすヒートショックで心筋梗塞や脳卒中等を発症し，溺死に至るケースが含まれる。トラッキング現象は電子製品の電源が入っていない状態でも発生する可能性がある。特に，ホコリが溜まりやすい家具や家電製品の裏側，脱衣所や洗面所など水回りやキッチンなど，湿気が多い場所，水槽や加湿器の近く，エアコンや窓の近くなど結露の発生しやすい場所にあるコンセントには注意が必要である。正答以外の選択肢②のは生活や産業活動の基盤となっている施設，④は建物の用途変更による再利用，⑥は，水たまりや濡れた路面など，車のタイヤと道路の間に水が溜まり，タイヤが路面から浮き上がってしまう現象，⑦は火災により室内の酸素が欠乏した状態でドアや窓を開け，大量の酸素が一気に流れ込むと，爆発的な炎を生じる現象のことである。　問2　耐震構造は工期が短く，建設コストは安いが，上階ほど揺れが大きく，繰り返しの揺れに弱い。免震構造は地震による揺れは小さいがコストが高く，横揺れ以外には効果を発揮しにくい。制震構造は建設コストが安く，揺れにも強いが，地盤の影響や装置の設置場所に影響される。3つの方法を説明できるようにしておきたい。

【2】問1　④　　問2　食料を備蓄するため，日常での買い物を少し多めにし，古いものから消費しながら買い足していく方法。

〈解説〉問1　安否確認方法としては，固定電話・携帯電話・PHS等の電話番号宛に安否情報(伝言)を音声で録音(登録)し，全国からその音声を再生(確認)することができる「災害用伝言ダイヤル」の他に，インターネットを使って伝言を登録する「災害用伝言版(WEB171)」というサービスもある。覚え方は「忘れて171(いない)？」である。災害時に備え，体験可能な日程が公開されている。177は天気予報のダイヤルである。　問2　ローリングストックは自宅で安全に待機できる状況下で，一緒に生活している人のすべてをまかなえる最低1週間分の必要なものがストックしてある状態のことをいう。非常用の乾パンや賞味期限が長い缶詰などの非常食を備蓄しておくこととは違い，普段利用している食品や日用品を，非常時にも乗り切れる分だけ常にストックしておき，それを生活の中で消費し，消費した分だけ買い足していくことである。

【3】問1 (1) ア ③ イ ④ ウ ⑧ エ ⑨ オ ⑤ (2) ② (3) ⑥ 問2 年齢を重ねた高齢者であっても健康な人の割合は高いので，年齢に関係なく希望に応じて意欲・能力を生かして自由で生き生きと活躍できる社会。

〈解説〉問1 (1) 虐待内容の問いについて，正答以外の選択肢②が3位，①が4位である。2019年の調査では虐待を受ける割合は，女性は75.2%，男性は24.8%である。また，虐待を行うのは息子が40.2%，夫が21.3%である。高齢者虐待防止法は，高齢者に対する虐待を防ぎ，保護するための措置や支援について制定され，正式には「高齢者虐待の防止，高齢者の養護者に対する支援等に関する法律」という。高齢者虐待防止に関する国の責務や養護者への支援，医療・福祉従事者の早期発見の努力義務などが定められている。選択肢⑥は，1995年に「公正で活力ある社会」「地域社会が自立と連帯の精神に立脚して形成される社会」「豊かな社会」を基本理念として成立したもので，基本的施策として高齢者の就業や生涯学習の機会の増大，生活環境の整備，自立と連帯などについて方針が定められた。 (2) 日本では，全人口に対して65歳以上が1970年7%を超え高齢化社会，1994年14%を超え高齢社会，2007年21%を超え超高齢社会となった。これは，世界の中でも低い出生率と最も高い平均余命の結果であるといわれている。 (3) 高齢者のための国連原則は，自立・参加・ケア・自己実現・尊厳の5つの基本原理と18の原則からなる高齢者の人権保障の諸原則を確認したもので，1991年の国連総会で決議，採択された。 問2 グラフから，65歳以上の人の健康状態は70%以上の人が普通以上で良好な健康状態である。高齢者だから健康状態に不安があると決めつけず1人1人のパーソナリティを尊重し，意欲や能力に応じて活躍できるよう，内閣府は，2018年に取りまとめた「高齢社会対策大綱」の中で，エイジレス社会を目指すことを宣言している。

【4】問1　(1)　①　　(2)　自分で考え，工夫してつくったり，組み立てたりする遊びで，木の葉を並べて車の形を作ることが考えられる。(3)　③　　問2　(1)　②　　(2)　妊娠・出産から子育て期まで，保健サービスと子育てサービスが一体となった切れ目のないサポートが受けられること。

〈解説〉問1　(1)　①の受容遊びは1歳頃から現れる。②の模倣遊び(想像遊び)は，1歳半頃から見立て遊び，2歳頃で自分自身がお母さんやお父さんになったつもり遊び，3歳頃からままごと，お医者さんやお店やさんなどのごっこ遊びである。③のルール遊び(規則遊び)とは役割分担を作ったりルールを決めてスポーツをしたり，ゲームなどで遊ぶもので4歳頃から見られる。④の感覚遊びの内容は，③に示されている内容が当てはまる。ガラガラの音を聞いたり，動きを見たりする，視覚や聴覚，触覚の感覚を働かせて遊ぶもので，生後1か月頃から始まるものである　(2)　構成遊びとは積み木，絵を描く，ねんど細工，折り紙などいろいろなものを組み立てたり，作り出すことを楽しむもので2歳頃から見られる。　(3)　一人遊びは，他の子どもと関わることはなく，自分の遊びに熱中するもので，0〜2歳頃に見られる。平行遊びは，皆で同じ遊びをするが，遊びが平行して展開するだけで子ども同士の関わりは見られない。一緒に遊んでいるという感覚はあり，2〜4歳くらいに見られるもの。集団(協同)遊びは，役割分担が決まった遊びを友だちと一緒に楽しんでいる状態で，遊びの中にルールも存在し，4歳以上で見られる。傍観遊びとは，友だちが遊んでいる姿をただ眺めているだけの状態で，話しかけることはあるが，一緒に遊ぼうとすることはなく，2歳頃から見られる。発達の順番としては一人遊び，傍観遊び，平行遊び，集団遊びと発展していく。　問2　(1)　正答以外の選択肢①は，1994年12月に政府が育児支援という分野に取り組んだ最初のガイドラインである。新エンゼルプランの概要も確認しておきたい。③は，イギリス発祥の就労形態で，子どもの学校の休暇中に有給または無給休暇を取ることができる働き方である。④はイスラエルにおける農業共同体の一形態で，子供は生後一貫して両親とは別に育てられ，乳児院・幼児の家・保育所・幼稚園・小学校・高等学校で集団主義的な育成が行われるものである。⑤は，社会的に多様性を持った全ての人が誰も排除されることなく，全員が社会に参画する機会を持つことを目的としている。　(2)　フィンランドのネウボラの事業を参考に，すべての妊産婦，子育て期の家族にワンストップで切れ目のないサポートを提供し，それにより育児不安や虐待を予防することを目的として，2016年の母子保健法の改正により，2017年4月から「子育て世代包括支援センター」の設置が全国の市区町村の努力義務となった。石川県では2023年時点で33施設が設置されている。

【5】問1　ア　④　　イ　③　　ウ　①　　エ　⑥　　問2　呼び名…②　表現するもの…②　　問3　③　　問4　②

〈解説〉問1　絹と違い，木綿は安く丈夫なので，普段着に適している。襦袢が一般的になったのは江戸時代以降で，和服の下着として着用される。長襦袢・肌襦袢・半襦袢の種類がある。　問2　正答以外の選択肢について(呼び名：表現するもの)，①：①，③：③，④：④，⑤：⑤が当てはまる。それぞれの文様の柄を確認しておきたい。　問3　cのおくみとは，和服の前身頃が重なり合う打ち合わせ部分についている半幅の布のことである。bは身ごろ，dはかけえり，eはえりの裁断部位である。　問4　正答以外の選択肢①はバストやヒップなどに使われ，生地を折りたたんでつまみ縫いし，服の形を調整するために使用される手法である。③は布を縫い縮めて寄せるひだで，ふわっとした見た目を作ることができる。④は飾りや体型に合わせる目的で，布地をつまんでしっかりと折って縫い付けたひだのことである。

【6】問1　ア　⑦　　イ　①　　ウ　②　　エ　④　　オ　⑤　
問2　①，②，④　　問3　従来，申し出は書面で行う必要があったが電磁的記録による申し出も可能となった。

〈解説〉問1　①は，業者による違法・悪質な勧誘行為等を防止し，消費者の利益を守ることを目的とする法律である。訪問販売や通信販売等の消費者トラブルを生じやすい取引類型を対象に，事業者が守るべきルールとクーリング・オフ等の消費者を守るルール等を定めている。②は消費者の利益を守るため，平成13(2001)年4月1日に施行され，消費者契約について，不当な勧誘による契約の取消しと不当な契約条項の無効等を規定している。消費者の状況をみながら，度々改正が行われている。③は，消費者安全法により地方自治体が設置した，商品トラブルなどの相談を行える窓口である。④は，平成18(2006)年に導入され，事業者の不当な行為に対して，内閣総理大臣が認定した適格消費者団体が不特定多数の消費者の利益を擁護するために，差止めを求めることができる制度(差止請求)と，不当な事業者に対して，適格消費者団体の中から内閣総理大臣が新たに認定した特定適格消費者団体が，消費者に代わって被害の集団的な回復を求めることができる制度(被害回復)である。⑤は，被害者保護の観点から一般的に無過失責任といわれ，製造業者に故意・過失が無くとも欠陥があれば責任を負う必要があるというものである。一般消費者にとって企業を相手取り，製造上の過失を立証することは極めて困難なため制定された法律である。　問2　クーリング・オフの行使期間は，訪問や電話勧誘などは8日間であるが，選択肢③，⑤は20日間である。店舗での物品販売や通信販売は対象外である。　問3　電子メールの送付のほか，アプリ上のメッセージ機能やウェブサイトにおけるフォームを用いた通知，解除通知書のデータを記録したUSBメモリの送付などでも可能である。また，FAXによる通知も可能となった。

【7】問1　ア　⑤　　イ　④　　ウ　①　　エ　⑥　　問2　②
問3　②

〈解説〉問1　炭水化物(糖質)・脂質・たんぱく質・ビタミン・無機質を五大栄養素といい，これらのうち炭水化物(糖質)・脂質・たんぱく質は，体内でエネルギーになるため，エネルギー産生栄養素と呼ばれている。糖質，たんぱく質は1gあたり4kcal，脂質は9kcalのエネルギーを発生する。　問2　厚生労働省「日本人の食事摂取基準(2020年版)」の分類によれば，糖質は1個または2個の単糖類からなる糖類と3個～9個の単糖類から構成される少糖類，10個以上の単糖類からなる多糖類などに分けられている。単糖類はぶどう糖・果糖・ガラクトース，二糖類はぶどう糖と果糖が結合したしょ糖(砂糖)，ぶどう糖が2分子結合した麦芽糖，ぶどう糖とガラクトースが結合した乳糖がある。二糖類を少糖類に分類する場合もあるので正解は②である。　問3　正答以外の選択肢①は酢酸，③は麦芽糖の組成式である。

【8】料理名…へた紫なすとじゃがいものひき肉あんかけ

作り方…

1)　なすとじゃがいもを一口大に切り，水にさらす。

2)　なすとじゃがいもを素揚げする。

3)　ひき肉を炒め，だし，醤油，砂糖，生姜を入れ，水溶きかたくり粉を加えてあんをつくる。

4)　2)に3)をかけて，盛り付け，刻みねぎをのせる。

	第1群		第2群		第3群			第4群			
＜材料＞	乳・乳製品	卵	魚介・肉	豆・豆製品	野菜	いも	果物	穀物	砂糖	油脂	調味料・その他
へた紫なす					100						
じゃがいも						30					
生姜					10						
ねぎ					10						
ひき肉			30								
だし											150
砂糖									5		
醤油											10
かたくり粉								3			
水											20
油										10	

〈解説〉まず，決まっている献立の第1～第4群の食品の重量を計算する。

第1群　乳・乳製品 $\frac{50}{250}$，卵　$\frac{50}{50}$，第2群　魚介・肉　$\frac{40}{120}$，豆・豆製品　$\frac{50}{80}$，第3群　野菜　$\frac{3}{350}$，いも，$\frac{0}{100}$，果物　$\frac{30}{200}$，第4群

穀物　$\frac{131.5}{320}$，砂糖　$\frac{7}{10}$，油脂　$\frac{0}{20}$である。1食で1日に必要な量の約$\frac{1}{3}$が目安なので，不足している群を特定する。特にいも，油脂が少ないのでそれらとへた紫なすを使い，固いものが苦手なことを考慮して料理を決める。素揚げにし，あんかけにすることで食べやすく，メニューもかぶらず，味も飽きないものにできる。

2023年度　実施問題

【中高共通】

【1】学習指導要領について，次の文章を読み，以下の問いに答えなさい。

中学校学習指導要領(平成29年告示)技術・家庭(家庭分野)における「A　家族・家庭生活」(1)自分の成長と家族・家庭生活の指導事項は，次のように示されている。

> ア　自分の成長と家族や家庭生活との関わりが分かり，家族・家庭の基本的な機能について理解するとともに，家族や地域の人々と協力・協働して家庭生活を営む必要があることに気付くこと。

高等学校学習指導要領(平成30年告示)「共通教科　家庭」の科目である「家庭基礎」における「A　人の一生と家族・家庭及び福祉」(2)青年期の自立と家族・家庭の指導事項は次のように示されている。

> ア　生涯発達の視点で青年期の課題を理解するとともに，家族・家庭の機能と家族関係，家族・家庭生活を取り巻く社会環境の変化や課題，家族・家庭と社会との関わりについて理解を深めること。
> イ　家庭や地域のよりよい生活を創造するために，自己の意思決定に基づき，責任をもって行動することや，男女が協力して，家族の一員としての役割を果たし家庭を築くことの重要性について考察すること。

問1　家庭科，技術・家庭科家庭分野の指導内容については，空間軸と時間軸という二つの視点からの学校段階に応じた学習対象の明確化が求められる。次の表は，中学校と高等学校の空間軸と時間軸を表したものであるが，表中の空欄に当てはまる語句の組合せとして最も適当なものを，以下の①～④から一つ選びなさい。

	空間軸	時間軸
中学校	A	C
高等学校	B	D

① A 社会　B 地域　C 生涯を見通した生活
　D これからの生活
② A 社会　B 地域　C これからの生活
　D 生涯を見通した生活
③ A 地域　B 社会　C 生涯を見通した生活
　D これからの生活
④ A 地域　B 社会　C これからの生活
　D 生涯を見通した生活

問2　次の文章は，上記に示されている指導事項の解説の抜粋である。次の文章の空欄に当てはまる語句として最も適当なものを，以下の①～⓪からそれぞれ一つずつ選びなさい。

(中学校学習指導要領解説　技術・家庭編(家庭分野)より抜粋)

「指導に当たっては，例えば，[　ア　]などを活用して，自分の[　イ　]とそれに関わってきた人々について振り返ったり，家族・家庭の基本的な機能について話し合ったりする活動などが考えられる。その際，生徒によって家族構成や家庭生活の状況が異なることから，各家庭や生徒の[　ウ　]に十分配慮する。」

(高等学校学習指導要領解説　家庭編より抜粋)

「家族の人間関係については，親子関係や夫婦関係などを取り上げ，具体的な[　エ　]や演習を通して家族関係の在り方を考えることができるようにする。

指導に当たっては，「(1)生涯の生活設計」の内容との関連を図るとともに，例えば，男女が協力して家族の一員としての役割を果たし家庭を築くことの重要性については，仕事と生活の調和([　オ　])の実現のための条件の整備などの検討を通して，[　カ　]労働の在り方が家庭生活に大きな影響を及ぼしていることや解決の方向について考察することなどが考えられる。

① 成長　② 家事　③ 事例
④ 働き方改革　⑤ 発達　⑥ プライバシー
⑦ 職業　⑧ 物語　⑨ 地域との関わり
⓪ ワーク・ライフ・バランス

(☆☆☆◎◎◎◎)

【2】家庭の機能の変化について，次の文章を読み，以下の問いに答えなさい。

近代産業が発展するまでの長い間，人々は家庭の中で，生活に必要な物資を生産し，子供を養育し，安全を守り，宗教行事などを行ってきた。しかし，産業の発展によって，物資の生産は工場生産に取って代わられ，家庭は生産の機能(働き)を大きく外部に移すこととなった。

例えば，料理や片づけの手間が省けるなどの理由で，百貨店の地下にある総菜売り場などで，調理済み食品や総菜などを買い，持ち帰って食べる[あ]の利用が増加している。また，人間が死を迎える最も多い場所が家から[い]に変わり，[う]という機能が家庭から[い]に移るという変化が起こっている。

問 空欄[あ]～[う]に入る語句の組合せとして最も適当なものを，以下の①～⑧から一つ選びなさい。

a) 中食　b) 外食　c) 介護施設　d) 病院
e) 高齢者の介護　f) 病気の治療

＜組合せ＞ ① あ－a)，い－c)，う－e)
② あ－a)，い－c)，う－f)
③ あ－a)，い－d)，う－e)
④ あ－a)，い－d)，う－f)
⑤ あ－b)，い－c)，う－e)
⑥ あ－b)，い－c)，う－f)
⑦ あ－b)，い－d)，う－e)

⑧　あ－b)，い－d)，う－f)

(☆☆☆◎◎◎◎)

【3】子育て・保育について，次の文章を読み，以下の問いに答えなさい。

人間は，子供を生むだけで親になれるのではない。親は，子供の年齢や個性に合わせた対応をし，子供を慈しんで育てることによって，本当の意味での親になる。親になることは，子育てという大きな責任を負うことでもある。

夫婦が協力して子育てに臨むことは，家庭内の教育力を高め，親子関係を築く基本である。しかし，我が国では，子育ては母親の役目という社会通念もまだ根強く残っており，日本の父親は諸外国の父親に比べて，子供と触れ合う時間が短く，その内容も乏しい。

夫婦で子育てと仕事を両立させるための制度として，母体の健康に関しては母子保健法で，労働時間短縮や出産休暇については男女雇用機会均等法や労働基準法で，育児休業は育児・介護休業法で，保育に関しては，[　ア　]や[　イ　]で定められている。

母親に比べ，父子関係は父親が意識的に子供と関わりを持たないと形成されにくい。誕生以前から子供に関心を持ち，育児に積極的に関わる父親などは，親密な父子関係を形成することが多い。

問1　上の文章の空欄[　ア　][　イ　]に当てはまる語句として最も適当なものを，次の①～④からそれぞれ一つずつ選びなさい。

①　労働関係調整法　　②　子ども・子育て支援法

③　児童福祉法　　④　母体保護法

問2　家庭科の授業の中で，日本における父親の育児参加について取り上げるとしたらどのような指導が考えられるか。教材として取り上げるデータ等も含め，具体的に書きなさい。

(☆☆☆◎◎◎◎)

【4】家族における介護について，次の文章を読み，以下の問いに答えなさい。

家族・家庭生活における介護を取り巻く社会的な課題として，「ヤングケアラー」や「8050問題」等の問題がある。

「ヤングケアラー」とは，令和2年度に，厚生労働省が文部科学省と連携し行った実態調査では，「年齢や成長の度合いに見合わない重い[　ア　]や負担を負って，本来[　イ　]が担うような家族の介護(障がい・病気・精神疾患のある保護者や祖父母への介護など)や世話(年下のきょうだいの世話など)をすることで，自らの育ちや[　ウ　]に影響を及ぼしている[　エ　]歳未満の子ども」と定義されている。「ヤングケアラー」は，家族内のことで問題が表に出にくく，実態の把握が難しいと思われてきたが，調査により，その実態が徐々に明らかになってきた。

「8050問題」とは，[　オ　]の親が50代の[　カ　]状態の単身・無職の子と同居するうち社会とのつながりが薄れ，生活が困窮するなどして起こる様々な問題を指し，家族の年齢構成を象徴して，このように呼ばれている。この問題に絡んだ事件では，親が亡くなっても行政に届け出ず，子が親の年金を不正受給し続けた事実が発覚したり，親子ともに孤立死したりする事件が起こって初めて世の中に知れ渡るケースも珍しくない。「ヤングケアラー」の問題同様，周囲の人に相談できないことが多く，その実態はまだ正確に把握できていない。

問1　上の文章の空欄[　ア　]～[　カ　]に当てはまる語句として最も適当なものを，次の①～⑨からそれぞれ一つずつ選びなさい。

①　15　　②　18　　③　ひきこもり　　④　大人
⑤　教育　　⑥　高齢　　⑦　勤務　　⑧　責任
⑨　行政

問2　次の調査結果から考えられる「ヤングケアラー」の問題点を2つ挙げなさい。

○　世話をしている家族が「いる」と回答したのは、中学２年生が５．７％

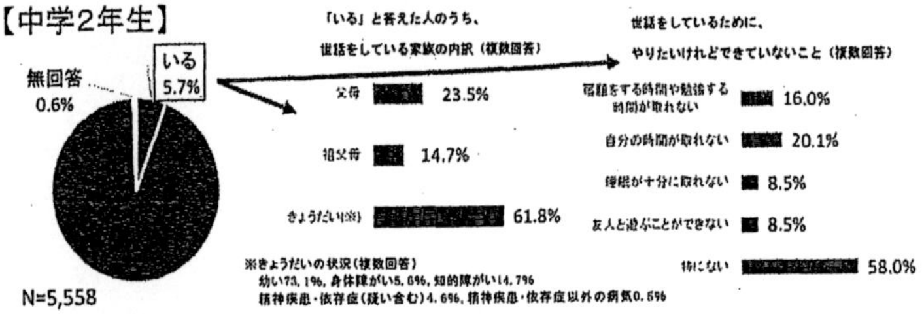

＜令和２年度　子ども・子育て支援推進調査研究事業 三菱ＵＦＪリサーチ＆コンサルティング株式会社
「ヤングケアラーの実態に関する調査研究について」より抜粋＞

(☆☆☆◎◎◎◎)

【５】健康な食生活と食の安全について，次の問いに答えなさい。

問1　次の文章を読み，以下の(1)(2)に答えなさい。

私たちは，エネルギー源となる栄養素，からだの成分となる栄養素，からだの機能を調整する栄養素を含む食品を，まんべんなく適量とる必要がある。例えば，(A)ビタミンは，からだの発育や活動を正常に機能させ，他の栄養素をサポートする重要な働きがある。日本人に不足しがちなミネラルは，カルシウムや鉄であり，ミネラルは体内で合成されないため，食品から摂取する必要がある。

近年，注目が集まっている化学物質の一つに(B)フィトケミカルがある。フィトケミカルは，からだの機能維持には直接必要ではないが，病気の予防や健康の維持に役立つとされ，特に，「抗酸化作用」「免疫力増強作用」「抗がん作用」などの健康維持効果が期待されている。

(1)　下線部(A)のビタミンの中には，壊血病予防から発見されたビタミンCがある。ビタミンCが壊血病の予防に効果がある理由を書きなさい。

(2)　下線部(B)のフィトケミカルの種類とそれを摂取するのに適した食品，効能の説明の組合せとして適当でないものを，次の①～⑤から一つ選びなさい。

	(種類)	(摂取に適した食品)	(効能の説明)
①	キンゲロール	生しょうが	抗アレルギー作用，抗炎症作用，殺菌作用
②	スルフォラファン	ブロッコリー	解毒酵素の合成を促進する作用
③	リコピン	赤ピーマン	抗がん作用
④	ポリフェノール	コーヒー	抗酸化作用
⑤	イソフラボン	大豆	更年期障害改善，骨粗しょう症予防

問2　食の安全について，次の文章を読み，以下の(1)(2)に答えなさい。

近年，BSEの発生，原産地の偽装表示など，食の安全を脅かす事故が相次いで起こったため，(A)食品の安全性を守るために，2003年に食品安全基本法が定められた。

食品表示に関するルールをより分かりやすくするため，食品表示に関する規定をまとめた食品表示法が定められ，2015年に施行され，猶予期間を経て，2020年4月1日から完全移行(生鮮食品は2016年9月30日，加工食品[輸入品を除く]の原料原産地表示は2022年3月31日)となった。この食品表示法では，(B)原則としてすべての加工食品と添加物に栄養成分表示が義務付けられた。

私たち消費者は，外観だけでなく，食品表示をもとに安心・安全な食品を選んで購入することが常に求められている。

(1)　下線部(A)について，食の安全を守るためのシステムの一つであるトレーサビリティとはどのようなシステムのことか，生産者側と消費者側それぞれの有効性に触れて，説明しなさい。

(2)　下線部(B)について，すべての加工食品と添加物に義務付けられている栄養成分に当てはまらないものを，次の①～⑥から一つ選びなさい。

①　ナトリウム　　②　ビタミン　　③　熱量
④　たんぱく質　　⑤　脂質　　⑥　炭水化物

(☆☆☆☆◎◎◎◎)

【6】発酵食品について，次の文章を読み，以下の問いに答えなさい。

農産物・畜産物・水産物を，(A)微生物の働きを利用して原料の姿と異なった，特色ある食品につくりかえたものを発酵食品という。発酵食品の多くは，はるか昔に，その土地に生まれ，生活した人々が自然と共生しながら，たゆまぬ努力と長い時間をかけてつくり出した食品である。日本各地には，その地方だけで古くからつくられている特色ある発酵食品が数多くあり，(B)伝統食品として位置づけられている。

また最近では，世界各地から様々な多くの発酔食品が輸入されている。

問1　下線部(A)について，発酵食品の製造には，かび，酵母，細菌とよばれる微生物が関係している。味噌，醤油，清酒の製造に用いられるかび類を次の①～⑥から一つ選びなさい。

①　青かび　②　納豆菌　③　麹菌　④　乳酸菌

⑤　酢酸菌　⑥　イースト菌

問2　日本の伝統的な発酵食品である味噌と醤油に関する説明として適当なものを，次の①～⑤から二つ選びなさい。

①　醤油の出荷量が最も多い都道府県は千葉県，味噌の出荷量が最も多い都道府県は長野県である。

②　味噌用麹と醤油用麹では，原料と使用する麹菌の性質の違いから，それぞれの酵素の強さは異なっている。

③　味噌，醤油の生産量は1980年代以降徐々に減少し，輸出量も減少傾向を示している。

④　味噌は，日本において一番生産量が多い発酵食品である。

⑤　醤油の中で最も多く出荷されているのは，うすくち醤油である。

問3　下線部(B)について，石川県の伝統的な発酵食品に当てはまるものを次の①～⑤から二つ選びなさい。

①　かぶらずし　②　ふなずし　③　いしる　④　かんずり

⑤　豆腐よう

(☆☆☆◎◎◎◎)

【7】衣生活について，次の問いに答えなさい。

問1　次の文章を読み，以下の(1)(2)に答えなさい。

被服の材料には，織物，編物，レース，不織布，フェルト，皮革，(A)糸などがあり，これらの原材料は繊維である。繊維は，天然繊維と化学繊維に分けられる。天然繊維には，綿花や麻などを原料にした植物繊維と，毛や絹など動物由来の物質を原料とした動物繊維がある。化学繊維の多くは石油が用いられているが，天然の原料が用いられる場合もある。技術革新により，(B)新しい機能をもった化学繊維が次々と開発され続けている。

(1)　下線部(A)の糸について，次の文章を読み，空欄[　ア　]～[　カ　]に入る語句として最も適当なものを，[　ア　]～[　オ　]はA群から，[　カ　]はB群から，それぞれ一つずつ選びなさい。

繊維を平行にそろえて束にして，ねじって絡ませることで糸にする。[　ア　]で糸をつくる際には，よりをかける必要があるが，[　イ　]は，よりをかける糸とかけない糸がある。

また，綿，毛などの短い繊維から糸をつくることを[　ウ　]という。繭から生糸をつくることを[　エ　]という。化学繊維の原料を液状にしてノズルから押し出して化学繊維をつくることを[　オ　]という。

2014年に日本の手漉和紙技術がユネスコの無形文化遺産として登録され，紙からつくられる「抄繊糸」と呼ばれる糸が世界から注目されるようになってきている。「抄繊糸」は，軽く，シャリ味のある爽やかな風合いを備え，吸放湿性と通気性に優れている。「抄繊糸」に似た繊維としては[　カ　]が挙げられる。

A群　①　紡績　②　短繊維　③　長繊維　④　製糸
　　　⑤　紡糸　⑥　混紡

B群　①　キュプラ　②　綿　③　毛　④　アセテート
　　　⑤　レーヨン　⑥　麻　⑦　絹　⑧　ポリエステル

(2)　下線部(B)の繊維の一つにポリ乳酸繊維がある，ポリ乳酸繊維が環境にやさしい繊維であるといわれる理由を書きなさい。

問2　布，糸，針の規格として適当なものを，次の①～④から二つ選びなさい。

① 布のシングル幅は，110センチである。

② 手縫い針は，番号が大きくなると細くなる。

③ 糸は番号が大きくなるほど細くなる。

④ ミシン針は，番号が大きくなると細くなる。

(☆☆☆☆◎◎◎◎)

【8】持続可能な消費生活・環境について，次の問いに答えなさい。

問1　次の文章を読み，以下の(1)～(3)に答えなさい。

家計管理では，まず日々の収支を把握し，支出を計画的に[　ア　]の範囲に収めることが重要である。家計簿や家計簿アプリなど，自分の[　イ　]にあった手段で収支を記録し，家計を「見える化」することが大切である。

高等学校学習指導要領では，「生活における経済と計画」の指導に当たっては，例えば，(A)<u>キャッシュレス決済</u>の利便性や家計管理の複雑化などを取り上げ，具体的な事例を通して，キャッシュレス社会の利便性と問題点を理解し意思決定の重要性の理解を深める指導を工夫すること，また，(B)<u>給与明細</u>を教材に，[　ア　]や[　ウ　]など家計の構造や[　エ　]について扱った上で，高校卒業後の進路や職業も含めた生活設計に基づいて，具体的にシミュレーションすることなどが考えられる，と示されている。

(1)　空欄[　ア　]～[　エ　]に入る語句として最も適当なものを，次の①～⑦からそれぞれ一つずつ選びなさい。

① 収支のバランス　　② ライフステージ

③ 可処分所得　　④ 非消費支出

⑤ 家計資産のマネジメント　　⑥ 総支給額

⑦ ライフスタイル

(2)　下線部(A)について，キャッシュレス決済のメリット，デメリットをそれぞれ一つずつ書きなさい。

(3)　下線部(B)について，次に示す給与明細の例を見て，実際にAさんの手取り額はいくらになるか，以下の①～④の中から一つ選びなさい。

★正社員Aさんの給与明細の例

勤怠	残業時間(125%)	残業時間(150%)	遅刻早退回数					
	12	0	0					
支給	基本給	諸手当						総支給額
	基本給	役職手当	住宅手当	家族手当	通勤手当	時間外手当(125%)	時間外手当(150%)	
	212,500	0	15,000	0	6,070	19,560	0	253,130
控除	社会保険料				直接税		その他	総控除額
	健康保険料	厚生年金保険料	雇用保険料	介護保険料	所得税	住民税	労働組合費	
	9,306	19,221	1,315	0	5,410	11,100	2,000	48,352

①　204,778円　　②　223,288円　　③　253,130円

④　301,782円

問2　2022年4月1日より成年年齢が18歳に引き下げられた。18歳になるとできるようになることとして適当でないものを，次の①～⑥から二つ選びなさい。

①　競馬，競輪，競艇の投票券を買う。

②　普通自動車の免許を取得する。

③　親の同意なしに結婚する。

④　10年用パスポートを取得する。

⑤　消費者金融を利用する。

⑥　飲酒や喫煙が認められる。

(☆☆☆◎◎◎◎)

解答・解説

【中高共通】

【1】問1　④　　問2　ア　⑧　　イ　①　　ウ　⑥　　エ　③　　オ　⓪　　カ　⑦

〈解説〉問1　今回の学習指導要領改訂におけるポイントの一つとして，

空間軸と時間軸という2つの視点からの学校段階に応じた学習対象の明確化があげられる。そして，空間軸では家庭，地域，社会，時間軸ではこれまでの生活，現在の生活，これからの生活，生涯を見通した生活があげられており，学年が上がるに連れて空間軸はより広域に，時間軸はより長期になる。このことを踏まえて解答するとよい。

問2　ワーク・ライフ・バランスとは「国民一人ひとりがやりがいや充実感を感じながら働き，仕事上の責任を果たすとともに，家庭や地域生活などにおいても，子育て期，中高年期といった人生の各段階に応じて多様な生き方が選択・実現できる社会」とされている。仕事中心の生活ではなく，仕事にやりがいや生きがいを見出し，私生活とのバランスを取りながら充実した生活を送ることで，より効率的に仕事にまい進できるようにすることを目的としている。

【2】④

〈解説〉かつては，死を迎える場所として自宅が最も多かったが，1977年からは病院が最も多くなっている。2021年のデータをみると，病院が約95万件と圧倒的に多く，自宅が約25万件，老人ホームが約14万件，介護医療院が約5万件となっている。家庭の機能は縮小し，今では生活に必要なほとんどの物や家事と医療，保育，教育，介護などのサービスは外部化，社会化により家庭の外部から提供されるようになった。家庭の機能として残されたものは，家族の精神的な繋がりと，新しい生命の誕生などに限られている。しかしこれは，人類にとって最も重要な目標である生命の存続と人生の幸福を，個々の知識と技術や考え方をもとに，外部から提供される物やサービスを選択，導入して実現する。つまり，生活の経営力がますます重要になっている，ともいえる。

【3】問1　ア　②　　イ　③(順不同)　　問2　まずは，生徒(男女ともに)に「子供ができたら育児に積極的に関わりたいかどうか」等，アンケートを取る。次に，日本の父親の育児参加率がどれくらい低いかをデータを用いて示す。例えば「夫の家事・育児時間の国際比較」や

「育児休業取得者の割合」などのデータを用いる事でそれらを数値化して示すことができる。その上で日本ではなぜ父親の育児参加が進まないかについて，グループで話し合ったり，調べ学習などを通してその要因について学習する。

〈解説〉問1　労働関係調整法は労働争議の予防や解決のための法律，母体保護法は母体の生命・健康の保護を目的とする。子ども・子育て支援法は国や地方公共団体などが子ども及び保護者に対する支援を定めている。児童福祉法は児童の福祉を担当する公的組織や施設及び事業の基本原則を定める法律である。　問2　近年，父親の育児参加を促すための制度や実践が進められている。解答のような指導後は，企業や自治体の実態を調べたり，実例を集めて保育を身近に考えられる授業を行うことも考えられる。

【4】問1　ア　⑧　イ　④　ウ　⑤　エ　②　オ　⑥　カ　③

問2　・「世話をしている家族がいる」と回答した生徒の中には勉強時間や自分の時間，睡眠を十分に取れない，あるいは友人と遊ぶことができないと答える生徒がおり，家族の世話で，自分の思い通りの時間の使い方ができなかったり，子供らしくいられる時間が奪われたりしていると考えられる点。　・「世話をしている家族がいる」と回答した生徒の58%が「やりたいけれどできていないこと」は「特にない」と答えており，家族の世話が当たり前になっていて，特に問題を自覚しておらず，相談したり支援を求めたりすることがなく，状況が見つかりにくかったり改善の機会が得られなかったりする点。

〈解説〉問1　ヤングケアラー，8050問題はいずれも家族・家庭生活の最近の問題である。日頃，報道されるニュースなどに注意し，今日的な問題を把握しておきたい。　問2　子供が兄弟の世話や家事の手伝いをすることは一般的ともいえるが，「ヤングケアラー」は本来なら享受できたはずの勉強に励む時間，部活に打ち込む時間，将来に思いを巡らせる時間，友人との時間など(子供の時間)を家事や家族の世話などにあてなければならなくなった子供のこと。解答では時間がとれないことを問題点の1つに挙げているが，もう1点では「特にない」に注目していることに注意。「特にない」と回答した子供について，世話の内容やかかる時間，時間効率向上の工夫，「子供の時間」に対する認識(自分の「子供の時間」はどれぐらいあるのか，他の子供は「子供の時間」をどれぐらい取っているのか等)などが考えられる。

【5】問1　(1)　ビタミンCは細胞と細胞をつなぐコラーゲンの合成に関与しており，強い抗酸化作用があり，皮膚や血管の老化を防ぐ効果があるから。　(2)　③　問2　(1)　生産段階，加工段階，流通段階，小売段階でいつ誰がどのようにしたかを記録し，食品のラベルを元にインターネット・小売店やお客様相談室などで情報を入手できるシステムのことをトレサビリティーという。生産者側からすると，食品に問題が発生した時には原因を見つけやすく早い対応ができる。消費者側からすると，情報をたどることができ安心して食品を口にできる。

(2)　②

〈解説〉問1　(1)　栄養については欠乏症などが頻出だが，日常生活では極端な欠乏症をみることは少ないので，成長や健康の維持のため，各ビタミンが他の栄養素とどう関わりあってはたらくかを理解しておきたい。例として炭水化物をエネルギーに変えるには，ビタミンB_1が不可欠。骨の形成にはカルシウム，ビタミンD，たんぱく質などが必要。また，水溶性ビタミンはまとめて摂取しても過剰分はすぐに尿中に排泄されるので毎食とることが必要。脂溶性ビタミンは体内に蓄積されるが，摂取し過ぎると過剰症が出る，といったことが挙げられる。

(2)　リコピンはカロテノイドの一種で赤色の色素である。抗酸化作用があり動脈硬化を防ぐ効果があり，トマト，すいかなどに多く含まれる。一方，赤ピーマンにはカロテンが多い。　問2　(1)　トレーサビリティーは，BSEの発生や輸入野菜の安全性が問題になったことを契機に，主に生鮮食品の安全性を消費者が確認できるように整えられたシステムである。　(2)　解答参照。

【6】問1　③　　問2　①，②　　問3　①，③

〈解説〉問1 青かびはブルーチーズ，乳酸菌は漬け物やヨーグルト，酢酸菌は醸造酢，イースト菌はパンの醗酵などに使われる。　問2　醤油の出荷量1位は千葉県，2位は兵庫県(2017年)，味噌の出荷量1位は長野県，2位は愛知県(2018年)である。　③　味噌・醤油の生産量は年々減少傾向にあるが，輸出量は増加している。　⑤　うすくち醤油は関西で作られる淡色で塩分濃度の高い醤油で，生産量は少ない。最も多く出荷されているのはこいくち醤油である。　問3　ふなずしは滋賀県，かんずりは新潟県，豆腐ようは沖縄県の伝統的な醗酵食品である。

【7】問1　(1)　ア　②　　イ　③　　ウ　①　　エ　④　　オ　⑤　　カ　⑥　　(2)　ポリ乳酸繊維は，植物からできている繊維のため使用後に廃棄しても土中の微生物の栄養源に利用され，最終的には水と炭酸ガスに分解されるため地球に優しい繊維といえる。　　問2　②，③

〈解説〉問1　被服材料は動物や植物の繊維，および石油などを原料として化学的に合成された繊維をもとに織物，編物，レースや組みひもなどの組物，不織布などが作られている。同じ綿繊維を用いても，糸にする段階でのよりのかけ方やその後の織り方，編み方などで吸水性や柔軟性は変わる。例えば，太い糸で硬い平織にすれば帆布に，斜文織にすればデニムに，細くよりの強い糸で織られたブロード生地，よりの甘い糸で荒く織ったガーゼ，編み物では綿メリヤスなど布の性質や用途が変わる。新しい機能としては，ストレッチ性(ポリウレタンなど)，吸湿による発熱作用(レーヨン)，吸湿速乾性(ポリエステル糸の断面の形状を変えたもの)を備えた繊維が実用化されている。

問2　①　布のシングル幅は本来70cm，ダブル幅は140cmとされていたが，現在は90cmのものもシングルというように変わっている。また，110cmのものは普通幅といわれ，綿や化学繊維の薄手のものに多い。

④　ミシン針は薄地用9号，普通地用11号，厚地用14号と番号が大き

くなるほど太い。

【8】問1 (1) ア ③　イ ⑦　ウ ④　エ ①　(2) メリット…・現金を持たなくても買い物ができる。　・スムーズかつスピーディーな決済が可能になる。　デメリット…・不正利用される可能性がある。　・使いすぎる可能性がある。　(3) ①
問2 ①，⑥

〈解説〉問1　家計管理は，従来「入るを量って出ずるを制す」という言葉で表せるように，家計簿などにより収支を明らかにし，支出を収入の範囲内に収めることを第一としてきた。今日では，経済のキャッシュレス化が進み，クレジットカード等の普及により，手元に現金を持たずに商品やサービスを手に入れ，代金は後日口座から引き落としとなるなど，家計全体が把握しにくくなっている。また，自動車や住宅のローンのように，高額の費用の融資を受け，長期にわたって返済する制度も普及している。これからの家庭経済においてはキャッシュレス社会の問題点を認識した上で，警戒しつつも避けるだけでなく，効果的に利用する姿勢を身につけさせたい。一方で，人の一生を支える収入についても，職業選択や年金制度，社会保障など，自分の問題として考えさせ，生活設計につなげたい。　(3)　給与明細書の総支給額から総控除額を除いたものが手取り額である。控除のうち，労働組合費は任意加入なので，可処分所得は206,778円となる。社会保険料と直接税は非消費支出である。　問2　成年年齢の引き下げによって，保護者の同意なしでクレジットカードやローンの契約，有効期限10年のパスポートの取得，選挙権の取得，結婚できる年齢が男女とも18歳になるなどの変化があった。しかし，飲酒や喫煙，公営ギャンブルは，従来通り20歳までできない。国民年金に加入する義務も20歳からとなっている。

2022年度　実施問題

【中高共通】

【1】衣生活について，次の問いに答えなさい。

問1　次の文章を読み，以下の(1)(2)に答えなさい。

2013年4月24日に，バングラデシュの首都ダッカ近郊の，縫製工場が入っていた8階建てのラナプラザビルが崩落した。1,100人以上の工場労働者が死亡し，行方不明者や重軽傷者総勢約4,000人が巻き込まれる大惨事となった。これは，欧米を中心とする注文に応えるために，基準に満たない違法建築の資材を使用して次々に建物を増設したため，人やミシンなどの重さにビルが耐えられなかったとされる。ラナプラザビルでは，有名なアパレルメーカーの服も多くつくられていたと言われている。バングラデシュは輸出の8割を衣料産業が占め，労働者は，例えば，1日18時間の長時間労働や深夜に及ぶ労働，極端な低賃金，安全や健康の守られない環境で働いている。

(1)　上記の事故を招いた要因と考えられる消費者側の姿勢を書きなさい。

(2)　次の(a)～(e)は，環境や人権などに配慮した消費スタイルに関連する事柄の例である。その説明として最も適当なものを，以下の①～⑥からそれぞれ一つずつ選びなさい。

(a)　アップサイクル　　(b)　オーガニック・コットン

(c)　フェアトレード　　(d)　LCA(ライフサイクルアセスメント)

(e)　アニマルウェルフェア

①　過剰包装をしない，レジ袋を渡さない等の環境への配慮のこと。

②　感受性を持つ生き物としての家畜に心を寄り添わせ，誕生から死を迎えるまでの間，ストレスをできる限り少なく，行動要

求が満たされた，健康的な生活ができる飼育方法をめざす畜産のあり方。

③　廃棄物や使用しなくなったものなどを，新しい素材やよりよい製品に変換して価値を高めることであり，リサイクルの進化版ともみなされている。

④　商品の製造，輸送，販売，使用，廃棄，再利用という一連の過程での環境への影響を分析し，総合評価する手法のこと。

⑤　発展途上国で生産された作物や製品を，適正な価格で継続的に取り引きし，生産者の生活の自立を支える仕組みのこと。

⑥　栽培や製品加工で農薬や化学薬品の使用を控え，児童労働などを行わない綿のこと。

問2　かつて日本人は，何世代にもわたって和服を大切に引き継ぎ，再利用してきた。このようなことが可能となる和服の「構造上の理由」を説明しなさい。

問3　衣服を長く使い続けるためには，手入れが大切である。次の(a)～(c)の「しみ」を落とすための1次処理として最も適当なものを，以下の①～④からそれぞれ一つずつ選びなさい。

(a)　果汁　　(b)　泥はね　　(c)　油性ペン

①　よく乾かしてから，ブラシをかける。

②　アルコールまたはベンジンを含ませた布でたたく。

③　氷で冷やして固めてから，つめやへらではがす。

④　布に水を含ませて固く絞り，汚れた部分をたたく。

(☆☆☆◎◎◎◎)

【2】食生活について，次の問いに答えなさい。

問1　日本の食文化について，次の文章を読み，以下の(1)(2)に答えなさい。

食は人類が長い歴史をかけて発達させてきたものである。食文化とは，その土地で食べ物をとり，気候風土に合わせた調理法を生み出しながら，人類がつくってきたものである。

そして，現在では，その土地ならではの伝統料理を[　ア　]と呼び，私達はその文化を受け継いでいる。

日本は[　イ　]の米を中心として，その副産物である稲わらで住生活，衣生活をととのえる稲わら文化に根ざしてきた。年中行事の多くも食べ物を中心に行われてきており，日本では，「五穀豊穣」を祈ってきた歴史がある。収穫を祝う祭りはハレの日とされ，もちや<u>強飯</u>を食べる習慣が今でも残っている。

(1)　空欄[　ア　][　イ　]に当てはまる語句として最も適当なものを，次の①～⑤からそれぞれ一つずつ選びなさい。

①　主菜　　②　日本料理　　③　郷土料理　　④　懐石料理
⑤　主食

(2)　下線部「強飯」(こわいい・こわめし)に当てはまるものとして適当なものを，次の①～④から二つ選びなさい。

①　赤飯　　②　押し寿司　　③　栗おこわ　　④　ちらし寿司

問2　世界の食文化について，次の(a)(b)の国の食文化の説明として最も適当なものを，以下の①～⑤からそれぞれ一つずつ選びなさい。

(a)　メキシコ　　(b)　モロッコ

①　小麦粉からつくられるナンをよく食べている。この国ではナンは食事と同義語である。

②　もち米を蒸したカオニャオをよく食べている。ティップカオと呼ばれるふた付きの竹の入れ物に入れ，素手でつまんで軽く丸め，おかずと一緒に食べる。

③　トウモロコシからつくるトルティーヤをよく食べている。様々な具をのせて2つに折ったものを，タコスという，

④　小麦粉でつくられたクスクスという粒状のものや，ホブスと呼ばれる丸いパンなどを多く食べている。

⑤　小麦粉の金粒粉でできたチャパティと呼ばれるものを食べている。ナンと似ているが，チヤパティは発酵もいらず，フライパンで作ることができる。ナンに比べて薄いのが特徴である。

問3　食品加工の目的について，次の文章を読み，以下の(1)(2)に答えなさい。

食品加工の目的は，大きく分けて3つある。1つ目は，[　ア　]の向上である。例えば，じゃがいもの[　イ　]や生の大豆のトリプシンインヒビターのように人体に有害なものを除去したり，健康被害をもたらす<u>微生物を制御</u>したりすることである。2つ目は，[　ウ　]の向上である。例えば，炊飯のように米のでんぷんを[　エ　]したり，から揚げのようにタンパク質を加熱することで消化性を向上させたりする作用を指す。3つ目は，おいしさの向上である，食品は生のまま食べるよりも加工することでおいしさが増したり，食欲を増進させることができる。

(1)　空欄[　ア　]～[　エ　]に当てはまる語句として最も適当なものを，次の①～⑧からそれぞれ一つずつ選びなさい。

①　α化　　②　栄養性　　③　熱凝固性
④　安全性　　⑤　ソラニン　　⑥　しゅう酸
⑦　β化　　⑧　ミオグロビン

(2)　下線部について，考えられる加工方法を二つ答えなさい。

(☆☆◎◎◎◎)

【3】消費行動について，次の問いに答えなさい。

問1　インターネットショッピングの消費者側から見た「長所」と「短所」について，それぞれ一つずつ答えなさい。

問2　インターネットショッピングのトラブルの予防や対処法について，次の文章中の空欄[　ア　]～[　オ　]に当てはまる語句として最も適当なものを，以下の①～⑧の中からそれぞれ一つずつ選びなさい。

ネットショッピングを利用する際には，通信販売のルールを守っていることを認証する[　ア　]マークが付与されているかを確認したり，Webサイトの運営者が実在することを認証する[　イ　]などを確認することが大切である。また販売会社の評判なども事前に確認する。カード払いで番号を入力する場合も，カード番号の送信時に暗号化される[　ウ　]での送信かを確認する。どの商品をどんな条件で注文したのか，注文画面を保存・印刷しておくようにする。受注の手続き後，電子メールが送信されたときには，その内容をすぐに確認する。契約後に，商品が届かないなどのトラブルを防ぐためには，[　エ　]などの安全性の高い支払方法を選ぶとよい。被害にあってしまったときは，メール，電話等のあらゆる手段で督促をするが，相手と連絡がつかない場合は，[　オ　]を，配達証明をつけて送り，相手側に解除の意思表示が到達した証拠を残す必要がある。解除が認められない場合は，警察やサイバー犯罪相談窓口に相談するとよい。

① JADMA　　② SSL
③ ノートンセキュアドシール　　④ 前払い
⑤ 内容証明郵便　　⑥ BAA
⑦ 代金引換　　⑧ 特定記録郵便

問3　未成年の消費行動に関する記述として適当なものを，次の①～④から二つ選びなさい。

① 未成年者でも，保護者の同意なしで契約が成立する場合がある。
② 契約は法律により拘束力が生じる約束であるので，未成年者が保護者の同意なしでいったん契約した場合でも，取り消すことはできない。
③ 未成年者が保護者の同意なく契約した場合には，保護者によってのみ取り消すことができる。
④ 未成年者が「親の同意を得ている」など，積極的に事業者をだまして契約をした場合，契約は後で取り消すことができない。

問4　平成31年3月文部科学省告示をもって，新高等学校学習指導要領(平成30年告示)の一部が改正された。それにより，家庭科において，「家庭基礎」「家庭総合」の「C　持続可能な消費生活・環境」の履修学年はどのように規定されたか，説明しなさい。

(☆☆☆◎◎◎◎)

【4】住生活について，次の文章を読み，以下の問いに答えなさい。

住まいは私たちの生活に欠くことのできない空間である。また，住まいは時代と共に，人々の生活要求に応じて変化してきており，その機能も，そこで生活する人の家族の条件や，居住者の生活スタイルによって異なってくる。中には，多くの人と交流して暮らすという住まいを選択する人も出始めている。その代表的な例として，コーポラティブハウスやコレクティブハウス，シェアハウスなどがある。

住まいには，様々な機能がある。例えば，第一次的機能として，風雨，寒暑をしのぐ，自然災害から身を守るなどの役割がある。

問1　次の文は，下線部の「コーポラティブハウスやコレクティブハウス，シェアハウス」のうち，どれについて説明したものか，以下の①～③から一つ選びなさい。

住む人が，敷地を選び，建築家などの支援を受けながら，各自の暮らしにあった集合住宅を，自由に設計，建設，入居する，プロセスを重視した住まい。

①　コーポラティブハウス　　②　コレクティブハウス

③　シェアハウス

問2　住まいは，気候や風土，地域の歴史や営みによって，つくりが違っている。次の写真A，Bの住居について，a住居の工夫とこの住居が見られるb都道府県名として最も適当なものを，それぞれ以下の①～⑤から一つずつ選びなさい。

写真A

写真B

a　住居の工夫　①　家全体を土蔵にし，火事が広がらないようにした厚い壁と重厚な屋根瓦
②　屋根の傾斜を急にし，雪を積もりにくくした合掌づくり
③　漆喰でぬられた壁が長持ちするように，壁につけた水切り瓦
④　強い風雨に耐えられるように高さを低くして漆喰で固めた屋根
⑤　寒冷地の工夫として，石を積み上げ開口部を小さくした構造

b　都道府県名　①　岩手県　②　沖縄県　③　岐阜県
④　高知県　⑤　埼玉県

問3　快適で安全な住まいも，年月とともに汚れやいたみなど材質の劣化や損傷が起こるが，それを防ぎ耐用年数をのばすには，構造や材料に適した日常の清掃と，損耗などの予防・管理が不可欠である。その具体例として，浴室に発生するカビを防ぐ方法を書きなさい。

(☆☆◎◎◎◎)

【5】子どもの発達と保育について，次の問いに答えなさい。

問1　次の文章を読み，以下の(1)(2)に答えなさい。

幼いころに親から受けた虐待は，親への愛着を失わせ，家族の中で不幸せ感を生むばかりでなく，自信をなくさせ，将来展望をもてなくさせるなど，子どもの成長に大きな影響を与えることが知られており，近年，社会問題となっている。これを受け，2000年に「児童虐待の防止等に関する法律」(通称「児童虐待防止法」)が制定・施行された。この法律では，児童虐待を明確に定義し，虐待の防止と早期発見，虐待を受けた子どもの適切な保護などが定められている。また，同法は，その後何度か改正されている。

(1)　現在施行されている「児童虐待防止法」に定められている内容として適当でないものを，次の①～⑤から二つ選びなさい。

① 児童虐待の定義は，「身体的な暴行」「著しい食事制限や長時間の放置」「心理的に傷つける言動」の3つである。

② 学校の教職員や医師は，児童虐待を発見しやすい立場を自覚し，児童虐待の早期発見に努めなければならない。

③ 都道府県知事は，児童虐待が行われているおそれがあると認められる場合，児童相談所に立ち入り調査をさせることができる。

④ 児童相談所長は，児童虐待を行った保護者と，当該児童との面会・通信を制限することができる。

⑤ 児童虐待を受けたと「思われる」段階の児童については，児童相談所もしくは福祉事務所に通告する義務はない。

(2)　次の2つの資料をもとに，乳幼児期の子どもへの適切な叱り方について書きなさい。

資料1

厳格な体罰や暴言虐待を受けたり，両親間の家庭内暴力(DV)を目撃したりすることで，視覚野や聴覚野といった部位に「傷」がつくということがわかってきました。(中略) しかも『身体的DVの目撃...夫婦間の暴力』よりも，『怒声や暴言目撃...激しい言い争い』のほうが，子どもの脳にダメージを与えます。

資料２
●脳の成長

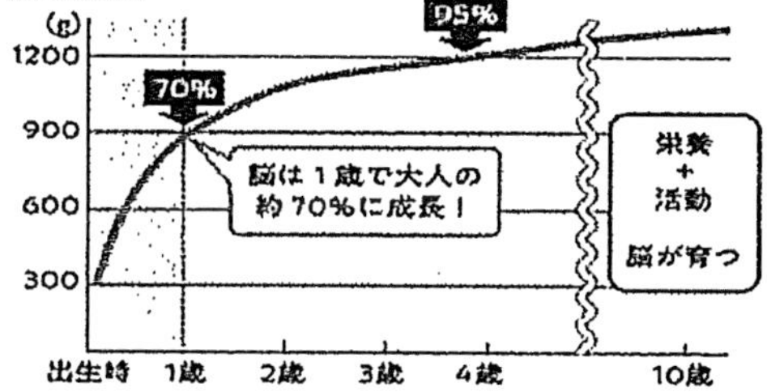

【資料1，資料2とも友田明美氏の著書より抜粋】

問2　乳児の食事について，次の文章中の空欄[　ア　]～[　エ　]に当てはまる語句として最も適当なものを，以下の①～⑤からそれぞれ一つずつ選びなさい。

乳児の食事は，生後数か月の間，母乳や育児用調製粉乳などの[　ア　]のみである。[　ア　]には，母乳，母乳以外の乳汁を用いる[　イ　]，母乳と[　イ　]の両方を用いる[　ウ　]があり，母乳の量や生活環境などに応じて選択される。

母乳の分泌は，さまざまなホルモンの働きによって調節されている。妊娠中は，胎盤から出るホルモンによって分泌が抑えられているが，分娩時に胎盤が母親の体外に出されるとその抑制がなくなり，脳下垂体から[　エ　]というホルモンが出て，母乳の分泌を促す。

①　人工栄養　　②　混合栄養　　③　乳汁栄養
④　オキシトシン　　⑤　プロラクチン

問3　子どもの病気の特徴と養護に関する記述として適当なものを，次の①～④から二つ選びなさい。

①　子どものからだは水分の占める割合が多く，発熱，下痢，嘔吐の際は脱水症に陥りやすい。

②　けいれんをおこすと，尿量や尿回数が減り，目がくぼむなどの症状が見られる。

③　子どもの体温は個人差が大きく，同じ子どもでも乳児から幼児へと年齢が上がるにつれて次第に高くなっていく。

④　呼吸困難は，軽い症状としては鼻翼呼吸，重くなると陥没呼吸となる。陥没呼吸が見られる場合には，医療機関を受診して，酸素吸入が必要となる。

(☆☆☆☆◎◎◎)

【6】家族に関する法律と高齢者について，次の問いに答えなさい。

問1　現在施行されている民法に当てはまるものを，次の①～⑥から二つ選びなさい。

①　「家」制度があり，「家」の尊属が優先される。

②　女性は離婚後100日は再婚できない。

③　家を継いだ子どもだけが，一括して遺産相続する。

④　男女とも満18歳で婚姻が可能となる。

⑤　直系血族及び兄弟姉妹は，互いに扶養をする義務がある。

⑥　婚姻のときは夫と妻で同姓か別姓かを選択する。

問2　次の(1)～(3)について答えなさい。

(1)　認知症に関する記述として適当でないものを，次の①～④から一つ選びなさい。

①　認知症は，出来事の一部は忘れても体験そのものは覚えている症状である。

②　高血圧や糖尿病，脂質異常症などの生活習慣病が認知症に深く関与していることが明らかになっている。

③　普段から人と積極的に交流することで，脳が活性化され，認知症になりにくいことが分かっている。

④　高齢化が進む日本では，2025年には65歳以上の高齢者の5人に1人が認知症になるといわれている。

(2)　次のグラフは，知能の発達と衰退の経過について表したものであり，それぞれの曲線は，全体的能力，流動性知能，結晶性知能のいずれかを表している。結晶性知能を表しているものを，以下の①～③から一つ選びなさい。

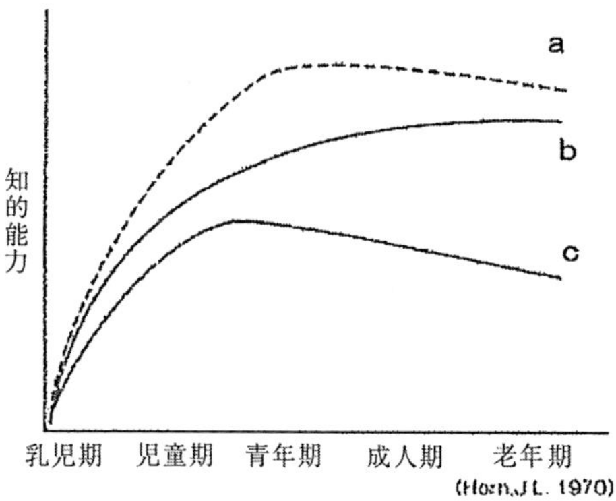

① a　② b　③ c

(3) 結晶性知能とはどのような知能か，(2)のグラフも参考にして説明しなさい。

(☆☆☆◎◎◎)

解答・解説

【中高共通】

【1】問1 (1) モノをつくる労働者の環境や自然環境への影響などを顧みず，より低価格のものを求める姿勢　(2) (a) ③　(b) ⑥　(c) ⑤　(d) ④　(e) ②　問2 和服は，反物という長方形の長い布を裁断してつくる平面構成である。そのため糸をほどいたらすべて四角形の布となり，比較的容易に他のものに作り替えたり，小さいサイズにして子供用に仕立て直したりすることができるため，再利用しやすい。　問3 (a) ④　(b) ①　(c) ②

〈解説〉問1 (1) ファストファッションの弊害について，記述できるよう学習しておくこと。過剰生産・過剰消費・過剰廃棄のサイクルが行われ，安い繊維は化学繊維がほとんどで環境にも負荷を与えている。日本のアパレル市場を輸入品が占める割合は97％以上で，低賃金で大量生産できる国で，人権を無視した労働が課されている。 (2) (a)は，再利用やリサイクルとは異なり，そのものの素材を生かして別の製品にアップグレードすることである。反対語の，「ダウンサイクル」はTシャツから雑巾をつくったり，新聞紙を再生紙にしたり，元よりやや価値や質が下がるリサイクルのことである。(b)についてオーガニックとは有機栽培のことである。(c)についての問題は頻出である。コーヒー，紅茶，チョコレートなどの食品以外にも，衣料品やサッカーボールなど様々な商品が認定されている。フェアトレード認定ラベルも確認すること。(d)は，製造から廃棄まで資源やエネルギー，また消費した水，排出した二酸化炭素や窒素酸化物など，製品に関するすべての環境影響について評価する手法である。(e)は国際獣疫事務局(OIE)の勧告において，「動物の生活とその死に関わる環境と関連する動物の身体的・心的状態」と定義されている。家畜を快適な環境下で飼養することにより，家畜のストレスや疾病を減らすことが重要で，結果として，生産性の向上や安全な畜産物の生産にもつながることから，農林水産省がこの考え方を踏まえた家畜の飼養管理の普及に努めている。 問2 反物は長さ3丈(約12m)幅9寸5分(約36cm)である。平面構造のよさは，仕立て直しがしやすいことである。補強したり，すれた箇所をそうでない箇所と入れ替えたり，丈を変えたりすることが容易である。 問3 しみは，汚れの種類を水溶性か油性か判断する。水溶性は水をつけて綿棒や歯ブラシでたたく。それで取れないときは洗剤用液を使用する。油性はベンジンをつけてたたく。落ちないときは洗剤の原液をつけてたたく。あて布を使い，汚れをうつし取る。正答以外の選択肢③はガム等の汚れの落としかたである。

【2】問1 (1) ア ③ イ ⑤ (2) ①，③ 問2 (a) ③ (b) ④ 問3 (1) ウ ④ エ ⑤ オ ② カ ① (2) 乾燥・糖蔵(砂糖漬け)・塩蔵(塩漬け)・低温(冷凍保存)などの中か

ら二つ選べばよい。※加熱殺菌(レトルト)・酢づけ・真空密閉(空気を抜いてパウチする)なども可。

〈解説〉問1　(1)　和食がユネスコの無形文化遺産に登録され，日本の食文化について見直されている。和食についての問題も頻出なので学習しておきたい。　(2)　もち米を使った物を強飯，またはおこわという。かつてはうるち米よりもち米が貴重だったため，ハレの日のご馳走として食された。　問2　①はインド，②はタイ，⑤はインドと近隣諸国(パキスタン・バングラデシュ・アフガニスタン等)で食される。問3　(1)　食品加工についての理解を深めるのとともに，食品表示法についても学んでおきたい。食品の区分は，加工食品，生鮮食品，添加物の3つに区分されており，その違いと表示の仕方も確認しておくこと。　(2)　微生物制御の方法には，「遮断：瓶詰，缶詰，パック包装，容器に入れふたをする，ラップをかける等」，「除菌：洗浄する」，「静菌：冷蔵，冷凍，塩蔵，糖蔵，乾燥(水分活性を低下させる)，酸性(pHを低下させる)，くん煙(乾燥による水分活性の低下，煙の抗菌作用)」，「殺菌：加熱殺菌，加熱によらない殺菌(薬剤等)」がある。

【3】問1　長所…・買い物に出かけなくてもいつでも注文でき，配達してもらえる。　・たくさんのショップや商品を容易に比較できる。・店頭より安価な場合がある。　・店舗では入手しにくいものが売っていることがある。　・世界中どこからでも買える。　短所…・売り手と対話せず相手が何者かわからない。　・実物を確認して買えない。少ない商品情報で判断せざるを得ない。　・犯罪の痕跡を消しやすい。　・個人情報が流出しやすい。　・クーリングオフができない。
問2　ア　①　イ　③　ウ　②　エ　⑦　オ　⑤
問3　①，④　問4　原則として，入学年次及びその次の年次の2か年のうちに履修する

〈解説〉問1　ネット販売は手軽に購入できるため，買いすぎる危険もある。長所と短所をふまえたうえで正しい知識をもって利用するよう生徒に指導したい。　問2　JADMAマークは日本通信販売協会の厳しい

基準をパスして正会員になった会社だけが表示できるマークである。インターネットショッピングではクーリングオフが適用されないので，購入を慎重に考える必要がある。被害にあった場合の消費者ホットライン(188)，消費生活センターについても学習しておきたい。
問3　②は保護者の同意なしで契約した場合は取り消すことができる。③は保護者だけでなく，未成年者本人によって取り消すことができる。未成年者の契約取り消しについての問題は頻出である。様々な事例を確認し，理解を深めておくこと。　問4　中学校学習指導要領解説第3章　各科目にわたる指導計画の作成と内容の取扱い　1　指導計画作成上の配慮事項1(3)と(4)の項目に「なお，平成30年6月に民法の改正により平成34(2022)年4月1日から成年年齢が18歳に引き下げられることを踏まえ，学習指導要領の一部改訂により，『C　持続可能な消費生活・環境』の内容について入学年次またはその次の年次までに履修させることが予定されている。(平成31年1月現在)」と示されている。

【4】問1　①　　問2　(住居の工夫／都道府県名　の順)　A　③／④　B　④／②　　問3　お湯のシャワーで，できるだけ，床や壁の汚れを洗い流す。　・浴槽やタイルなどの水滴をふき取る。　・換気扇を回し，換気する。

〈解説〉問1　②は，独立した住居と住民で使う共用スペースがあり，生活の一部を共同化する合理的な住まい方である。各家庭の生活は自立しつつ，血縁に関わらない他の人間関係の中で暮らす住まい。③は，個人の部屋とは別に共用スペース(リビング，キッチン，シャワー，トイレ等)がある賃貸住宅である。　問2　Aは，蔵や住宅の壁に何段か重ねてつける小さな庇で，強い雨や日差しから壁を守る働きがある。台風の襲来が多い高知県ならではのつくりである。Bについて，沖縄は夏に台風が頻繁に襲来するので，暴風雨に対処するため，住居を高い石垣で囲んでいる。瓦が飛ばないよう漆喰で固められている。　問3　カビは20～30℃の温度，湿度が高いこと，皮脂や石けんカスなどの栄養源があることで繁殖する。これらの条件を満たさないようにすること。

【5】問1 (1) ①，⑤ (2) 資料によれば，子どもの脳は，4歳までの幼児期におよそ95％発達し，親の体罰や言葉での虐待によって萎縮したり損傷を受けることが分かった。従って，親が幼児期にどのように子どもに関わるかが大切である。まずは，子どものやっていることに対し，一度共感した上でそれでもやってはいけない理由を，感情的にならず，発達段階に応じた，子どもに分かる言葉で，丁寧に粘り強く説明するようにする。解決方法を一緒に考えることも効果的である。子どもの適切な叱り方としては，以下の3つが重要である。1．温かく受容的で共感的な声掛けと態度 2．子どもの発達に応じて子どもに分かるように説明すること 3．一貫性があること 問2 ア ③ イ ① ウ ② エ ⑤ 問3 ①，④

〈解説〉問1 (1) ①の児童虐待の定義は4つで，選択肢にあげられたものと，もう一つは性的虐待である。⑤の通告については，児童虐待防止法第6条に「児童虐待を受けたと思われる児童を発見した者は，速やかに，これを福祉事務所若しくは児童相談所又は児童委員を介して福祉事務所若しくは児童相談所に通告しなければならない」と規定している。児童福祉法第25条の規定による通告とみなされる。 (2) 資料から読み解く問題である。子どもの発達と，虐待についての知識がないと答えられないので，日頃から幅広い学習をしておくとともに，時事問題に取り上げられそうなニュースについては知識に基づいた考えをまとめる練習をしておくこと。 問2 母乳と調製粉乳の成分の違い，メリットとデメリット等も確認しておこう。オキシトシンは，乳児が乳首を吸う刺激によって出るホルモンで，母乳の分泌が促進される。出産時には陣痛をおこして子宮を収縮し分娩を促し，出産後は子宮の回復を促進する。 問3 ②について，子どもには熱性けいれんが多く，呼びかけに答えなくなって，眼球が上を向き，意識がなくなって手足がガクガクふるえる。尿量や尿回数が減り，目がくぼむのは脱水の症状である。③について，生まれて1か月くらいの乳児は体温が高く，成長にともないだんだん低くなっていく。

【6】問1　②，⑤　　問2　(1)　①　　(2)　②　　(3)　結晶性知能とは，教育や学習，経験などの積み重ねによって発達する知能のことで，高齢になっても低下せず保たれる。

〈解説〉問1　①の「家」制度は，1947年改正の現行民法で廃止され，現行民法では夫婦の協力の維持となった。③は2分の1が配偶者，残りの2分の1を子どもが平等に分配する。また非嫡出子も同様に扱う。④の婚姻が可能な年齢は現行では男子18歳以上，女子16歳以上である。民法が改正され2022年4月から男女とも18歳以上となる。⑥の選択的夫婦別姓について議論はされているが，まだ法改正までには至っていない。　問2　(1)　認知症についての問題は頻出なので学習して理解を深めておくこと。認知症は，認知機能が低下し，日常生活全般に支障が出てくる状態をいう。認知症にはいくつかの種類があり，アルツハイマー型認知症は，認知症の中で最も多く，脳神経が変性して脳の一部が萎縮していく過程でおきる。次いで多いのが脳梗塞や脳出血などの脳血管障害による血管性認知症。その他に，幻視や，手足が震えたり歩幅が小刻みになって転びやすくなる症状があらわれるレビー小体型認知症，スムーズに言葉が出てこない・言い間違いが多い，感情の抑制がきかなくなる，社会のルールを守れなくなるといった症状があらわれる前頭側頭型認知症等がある。　(2)　図のaは全体的能力，cは流動性知能である。　(3)　結晶性知能は，知識や経験によって対応する力なので，高齢になったからといって衰えない。一方流動性知能は，状況に素早く対応する能力で，25歳くらいにピークを迎える。2つの能力は互いに補うように働くため，高齢期になっても大きく衰えることはないことを意味する。

2021年度　実施問題

【中高共通】

【1】衣生活について，次の問いに答えなさい。

問1　次の(a)～(h)についてそれぞれの特徴をもつ繊維の名称の組合せとして正しいものを，下の①～⑤から一つ選びなさい。

(a)　吸湿性がある。肌触りが良い。ぬれると弱くなり，縮みやすい。しわになりやすい。

(b)　吸湿性がある。絹に似た風合い。熱可塑性がある。ぬれると弱くなる。アルカリに弱い。

(c)　吸湿性，光沢がある。しなやかでドレープ性が良い。アルカリ・塩素系漂白剤に弱い。虫害を受けやすい。汗・日光で黄変する。

(d)　吸湿性，保温性，弾力性，撥水性がある。しわになりにくい。アルカリ・塩素系漂白剤に弱い。虫害を受けやすい。フェルト化する。

(e)　保温性がある。羊毛に似た風合い。発色性が良い。吸湿性が小さい。熱の影響を受けやすい。

(f)　弾力性に富む。丈夫で軽い。吸湿性が小さい。静電気を帯びやすい。

(g)　吸湿性，吸水性がある。熱・アルカリに弱い。洗濯に強い。涼感がある。しわになりやすく，伸びにくい。乾きにくい。

(h)　伸縮性が非常に大きい。塩素・紫外線に弱い。劣化が早い。

繊維の名称

麻	アセテート	アクリル	絹
キュプラ	毛	ナイロン	ポリウレタン
ポリエステル	綿	レーヨン	

①　(a)　キュプラ　　(b)　アセテート　　(c)　絹

(d)	毛	(e)	レーヨン	(f)	ポリエステル
(g)	麻	(h)	ポリウレタン		

② (a) 綿　(b) レーヨン　(c) 絹
(d) 毛　(e) アクリル　(f) ポリエステル
(g) 麻　(h) ナイロン

③ (a) 綿　(b) アセテート　(c) 毛
(d) 絹　(e) レーヨン　(f) キュプラ
(g) アクリル　(h) ポリエステル

④ (a) レーヨン　(b) アセテート　(c) 絹
(d) 毛　(e) アクリル　(f) ナイロン
(g) 麻　(h) ポリウレタン

⑤ (a) レーヨン　(b) キュプラ　(c) 麻
(d) 絹　(e) アセテート　(f) ナイロン
(g) アクリル　(h) ポリウレタン

問2　被服が原因で起こる，皮膚障害，衣服圧によるトラブルの例として適当なものを，次の①～⑥からそれぞれ二つずつ選びなさい。

①　足に合わない靴を長時間履くことにより足が変形した。
②　装飾品が触れることによりアレルギー反応が出た。
③　繊維や布の加工剤による影響で湿疹が出た。
④　滑りやすい靴下を履いて転倒した。
⑤　ファスナーによって裂傷した。
⑥　胴部ベルトによる強い締めつけで体調が悪くなった。

問3　次の表示は，ある学校の夏用ブラウスの「組成表示」である。この2つの繊維を混紡した布を使う理由を書きなさい。

綿	65%
ポリエステル	35%

問4　次の(a)～(e)の繊維の燃え方の特徴として最も適当なものを，あとの①～③の中からそれぞれ一つずつ選びなさい。ただし，同じ選択肢を複数回用いてもよい。

(a) 植物繊維　(b) 動物繊維　(c) 再生繊維
(d) 半合成繊維　(e) 合成繊維

① 溶けながら燃え，黒いすすを出したり，制激臭のするものが多い。燃え残りは冷えると固くなる。
② じりじりと縮れながら燃える。火を遠ざけると消える。
③ 炎を上げてめらめら燃える。灰はやわらかくて少ない。

(☆☆☆☆◎◎◎)

【2】子どもの発達と環境について，次の問いに答えなさい。

問1 次の文(1)(2)の空欄に入る人物名を，下の①～⑨からそれぞれ一つずつ選びなさい。

(1)「自ら育つものを育たせようとする心，それが育ての心である」と著書『育ての心』に記した児童心理学者は[　　]である。

(2)「保育は，子どもの自然な発達に応じなければならない」と主張し，世界ではじめて，ドイツで幼児の教育機関として幼稚園をつくった幼児教育家は[　　]である。

① ルソー　② ブロンフェンブレンナー
③ 津守真　④ モンテッソーリ
⑤ 倉橋惣三　⑥ スキャモン
⑦ 石井亮一　⑧ ヴィゴツキー
⑨ フレーベル

問2 次の(1)(2)に答えなさい。

(1) 次の文章中の，空欄[　ア　]～[　オ　]に当てはまる語句として最も適当なものを，あとの①～⑨からそれぞれ一つずつ選びなさい。

長いあいだ「生まれたばかりの子どもは，無力で何もできない」とみなされていた。近年の研究では，これまで考えられていたよりも赤ちゃんははるかに能動的で，身近な人やものにすすんで働きかけ，ものごとに対応しようとしていることがわかってきた。そのひとつが，赤ちゃんの持つ「かわいらしさ」である。動物の赤ちゃんに共通する[　ア　]的特徴は，ベビーシェマとよばれ，この特徴が，大人の赤ちゃんに対する[　イ　]的感情や行動を引き出す。赤ちゃんの[　ウ　]的微笑にも同じ働きがあるという。

また，赤ちゃんは，大人の表情を模倣したり，大人の動きに自分の声や動きを合わせたりするなど，他者に同調することもできる。これらの行動は[　ウ　]的なもので，[　エ　]的ではない反応もあるが，大人には赤ちゃんと通じ合えた感覚をもたらす。そして，赤ちゃんと大人との相互作用を促し，信頼関係の基礎となる。親が，子どもの働きかけや要求に対して[　オ　]的に一貫性をもって，温かくかかわることを積み重ねていくと，子どもと親との間に，信頼感に基づく特定の他者との心理的な絆が形成される。

①　応答　　②　身体　　③　生理　　④　意図　　⑤　相互
⑥　養護　　⑦　心理　　⑧　行動　　⑨　一方

(2)　イギリスの精神医学者ボウルビィが提唱した下線部の絆を何というか，答えなさい。

問3　子どもの発達と免疫について述べた文として適当なものを，次の①～④から二つ選びなさい。

①　免疫とは，体内に侵入した細菌やウィルスなどを異物として攻撃し，自分の身体を正常に保つ働きのことを指す。

②　胎盤を介して母体内の免疫が胎児内に移行したものを母子免疫と呼び，出生後，1歳くらいまでの間増加する。

③　免疫力を高め，感染症による重症化リスクを減らすためには，病原菌に触れない清潔な環境で育てる必要がある。

④　予防接種とは，毒性をなくしたり弱めたりした病原体を，事前にからだに注入し，抵抗力をもたせる方法である。

(☆☆☆◎◎◎)

【3】住生活について，次の問いに答えなさい。

問1　次の行為は民法で認められるか，認められる場合は①を，認められない場合は②を選びなさい。

a　隣の家に植えてある木の枝が自分の家に伸びてきて，庭を通るのに邪魔になっていたので，隣人の許可を得ずに枝を切った。

b　隣の家に植えてある木の根が自分の家に伸びてきて，自分の庭の土が隆起してきたので，隣人の許可を得ずに自分の敷地内の根を切り取った。

問2　次の文中の空欄[　　]に入る数値を答えなさい。

2019年に建築基準法の一部が改正され，防火地域・準防火地域において延焼防止性能の高い建築物の建ぺい率制限が10％緩和された。改正前の建ぺい率が50％であった敷地面積240m²の土地においては，改正後の建築面積の最大限度は，[　　]m²である。

問3　次の事例を読んで，下の(1)(2)に答えなさい。

Aさんは，分譲マンションを5年前に購入した。最近，隣に引っ越してきたBさん家族は小さい子どももいる5人家族で，賃貸契約をしているようだ。Bさんは自分の部屋の前の廊下にベビーカーや自転車を置いており，その範囲が徐々に広がり通行の妨げになっている。Aさんは，毎朝Bさんの部屋の前を通らないとエレベーターに行くことができず，非常口も同様の位置にあるため，不満を感じている。

(1)　Bさん家族の行為の問題点を，「法律」や「集合住宅での住まい方」の視点から書きなさい。

(2)　この事例において問題を解決するために，あなたが考える，Aさんがとるべき適切な方法を書きなさい。

問4　次の写真を見て，下の(1)(2)に答えなさい。

(1)　この住居の名称と建てられている国名を，それぞれ次の①～⑤から一つずつ選びなさい。

住居の名称：　①　客家　　②　ゲル　　③　イグルー
　　　　　　　④　クエバ　⑤　ドゥオーモ
国　　　名：　①　カナダ　②　ヨルダン　③　イタリア
　　　　　　　④　中国　　⑤　モンゴル

(2)　写真の住居について説明した文として誤っているものを，次の①～⑤から二つ選びなさい。

①　寒さ対策のため，家畜のふんをまき，その上に板(パネル)とじゅうたんを敷く。

②　家屋にかかる重い税金から逃れるために，壊しやすく再建しやすい簡素な構造にした。

③　家畜が食べる草がなくなると住む場所を移動する遊牧民の移動式住居である。

④　家の周りを覆う布はフェルトなどでできており，外気温に合わせて枚数を調整できる。

⑤　雪や氷を固めて造るもので，狩猟で移動生活を送る民族のためのドーム型住居である。

(☆☆☆☆◎◎◎)

【4】食生活について，次の問いに答えなさい。

問1　日本では，古くから昆布のだしが使われてきた。東京帝国大学(現在の東京大学)池田菊苗教授は，だしの起源は何なのかを知るため，だし汁昆布を対象とした研究に着手した。1907年に昆布から煮汁をとり，うま味の素であるL－グルタミン酸ナトリウムを得ることに成功した。次の(1)(2)に答えなさい。

(1)　下線部「うま味」は味の基本5味の一つである。味の基本5味に当てはまらないものを，次の①～⑤から一つ選びなさい。

①　甘味　　②　塩味　　③　辛味　　④　酸味　　⑤　苦味

(2)　味の相互作用の内，相乗効果を生む例として最も適当なものを，次の①～④から一つ選びなさい。

①　だしに少量の食塩を加える

② 酢の物に食塩，砂糖を加える
③ 昆布とかつお節の混合だし
④ しるこに少量の食塩を加える

問2 2015年4月に施行され，2020年4月に完全移行となった「食品表示法」の内容として誤っているものを，次の①～⑥から二つ選びなさい。

① 「食品表示法」は，「食品衛生法」と「健康増進法」の2つを統合して作られたものである。
② 消費者向けに包装された加工食品及び添加物に栄養成分表示が義務付けられた。
③ ナトリウムの表示は食塩相当量で表示される。
④ 「同一製品」を「2つ以上の製造所(工場)」で製造する場合のみ製造所固有記号を使用できる。
⑤ より広範囲の原材料について，アレルゲンを含む旨の表示を義務付けている。個別表示が原則だが，例外的に一括表示を可能とする。
⑥ 原材料と添加物は明確に区分する必要はない。

問3 箸の部位の内，「箸頭」を図中の①～③から一つ選びなさい。

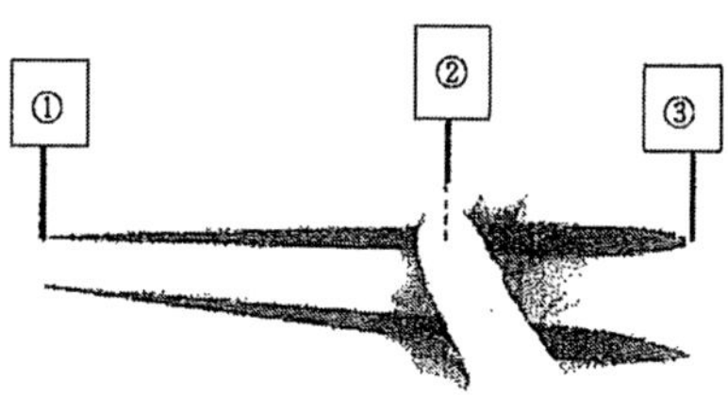

問4 食事をする際にふさわしくない箸の使い方の名称と説明の組合せとして正しいものを，次の①～⑥から二つ選びなさい。

① 受け箸…食べようとした食べ物を箸で取ったが，食べずに戻すこと
② 重ね箸…食器に盛ってある料理を箸でかき回し，自分の好きな物を探り出すこと

③　移り箸…いったん取りかけてから他の料理に箸を移すこと
④　こじ箸…ひとつの料理ばかり食べ続けること
⑤　迷い箸…箸で遠くの食器を引き寄せること
⑥　涙箸…箸でつまんだ料理から汁を滴らせること

(☆☆☆◎◎◎)

【5】消費生活について，次の文章を読んで，下の問いに答えなさい。

クレジットカードは，現金の持ち合わせがなくてもその場で商品を購入することができて便利である。その返済方法として，一括(1回)払い，分割払い，リボルビング払いなどがある。しかし，安易に使いすぎると返済に苦しみ，多重債務に陥り自己破産を招くケースもある。

問1　次の文章を読んで，あとの(1)～(3)に答えなさい。

Aさんは，令和2年3月にクレジットカードをつくり，商品購入代金の支払い方法は，利用残高に関係なく毎月定額を支払うリボルビング払いとした。クレジットカードによるAさんの月々の購入額はあとの表の通りである。

＜Aさんのリボルビング払いによる支払い方法＞

・支払いは購入月の翌月から開始するものとし，毎月5日を支払い日とする。
・元金の支払いは，月1万円の定額，年利は15％とし，元金定額方式で支払うものとする。
・初回請求時に支払う利息は，利用日の翌日から支払い期日当日までの日割り計算とし，それ以降の利息は，前回の支払い日の翌日から，当月支払い日までの日割り計算とする。

(例)　4月の支払い金額の合計を求める計算式

10,000円＋40,000円×15％÷366日×21日

(※令和2年は閏年)

月	令和２年 ３月	令和２年 ４月	令和２年 ５月	令和２年 ６月	令和２年 ７月
購入額	４万円の 洋服 （税込み） （15日購入）	未購入	未購入	９万円の パソコン （税込み） （10日購入）	６万円の テレビ （税込み） （12日購入）

(1)　令和2年5月5日に支払う金額を求める式を書きなさい。ただし，答えを求める必要はない。

(2)　令和2年8月以降に購入がなかったとして，残金全部を支払い終えるのはいつになるか，次の①～⑥から一つ選びなさい。

①　令和3年6月5日　　②　令和3年7月5日
③　令和3年8月5日　　④　令和3年9月5日
⑤　令和3年10月5日　　⑥　令和3年11月5日

(3)　分割払いとリボルビング払いの違いを書きなさい。

問2　下線部のように，裁判所に「自己破産」を申し立てて，破産宣告を受けた場合に被る不利益として適当でない事項を，次の①～⑥から一つ選びなさい。

①　自分の家や土地，そのほかの財産のほとんどは処分され，借金の返済にあてられる。

②　銀行やクレジット会社からの信用がなくなるため，クレジットカードが利用できなくなり，融資を受けられなくなる。

③　免責が決定されるまでは，弁護士・税理士・公認会計士などの資格や会社役員などの立場は失われる。

④　自己破産してから免責されると，その後7年間は再び自己破産することができない。

⑤　親が自己破産をした場合，その子どもは奨学金を借りることができない。

⑥　借金の保証人になった人は，本人に代わって借金の返済を求められる。

(☆☆☆☆◎◎◎)

【6】次の文章は，持続可能な社会の実現について述べたものである。下の問いに答えなさい。

1997年に[　ア　]第3回締約国会議で[　イ　]が採択されたのをきっかけに，世界中で持続可能な社会に向けた取り組みが活発化している。

我が国では，[　ウ　](2001年施行)により，廃棄物処理や資源の有効利用についても法的に整備された。また，自分では削減できない温室効果ガスの排出量について，他者の排出削減量や吸収量を買い取るなどして埋め合わせる[　エ　]の取り組みが拡がりつつある。

さらに，2015年9月の国連サミットで「持続可能な開発のための2030アジェンダ」が採択され，2030年までに持続可能でよりよい世界を目指す17の目標いわゆるSDGsが設定された。

問1　空欄[　ア　]～[　エ　]に入る語句として最も適当なものを，次の①～⑧からそれぞれ一つずつ選びなさい。

①　資源有効利用促進法　　②　循環型社会形成推進基本法
③　カーボン・オフセット　　④　カーボンフットプリント
⑤　気候変動枠組条約　　⑥　ロンドン条約
⑦　モントリオール議定書　　⑧　京都議定書

問2　二酸化炭素は排出量上位3か国において，世界全体の約半分を排出しているという現実がある。二酸化炭素排出量が多い上位3か国(環境省　2020年版資料)の組合せとして正しいものを，次の①～⑧から一つ選びなさい。

①	1位　アメリカ	2位　インド	3位　中国
②	1位　アメリカ	2位　中国	3位　インド
③	1位　アメリカ	2位　中国	3位　日本
④	1位　アメリカ	2位　中国	3位　ロシア
⑤	1位　中国	2位　アメリカ	3位　インド
⑥	1位　中国	2位　アメリカ	3位　日本
⑦	1位　中国	2位　アメリカ	3位　ロシア
⑧	1位　中国	2位　インド	3位　アメリカ

問3　次の図は，文章中にあるSDGsの12番目の目標を示したものであ

る。この目標が意味することについて，具体例を示しながら説明しなさい。

(☆☆☆☆◎◎◎)

【7】共生社会について，次の問いに答えなさい。

問1　次の文章中の空欄[　ア　][　イ　]に入る語句として最も適当なものを，下の①～④からそれぞれ一つずつ選びなさい。

共生社会の基盤になっているのが，ノーマライゼーションの考え方である。これは，障がいのある人も，ない人も，同じように生活や権利が保障されていることが普通(ノーマル)で当たり前という考え方である。かつて，違いを理由に，その人権を否定したり不自由を強制したりした時代があった。近年では，ノーマライゼーションの考え方の普及により社会制度にも変化が表れている。障がいを理由に，不妊手術を強制されたとして被害者が訴えた裁判で，手術を行う根拠となった[　ア　]が憲法に違反すると指摘された。その後，平成31年に通称[　イ　]が成立した。

①　障害者差別解消法　　②　強制不妊救済法　　③　母体保護法

④　優生保護法

問2　ユニバーサルデザインの7原則に含まれないものを，次の①～⑨から二つ選びなさい。

①　だれにでも使用でき，入手できること

②　同じ要素を繰り返し使うこと

③　使い方が容易にわかること

④　使い手に必要な情報が容易にわかること

⑤　まちがえても重大な結果にならないこと

⑥　少ない労力で効率的に，楽に使えること
⑦　アプローチし，使用するのに適切な広さがあること
⑧　柔軟に使えること
⑨　住んでいる地域の近くで購入できること

(☆☆☆◎◎◎)

【8】中学校学習指導要領(平成29年告示)について，次の問いに答えなさい。

問1 「家庭分野」に新しく加わった学習内容として適当なものを，次の①～⑤から一つ選びなさい。

①　住居の基本的な機能
②　幼児との関わり方
③　衣服の材料や状態に応じた日常着の手入れ
④　介護など高齢者との関わり方
⑤　用途に応じた食品の選択

問2　次の文章の空欄[　ア　][　イ　]に入る語句として最も適当なものを，それぞれ下の①～③から一つ選びなさい。

「家庭分野」の内容において，従来あった4つの内容項目が3つに整理された。その3項目のうち，[　ア　]に「[　ア　]についての課題と実践」が新設された。更に，「課題と実践」については，それら[　イ　]履修させることとなった。

ア　①　家族・家庭生活　　②　衣食住の生活
　　③　消費生活・環境
イ　①　3項目のうち1つ以上　　②　3項目のうち2つ以上
　　③　3項目すべて

(☆☆☆◎◎◎)

解答・解説

【中高共通】

【1】問1 ④ 問2 皮膚障害…②, ③ 衣服圧…①, ⑥
問3 夏の制服は，汗をかきやすいため吸水性が高く，洗濯に強い布が適している。綿はその2つを兼ね備えているが，しわになりやすく，アイロンなどの手入れが必要だったり，乾きにくいという弱点をもつ。そのため，しわになりにくく，速乾性のあるポリエステルを混紡することで，より手入れのしやすい，夏の制服に適した布をつくることができると考えたから。 問4 (a) ③ (b) ② (c) ③ (d) ① (e) ①

〈解説〉問1 繊維の種類は，天然繊維(植物繊維：綿，麻／動物繊維：毛，絹)と，化学繊維(再生繊維：レーヨン，キュプラ／半合成繊維：アセテート／合成繊維：ナイロン，ポリエステル，アクリル，ポリウレタン等)に分類できる。以下，説明文に該当しなかった繊維の特徴を述べる。キュプラはレーヨン同様，水や摩擦に弱く，しわになりやすいが，静電気が起きにくいため洋服の裏地に適している。綿の特徴は，肌触りが良い，吸湿性が大きい，強いが伸びは小さい，ぬれても弱くならない，など。ポリエステルの特徴は，非常に強くしわになりにくい，吸湿性が小さく帯電しやすい，などである。 問2 皮膚障害には，装飾品によるアレルギーや，寝具などのダニ・花粉等，加工剤(防しわ加工剤，クリーニングの有機溶剤等)や，襟や裾のタグ等による刺激から起こるものがある。衣服圧とは，着衣中の被服が変形してその布地の変形に要した力が人体を拘束する圧となること，着衣の重量そのものが圧となること，また両者を総合したものが体表面を圧迫することである。なお，すべりやすい靴下等による転倒や，ファスナーによる裂傷は，衣服による不慮の事故である。 問3 繊維の短所を補い長所を伸ばすために2種類以上の繊維を混ぜることを混用といい，混紡，交織，交編などがある。混紡とは，異なる繊維を混ぜて糸を作ることで，綿とポリエステルの混紡はワイシャツやブラウスなどによく用いられる。　問4　繊維の燃焼性から分類すると，植物繊維や再生繊維は易燃性，動物繊維は可燃性である。合成繊維は種類により異なり，黒い灰の固まりを残すのはアクリルやポリエチレンで易燃性である。ポリウレタンも易燃性で，ポリエステルやナイロンは可燃性である。

【2】問1　(1)　⑤　　(2)　⑨　　問2　(1)　ア　②　　イ　⑥　　ウ　③　　エ　④　　オ　①　　(2)　愛着(アタッチメント)
問3　①，④

〈解説〉問1　(1)　倉橋惣三は，形式化した明治以来のフレーベル主義を改革し，幼児教育の発展に尽くした。1948年に日本保育学会を創設した。　(2)　フレーベルは，1837年，世界初の幼稚園である一般ドイツ幼稚園を開設。Kindergartenという言葉はフレーベルの造語で，日本語の幼稚園もそれを訳したものである。　問2　本文中に記述のある「ベビーシェマ」とは，大きい頭，頬が丸い，目と目が離れている，顔のパーツが低い位置にある，丸くずんぐりとした体型等の特徴をさす。また，赤ちゃんが大人の模倣をすることをアタッチメントという。アタッチメントとは，人間(動物)が特定の個体に対して持つ情愛的絆を表したものである。　問3　②　母子免疫とは，妊娠中の免疫と生後の移行抗体との2つを合わせていう。　③　生後3～6カ月頃になると，母親から受け継いだ移行抗体は低下し，乳児自身の免疫機能が働き始める。細菌に触れることで免疫力は向上するため，はじめは感染症などによくかかるが，それを経験しつつ免疫力を備えていく。

【3】問1　a　②　　b　①　　問2　144　　問3　(1)　集合住宅において，非常口への通路を妨げるように私物を置いた場合，「消防法」や「消防条例」に違反する可能性が高い。また，集合住宅の共用部分については，区分所有法により，所有者の共有とされており，このような使い方は共同の利益に反する行為とされているため問題である。法律上だけでなく，集合住宅においては，お互いに配慮しながら住むこ

とが求められており，共用スペースを我が物顔で使うことは集合住宅での住まい方としてはふさわしくない。　(2)　まずは，直接本人に言える関係なら，物をどかしてもらうようお願いする。その際は，丁寧に理由を説明し，納得してもらえる話し方を心掛ける。それでも改善されない場合は，Bさんの家主か，管理人に相談する。

問4　(1)　住居の名称…②　　国名…⑤　　(2)　②，⑤

〈解説〉問1　民法233条第1項に「隣地の竹木の枝が境界線を越えるときは，その竹木の所有者に，その枝を切除させることができる」，同第2項に「隣地の竹木の根が境界線を越えるときは，その根を切り取ることできる」と示されている。　問2　改正により，制限は，50％に10％を足した60％となるので，240〔m^2〕×0.6(60〔％〕)＝144〔m^2〕となる。　問3　分譲マンションにおいて，区分所有法上，廊下は共有部分とされているため，専有部分と異なり，勝手には使えない。廊下などへ物を置く行為は違反となる。また，廊下は建築基準法や消防法で「避難施設」に含まれ，消防法及び火災予防条例で，避難に支障となる物を廊下に置いてはならないと規定されている。　問4　モンゴルは東アジアの内陸に位置する。大陸性気候で雨は少なく乾燥しており，夏は40℃近く，冬は－30℃以下になるなど，季節や昼夜によって寒暖差が大きい。モンゴルの遊牧民は，季節に応じて家畜の放牧に適した場所へ移動して暮らす。ゲルは遊牧民の移動式の住居で，木材と布から成り，2～3人が作業して2時間ほどで組み立て可能である。

【4】問1　(1)　③　　(2)　③　　問2　①，⑥　　問3　③　　問4　③，⑥

〈解説〉問1　(1)　池田教授は，甘味，酸味，塩味，苦味に次ぐ第5の味を提案した。L－グルタミン酸ナトリウムの発明は，「日本の十大発明」として位置づけられ，うまみ調味料「味の素」という商品名で知られる。　(2)　味の相互作用には，他に，対比効果＝甘味と塩味(しるこに塩)，うま味と塩味(だしに塩)や，抑制効果＝苦味と甘味(コーヒーに砂糖)，塩味と酸味(漬物)，酸味と塩味や甘味(すし酢)，塩味とうま味

(醤油)，などがある。　問2　①　食品表示法は，従来のJAS，食品衛生法，健康増進法が統合されたもの。　⑥　加工食品の場合は，名称・保存方法・期限・原材料名・原料原産地名・添加物・内容量・栄養成分量と熱量・食品関連事業者の氏名と住所・製造所の所在地の表示が義務づけられている。　問3　箸頭は天井に向く部分をいう。図の②は手で持つところなので「持ち代(しろ)」といい，図の①は「箸先」という。　問4　①　受け箸は箸を持ったままお代わりをする所作である。　②　重ね箸はひとつの料理ばかりを食べ続けることである。　④　こじ箸は食器に盛ってある料理を箸でかき回し，自分の好きな物を探り出すことである。　⑤　迷い箸はどの料理を食べようかと迷い，料理の上であちこちと箸を動かすことである。

【5】問1　(1)　式…10,000〔円〕＋30,000〔円〕×15〔%〕÷366〔日〕×30〔日〕　(2)　⑤　(3)　分割払いは，商品の代金を分割し2カ月以上にわたって支払う方法である。リボルビング払いは，毎月の返済額を返しやすい一定額に決める返済方法で，利用額が多くても毎月一定額を支払えばよいため，返済期間が長期化し利息の支払いが長引く傾向がある。　問2　⑤

〈解説〉問1　(1)　毎月10,000円支払う。それにプラスして利息を払うが，利息分の日数は4月5日から5月5日までなので30日となる。　(2)　3月購入の4万円は，7月で支払いが終了する。8月から9万円と6万円の1万円ずつの支払いが始まるため，8月から数えて15カ月となる令和3年10月5日である。　(3)　分割払いでは支払う回数が決まっているが，リボルビング払いは支払う回数が明確でなく長期化しやすい。そのため手数料を多く払うことになりやすい。　問2　両親が自己破産した場合でも，基本的に子どもは奨学金を借りることができる。奨学金の借主は，学生となる子ども本人だからである。

【6】問1　ア　⑤　イ　⑧　ウ　②　エ　③　問2　⑤
問3　SDGs12番目の目標には，持続可能な消費と生産のパターンを推

進するねらいがある。例えば生産側には，有害な化学物質を使わないようにする責任や廃棄物の発生を削減していく責任がある。また消費者側には，無駄な食品を減らす使いきる責任やゴミの削減に向けて分別してごみを出す等の責任が挙げられる。

〈解説〉問1　第3回締約国会議は，地球温暖化防止京都会議ともいう。気候変動枠組条約締約国会議(COP)は，1995年から毎年開催されている。京都議定書は2005年に発効したもので，法的拘束力がある議定書が採択されたことは，環境問題において重要なものとなった。循環型社会形成推進基本法の前に，1993年施行の環境基本法が基本となっている。SDGsは，(Sustainable Development Goals：持続可能な開発目標)の略で，17の目標から成る。発展途上国のみならず，先進国自身が取り組むユニバーサル(普遍的)なものであり，日本としても積極的に取り組んでいる。なお，④のカーボンフットプリントは，商品のCO_2量を「見える化」したものである。　問2　二酸化炭素の排出量は，中国約98億トン，アメリカ約50億トン，インド約25億トンである。日本は約11億トンであるが，ロシアに次いで世界第5位であることに注意する。問3「目標12」は，「持続可能な生産消費形態を確保する」と定義されている。17の目標すべてについて，一通り家庭科の立場から理解しておくとよい。

【7】問1　ア　④　　イ　②　　問2　ア　②　　イ　⑨

〈解説〉問1　優生保護法(1948～1996年)は，優生学的断種手術，中絶，避妊を合法化した法律である。「優生上の見地から不良な子孫の出生を防止する」，つまり，病気や障害を持った子どもが生まれてこないようにすることと，「母性の生命健康を保護する」，つまり，女性の妊娠・出産を保護することが目的であった。強制不妊救済法は，被害者本人の請求に基づき，被害の有無を認定することを定めている。
問2　ユニバーサルデザインとは，アメリカ人建築家ロナルド・メイスが，従来のバリアフリーの概念を拡大して提唱したもの。できるだけ多くの人々が利用可能であるように製品・建物・空間等をデザインすることと定義されている。

【8】問1　④　　問2　ア　③　　イ　①

〈解説〉問1　中学校学習指導要領「〔家庭分野〕　2　内容　A家族・家庭生活　(3)　イ」を参照されたい。介護や高齢者関連が新しい学習内容であることは，同解説　技術・家庭編の「第1章　総説　2　技術・家庭科改訂の趣旨及び要点　(2)　改訂の要点」でも確認できる。

問2　従来の「A　家族・家庭と子どもの成長」，「B　食生活と自立」，「C　衣生活・住生活と自立」，「D　身近な消費生活と環境」から，「A　家族・家庭生活」，「B　衣食住の生活」，「C　消費生活・環境」の3つの内容項目に整理された。

2020年度　実施問題

【中高共通】

【1】消費者運動と法制度について，次の問いに答えなさい。

問1　次の文章中の空欄[　ア　]～[　キ　]に入る語句として最も適当なものを，下の①～⓪からそれぞれ一つずつ選びなさい。

消費者問題の解決・予防を目的とし，被害者をはじめ，消費者団体や市民団体，弁護士・弁護士団体などが連携・団結し，[　ア　]・行政・議会(国会)にはたらきかけたり，裁判を起こしたりする社会的な活動を消費者運動という。1960年代から1970年代にかけて，消費者の[　イ　]意識が高まり，消費者の[　イ　]や[　ウ　]を守るため，法制度が整備されるようになった。1994年には，欠陥商品の事故による損害賠償をすみやかに行うため，無過失責任を取り入れた[　エ　]が制定され，(A)<u>消費者は商品の欠陥を明らかにさえすればよい</u>とされた。

また，2004年の[　オ　]では，消費者の[　ウ　]を守り，暮らしを安定させ，その質を向上させるため，「消費者の[　イ　]の尊重」や「消費者の[　カ　]の支援」などの理念を定め，国や地方公共団体，[　ア　]，消費者の責務を明らかにしている。特に，安全にかかわる制度として，生活用品で重大製品事故が起きた場合，メーカーや輸入業者は，[　キ　]を国に報告し，(B)<u>製品に欠陥がある場合には，製造業者は無料で回収・修理をしなければならないこと</u>とされている。また，国は発生拡大防止のため，それらを国民に向けて公表を行っている。

①　司法　　②　事故情報　　③　消費者保護基本法
④　製造物責任法　　⑤　消費者基本法　　⑥　自立
⑦　利益　　⑧　事業者　　⑨　取扱説明書
⓪　権利

問2　下線部(A)に関して，製品で事故が起こった場合，製品の欠陥を明らかにするために消費者が保存しておくとよいもののうち，二つ書きなさい。

問3　下線部(B)に示される制度について述べた文として誤っているものを，次の①～④から一つ選びなさい。

①　この制度は，消費生活用製品安全法により，規定されているものである。

②　製品による事故が起こった場合の対応として，製造事業者及び輸入事業者は，製品による危害の発生と拡大を防止するための措置をとるよう努めなければならない。

③　法令で定める以外に，事業者が自主的に進めるケースもある。

④　製品事故が発生し，生命身体への侵害が認められる場合に，行政上の責任や民事上の責任に問われる事はあるが，罰則規定を伴う刑事上の責任はない。

(☆☆☆☆◎◎◎)

【2】消費者金融について，次の問いに答えなさい。

問1　10万円借りて，1か月1,500円の利息の場合，年利は[　アイ　]%になるか，数値を答えなさい。

問2　元本10万円未満の場合，利息制限法による上限金利は何%か，次の①～③から一つ選びなさい。

①　15%　　②　20%　　③　25%

(☆☆☆◎◎◎)

【3】住生活について，次の問いに答えなさい。

問1　建築基準法施行令における住宅(直上階の居室の床面積の合計が100m²以内のもの)内の階段の設置について，次の空欄[　ア　]～[　ウ　]に入る数値として最も適当なものを，あとの①～⑦からそれぞれ一つずつ選びなさい。

階段の幅は[　ア　]cm以上，けあげの寸法は[　イ　]cm以下，踏面の寸法は[　ウ　]cm以上で設置しなければならない。

① 16　② 18　③ 21　④ 22　⑤ 26　⑥ 75
⑦ 140

問2　住まいにおける日照について，適度な紫外線が人体に及ぼす保健衛生上の効果として適当でないものを，次の①～④から一つ選びなさい。

① 病原体等の殺菌作用
② ビタミンD生成の促進
③ 新陳代謝の促進
④ シックハウス症候群の症状の軽減

問3　次の住宅の間取りは，近世になって農家で見られた田の字型住宅という間取りである。当時のライフスタイルや生活様式を根拠に，この住宅の間取りの特徴を書きなさい。

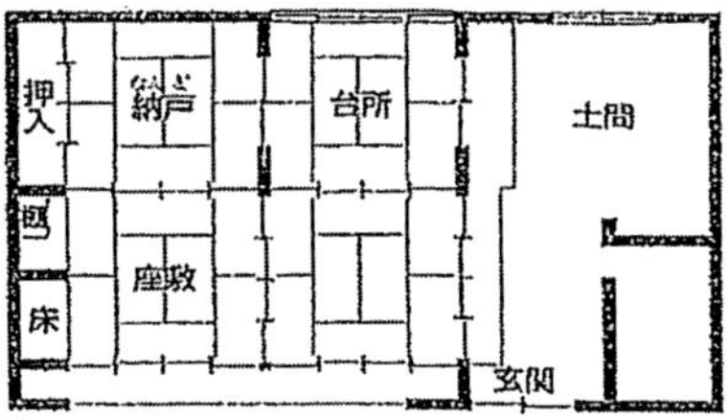

【田の字型住宅】

(☆☆☆◎◎◎)

【4】高齢者の生活と介護について，次の問いに答えなさい。

問1　高齢者の生活について述べた文章として誤りを含むものを，次の①～④から二つ選びなさい。

① 介護保険事業状況報告(平成28年度)によると，前期高齢者の中で要支援認定を受けている人は8.8％であり，要介護認定を受けている人は2.9％である。後期高齢者になると，要介護認定を受けている人が20％を超える。

② 家庭内で介護や家事の支援が十分でなく，高齢者同士で介護す

る老老介護，また認知症同士の認認介護という現象を生み出している。

③　厚生労働省「国民生活基礎調査」(平成29年)によれば，平成29年の65歳以上の高齢者のいる世帯構造は，前年に比べ，単独世帯や夫婦のみの世帯の割合が減り，親と未婚の子のみの世帯の割合がわずかながら増加している。

④　平成18年4月に改正された介護保険制度に伴い，地域で介護等について相談・助言・サービスへの取りつぎ，介護予防マネジメント等包括的な地域住民からの相談に応じる機関を地域包括支援センターという。

問2　片側まひの高齢者をベッドから車椅子に移動する介助の過程について，次の①～⑧を順番に並べたとき，空欄[　ア　]～[　エ　]に入る最も適当なものを，それぞれ一つずつ選びなさい。

(順番)[　　]→[　　]→[　ア　]→[　イ　]→[　　]→[　ウ　]→[　　]→[　エ　]

①　まひのないほうの足に力を入れてもらい，介助者は後ろから引っ張って車いすに深く座ってもらう。

②　車椅子をまひの内側に斜めに置き，ブレーキをかける。車椅子のフットレストをあげる。

③　まひのないほうの手で車椅子のひじあてを持ってもらう。

④　介助者は，高齢者の腰を支えて，高齢者が腰を回転させるのを援助する。

⑤　介助者は，高齢者のからだをしっかり支えて，高齢者に立ってもらう。

⑥　まひのあるほうの足を介助者のひざでしっかりと固定する。

⑦　高齢者に今から車椅子へ移動することを伝えるための声かけをする。

⑧　フットレストをもとに戻し，その上に足をのせる。

(☆☆☆☆◎◎◎)

【5】子どもの発達と保育について，次の問いに答えなさい。

問1　次の文章中の空欄[　ア　]~[　エ　]に適する語句や数値として最も適当なものを，下の①~⑨からそれぞれ一つずつ選びなさい。

出生から1歳になるまでを[　ア　]といい，そのうち最初の[　イ　]週間を[　ウ　]という。出生直後数日は，哺乳量に対して排泄量が多いため体重が[　エ　]%減少する。これを生理的体重減少とよぶ。

① 乳児期　② 新生児期　③ 幼児期　④ 1
⑤ 3　⑥ 4　⑦ 2~5　⑧ 5~10
⑨ 10~15

問2　次図は新生児の頭蓋骨のモデル図である。次の(1)(2)に答えなさい。

(1) 頭蓋骨の中で小泉門と呼ばれる場所とその隙間が閉じるまでに要する期間の組合せとして正しいものを，下の①~⑥から一つ選びなさい。

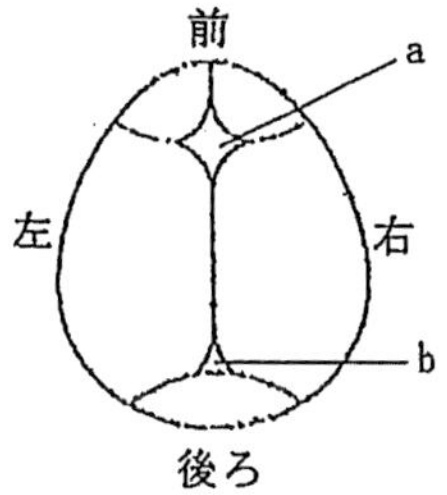

① 場所：a　期間：1カ月　② 場所：a　期間：6カ月
③ 場所：a　期間：1年　④ 場所：b　期間：1カ月
⑤ 場所：b　期間：6カ月　⑥ 場所：b　期間：1年

(2) 新生児の頭蓋骨に隙間があるのはなぜか。「出産」という言葉を使って説明しなさい。

問3　合計特殊出生率のグラフについて，あとの問いに答えなさい。

【合計特殊出生率（日本・諸外国）の推移】

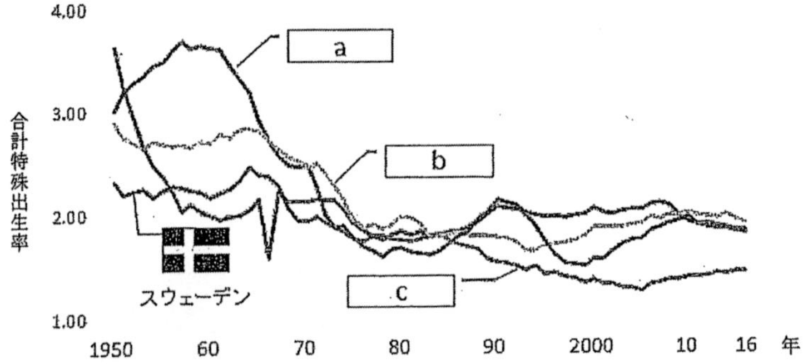

（日本は平成29年度厚生労働省「人口動態統計」、諸外国はUN「Demographic Yearbook」、U.S.Department of Health and Human Services「National Vital Statistics Reports」、「National Center for Health Statistics」、Eurostat「Population and Social Conditions」、Council of Europe「Recent demographic developments in Europe」による）

(1)　上のグラフは，アメリカ，フランス，日本，スウェーデンを表している。日本を表しているものを，次の①～③から一つ選びなさい。

①　a　　②　b　　③　c

(2)　スウェーデンの合計特殊出生率が1.5～1.6台まで低下した後，回復傾向となった理由を書きなさい。

(☆☆☆☆◎◎◎)

【6】日本人の食生活について，次の問いに答えなさい。

問1　次のグラフは，我が国の供給熱量の推移を表したものである。グラフの中の空欄［　ア　］～［　エ　］に当てはまるものを，あとの①～④からそれぞれ一つずつ選びなさい。

【供給熱量の内訳の推移】

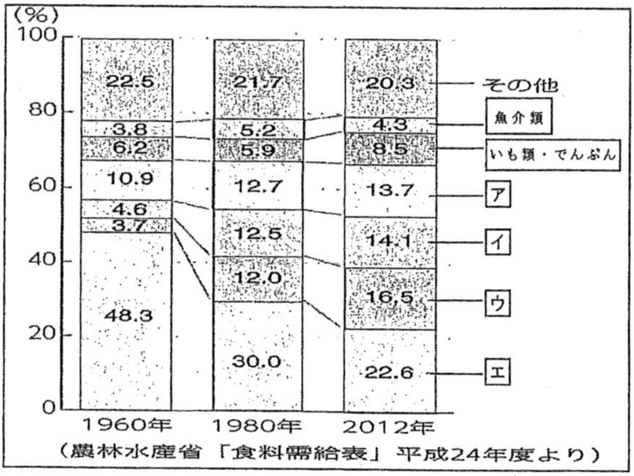

① 米　② 小麦　③ 油脂類　④ 畜産物

問2　下の【グラフ1】と【グラフ2】を使って，日本人の栄養摂取状態がどのように変化しているか説明しなさい。

【グラフ1：PFC供給熱量の比率の推移と国際比較】

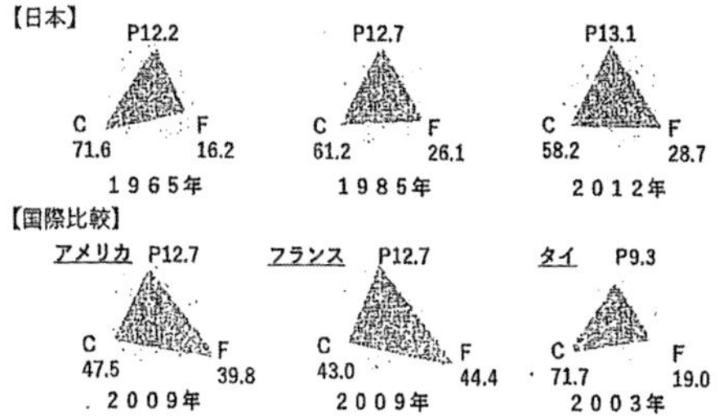

PFCが適正比率の場合、円周上の点となり、結ぶと正三角形になる。

【グラフ２：外食率と食の外部化率の推移】

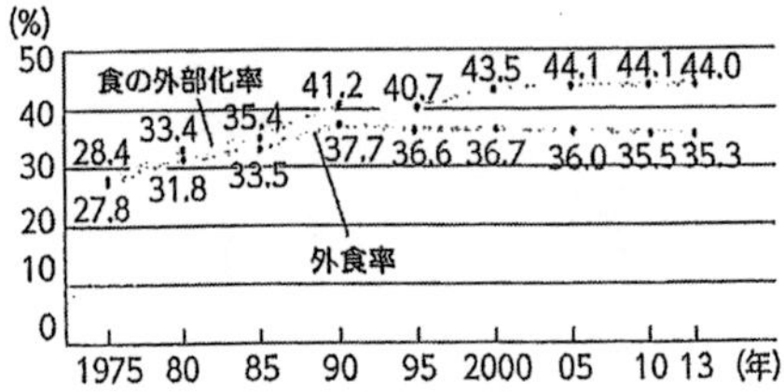

※　外食率：食料消費支出における、外食が占める割合。
※　食の外部化率：食料消費支出における外食と中食が占める割合。

(☆☆☆◎◎◎)

【7】日本の食文化について，次の問いに答えなさい。

問1　日本の正月料理について，次の(1)(2)に答えなさい。

(1)　次のA・Bの材料からできる正月料理として最も適当なものを，下の①～⑥からそれぞれ一つずつ選びなさい。

A：材料【一人分】

かたくちいわし…4g　　砂糖…小$\frac{1}{3}$(1g)

酒…小$\frac{3}{4}$(3.8g)　　しょうゆ…小$\frac{1}{6}$(1.2g)

B：材料【一人分】

はんぺん…20g	卵…50g(1個)	だし汁…6mL
砂糖…2g	酒…2mL	みりん…2mL
うす口しょうゆ…1mL	塩…0.3g	油…1mL

①　栗きんとん　②　田づくり　③　錦卵　④　いりどり
⑤　伊達巻き　⑥　紅白なます

(2)　正月料理に使われる次の食材とその食材にこめられた意味の組合せとして適当なものを，次の①～⑤から二つ選びなさい。

① きんかん…子孫繁栄を願う
② ごぼう…健康で丈夫に過ごせることを願う
③ えび…長生きできるよう願う
④ ぶり…立身出世を願う
⑤ くわい…福を呼ぶことを願う

問2 日本の郷土料理名と都道府県名の組合せとして誤っているものを，次の①～⑥から一つ選びなさい。

① いも煮－山形県　② しもつかれ－愛知県
③ 治部煮－石川県　④ 冷や汁－宮崎県
⑤ のっぺい汁－新潟県　⑥ 鯉こく－長野県

(☆☆☆◎◎◎)

【8】衣生活について，次の問いに答えなさい。

問1 次のグラフは，日本における繊維製品輸入相手国の割合を示したものである。グラフ中の空欄ア～ウに当てはまるものを，下の①～⑤からそれぞれ一つずつ選びなさい。

【繊維製品輸入相手国（2013年）】

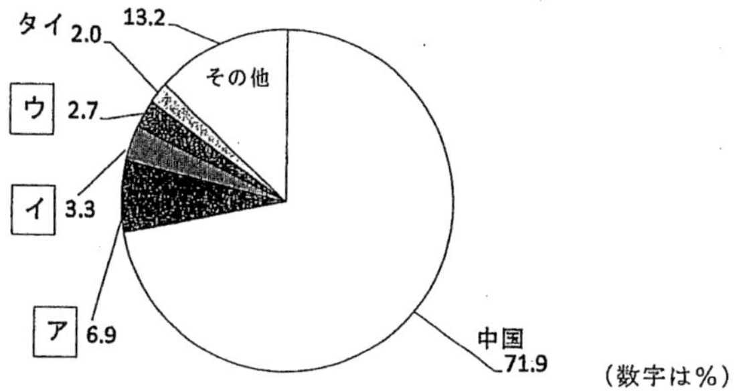

（日本繊維輸入組合「繊維製品・主要国別輸入の推移」より）

① ベトナム　② インドネシア　③ 韓国
④ イタリア　⑤ 台湾

問2 次の(1)～(3)は衣服のリサイクルの種類ごとの説明である。(1)～(3)が示すリサイクルの種類として最も適当なものを，それぞれあとの①～③から一つずつ選びなさい。

(1) 使わなくなったものを製品の原料とするリサイクルのこと。製品の性質は変わらない。

(2) 衣料廃棄物を，化学反応などにより原料の状態まで戻し，新しい製品につくりかえること。

(3) ごみを焼却処理するときに出る熱エネルギーを回収し，利用すること。

① ケミカルリサイクル

② サーマルリサイクル

③ マテリアルリサイクル

問3 エシカルな商品として適当でないものを，次の①～④から一つ選びなさい。

① 児童労働や強制労働が排除された鉱山で採掘された貴金属や宝石を使ったリング

② 全ての人が使いやすいことを目指して設計された商品

③ フェアトレードのしくみを通して適正価格で取引きされる食品

④ ポリ乳酸などの環境負荷の少ないエコ繊維でつくられた衣服

問4 図の洗濯記号の意味として適当なものを，次の①～④から一つ選びなさい。

① 日陰のつり干し

② 日陰のぬれつり干し

③ 日陰の平干し

④ 日陰のぬれ平干し

問5 衣服の立体構成の特徴を，次の①～⑥から二つ選びなさい。

① ボタンやファスナーをとめることにより着装する

② 人体に密着せず通気性がよい

③ ワンサイズで，さまざまな体型に対応する

④　窄衣形(さくいがた)
⑤　懸衣形(かけぎぬがた)
⑥　寛衣形(かんいがた)

(☆☆☆◎◎◎)

【9】高等学校学習指導要領(平成22年告示)共通教科「家庭」における「ホームプロジェクト」の学習内容について，簡潔に説明しなさい。

(☆☆☆◎◎◎)

解答・解説

【中高共通】

【1】問1　ア　⑧　　イ　⓪　　ウ　⑦　　エ　④　　オ　⑤　　カ　⑥　　キ　②　　問2　・事故製品　　・被害状況を示す映像や写真　　・ケガの治療の診断書や領収書　から2つ　　問3　④

〈解説〉問1　消費者運動に関連して，1961年には日本消費者協会が結成，1968年には「消費者保護基本法」が施行され，1974年には日本消費者連盟が発足した。1994年制定の「製造物責任法」では，被害者の立証の負担を軽くし，製造業者に高度な製品安全への認識を期待した。「消費者保護基本法」を抜本的に改正した，2004年施行の「消費者基本法」は，消費者の保護から自立支援へと方向を転換したものである。問2　製品事故にあった場合は，まずは，消費者ホットライン188番に相談するとよい。最寄りの消費生活センターや，消費生活相談窓口につながり，専門の相談員が支援してくれる。　問3　製造物責任法の第3条に「製造業者等は，その製造，加工，輸入又は…その引き渡したものの欠陥により他人の生命，身体又は財産を侵害したときは，これによって生じた損害を賠償する責めに任ずる」とあるが，行政上の責任については言及していない。

【2】問1　アイ　18　　問2　②

〈解説〉問1　月利を計算すると，1,500円÷100,000円＝0.015で1.5％である。これを年利にすると1.5×12＝18％となる。　問2　利息制限法は，高利のとりしまりを目的とする法律。元本額が100万円未満の場合は年18％まで，100万円以上の場合は年15％までと定められている。

【3】問1　ア　⑥　　イ　④　　ウ　③　　問2　④　　問3　冠婚葬祭や多くの人が集まる時のためにふすまや障子を外すと一つの大きな空間となる。

〈解説〉問1　階段の寸法は，建物の用途と面積規模によって定められている。けあげは，「蹴上」と書き，階段の高さを指す。踏面は，「ふみづら」といい，階段の一段の奥行寸法である。　問2　④について，「シックハウス症候群」は，建材などから発生する化学物質などによる室内空気汚染等が問題で，2003年の建築基準法改正では，換気設備の設置が義務づけられた。　問3　住まいの型は，まず田の字型に始まり，その後，中廊下型になり，洋風建築が入ってくることになる。

【4】問1　①，③　　問2　ア　⑥　　イ　③　　ウ　④　　エ　⑧

〈解説〉問1　①について，前期高齢者の中で要支援認定を受けている人は「1.4％」である。なお，前期高齢者とは65～74歳で，後期高齢者は75歳以上である。③について，平成29年の65歳以上の高齢者のいる世帯で，「夫婦のみの世帯」が32.5％に対し前年が31.1％で増加している。それに対し，「単独世帯」が26.4％に対し前年は27.1％，「親と未婚の子のみの世帯」が19.9％で前年は20.7％でいずれも減少している。問2　車椅子が必要な高齢者に対し，次の行動についてまず，声かけすることが大切である。それから，車椅子を近くにおき固定する。まひのあるほうをしっかりカバーし，まひのないほうを活用する。次に高齢者に立ってもらい腰を支えるのがポイントである。車椅子には深く安全に腰かける。

【5】問1　ア　①　イ　⑥　ウ　②　エ　⑧　問2　(1)　④　(2)　出産時に隙間によって頭の形を変形させ，よりスムーズに狭い産道を通るため。　問3　(1)　③　(2)　比較的早い時期から経済的支援と併せ，保育や育児休業制度といった「両立支援」の施策が進められてきたから。

〈解説〉問1　生理的体重減少は，生後1週間ぐらいでその後は増加する。体重が増加しない場合は，何らかの問題があると考えられるため，減少率を図ることが大切になる。　問2　頭蓋骨のモデル図のaは，「大泉門」で，1歳半頃までに自然に閉じる。　問3　(1)　合計特殊出生率とは，15～49歳までの女性の年齢別出生率の合計である。1966年の「ひのえうま」で急激に低下し，年々減少しているcが，日本である。aはアメリカ，bはフランスである。　(2)　フランスでは，家族手当等経済的支援を中心に保育の充実，両立支援がある。スウェーデンにおいても比較的早い時期から同様の施策がとられた。

【6】問1　ア　②　イ　③　ウ　④　エ　①　問2　(国際的にみると，)日本のPFC供給熱量のバランスはよいが，食の欧米化や外部化により動物性脂肪の摂取が増加している。

〈解説〉問1　グラフをみると，自給可能な「米」の供給熱量全体に占める割合が大幅に減少している。これに対し，飼料や原料を輸入しなければならない「畜産物」や「油脂類」の需要が増えた。また，日本は平地が少なく，国内農地面積が狭いことも原因である。　問2　日本ではエネルギーの栄養素比率は，P(たんぱく質)13～20%，F(脂質)20～30%，C(炭水化物)50～65%が適正であるとされている。1980年代には「日本型食生活」が提唱されPFCの適正比率が実現していた。その後，脂質比率が増加し生活習慣病が問題とされた。特に，内臓脂肪型肥満が問題となりメタボリックシンドロームの概念のもとに，疾病の一次予防に重点を置いた施策がとられている。なお，「外食率」とは，食料消費支出に占める外食の割合で，「食の外部化率」とは，外食率に中食(家庭外で調理された食品を購入して持ち帰り，家庭の食卓で食べる食事)の支出割合を加えたものである。外食率は横ばいを呈しているが，外部化率は年々増加している。

【7】問1　(1)　A　②　　B　⑤　　(2)　③，④　　問2　②

〈解説〉問1　(1)　A　かたくちいわしを材料にした正月料理といえば，五穀豊穣の願いをこめた②の「田づくり」が正解。　B　卵・はんぺんを使っているので，⑤の「伊達巻き」が正解。　(2)　①の「きんかん」は，金冠とも書き金の冠で縁起が良く，②の「ごぼう」は，力強く大地に根付くことから延命長寿，⑤の「くわい」は，実から芽が伸びる形から食べると芽が出るめでたい縁起物である。　問2「しもつかれ」は北関東地区(主に栃木県方面，群馬県・茨城県方面など)の郷土料理で，初午の日に作り赤飯と共に稲荷神社に供える。鮭の頭と大豆，根菜，酒かすを煮込んだ料理である。

【8】問1　ア　①　　イ　②　　ウ　④　　問2　(1)　③　　(2)　①
(3)　②　　問3　②　　問4　①　　問5　①，④

〈解説〉問1　輸入している国は一番中国が多いが，中国は発展し経済大国化が進むと生産コストが上昇した。その結果，中国以外のベトナム等からの輸入が増えてきている。　問2　リサイクルの手法は，大きく分けて「マテリアルリサイクル(Material Recycle)」，「ケミカルリサイクル(Chemical Recycle)」，「サーマルリサイクル(Thermal Recycle)」の3種類。　問3「エシカル」とは倫理的・道徳的の意である。似た概念にオーガニック食品等があるが，これに加え紛争や児童労働が関与していないフェアトレードで取引される製品や資源などの消費も含まれる。また，環境について考えた商品もある。②は，ユニバーサルデザインの商品の説明である。　問4　②の「日陰のぬれつり干し」は，③の「日陰の平干し」は，④の「日陰のぬれ平干し」はである。　問5　被服の構成は平面構成と立体構成がある。平面構成は，直線的に裁断した布を縫い合わせて作られたもの。和服やインドのサリー等がある。立体構成は，体の形に合わせて立体的に組み立

てられたもの。被服の基本形式には，⑤の「懸衣形」，⑥の「寛衣形」，④の「窄衣形」がある。「懸衣形」には，腰布形と全身衣形といわれる布を体に巻き付ける巻衣形式と，布の一部に穴を開けてかぶる形式の貫頭衣形式がある。「寛衣形」は，布をたっぷりゆとりをもたせて裁断・縫製し着装の際に体に合わせるもの。「窄衣形」は，布を人体に合わせて裁断・縫製するものである。

【9】共通教科「家庭」の学習を進める中で，各自の生活の中から課題を見いだし，課題解決を目指して，主体的に計画を立てて実践する問題解決的な学習活動である。

〈解説〉平成30年告示の学習指導要領の共通教科「家庭」は，「家庭基礎」と「家庭総合」となった。いずれにおいても，「ホームプロジェクト」と「学校家庭クラブ活動」が学習内容に位置づけられている。両者の大きな違いは，前者は自分の生活に関しての研究であるのに対し，後者は学校や地域社会の生活に関する課題に関して，学校家庭クラブのグループのメンバーとして，協力して解決していこうとする活動である点である。

2019年度　実施問題

【中高共通】

【1】次の表はAさんのある日の朝と夜の食事の献立と食品群別栄養摂取量を表したものである。ただし，表はまだ完成していない。Aさんの食事について，下の問いに答えなさい。

Aさん（16歳男子 身体活動レベルⅡふつう）の1日の食事		第1群		第2群		第3群			第4群		
		乳 乳製品	卵	魚介 肉	豆 豆製品	野菜	いも類	果物	穀類	油脂	砂糖
料理名	材料										
＜朝食＞	（単位ｇ）										
トースト	食パン150								150		
	バター5										
牛乳	牛乳200										
	砂糖6										6
スクランブルエッグ	卵50		50								
	油5										
	ソーセージ12										
フルーツヨーグルト	ヨーグルト100										
	いちご30							30			
＜夕食＞											
鳥のから揚げ	鶏肉80										
	油10（吸収分）										
	生姜2										
	片栗粉50										
	にんにく3										
サラダ	トマト50										
	きゅうり45					45					
	キャベツ50					50					
	ブロッコリー65					65					
みそ汁	豆腐40										
	ネギ10										
	こんにゃく10										
	里芋20										
	人参30										
	みそ										
	だし汁200										
ご飯	米120								120		
合計			50	アイ			ウエ				
1日に必要な摂取量		400	オカ	160	100	350	100	200	420	30	10
過不足					−キク	−ケコ				−サシ	

（＊調味料は食品群の分類には含まないものとする）

問1　表を完成させたときに，空欄[　ア　]～[　シ　]に当てはまる数字を答えなさい。

問2　Aさんの昼食の献立を作り，食品群別栄養摂取量の表を完成させなさい。その際，栄養バランス，味のバランス，食材の組合せ等を考慮すること。

Aさん（16歳男子　身体活動レベルⅡふつう）の1日の食事（1人分）		第1群		第2群		第3群			第4群		
		乳 乳製品	卵	魚介 肉	豆 豆製品	野菜	いも類	果物	穀類	油脂	砂糖
料理名	材料										
〈昼食〉											
合計											
1日の合計											

問3　次の(1)(2)の説明に合う「こ食」を漢字で書いた場合，空欄[　ス　][　セ　]に当てはまる最も適当なものを，下の①～⑥からそれぞれ一つずつ選びなさい。

(1)　私の家では，朝食は家族が各自で好きなものを用意して食べるようにしている。　[　ス　]食

(2)　私は，好き嫌いが多く献立を立てるのが難しい。味付けを変えて豆腐ばかりを食べている。　[　セ　]食

①　小　　②　孤　　③　個　　④　粉　　⑤　固　　⑥　濃

(☆☆◎◎◎)

【2】住生活について，次の問いに答えなさい。

問1　次のa～cの説明にあてはまるものとして正しい組合せを，あとの①～⑧から一つ選びなさい。

a　窓の外側に設けられる建具だが，防風，防雨，防犯に効果がある。

b　町家などでみられ，外からの視線をさえぎりながら，光と風を通す。

c　畳敷きの部屋の外側にある，板敷きの部分。室内と屋外を繋ぐ機能がある。

①　a　雨戸　　b　格子　　c　土間
②　a　雨戸　　b　格子　　c　縁側
③　a　雨戸　　b　納戸　　c　土間
④　a　雨戸　　b　納戸　　c　縁側
⑤　a　格子　　b　雨戸　　c　土間
⑥　a　格子　　b　雨戸　　c　縁側
⑦　a　格子　　b　納戸　　c　土間
⑧　a　格子　　b　納戸　　c　縁側

問2　日本の伝統的な住まいについて述べた文として正しいものを，次の①～④から二つ選びなさい。

①　漆喰とは，泥に麻や藁を加えて作る壁の材料を指し，防火性や遮音性，湿度調整に優れている。

②　合掌造りでは屋根を急勾配にして，雪をすべり落ちやすくしている。

③　鴨居は，建具をはめる開口部の上に渡す溝付きの横木のことを指す。

④　茅葺き屋根は，すすきや葦などのイネ科の植物を使用した屋根を指す。断熱性，通気性，保温性，吸音性などに優れているため，暑い地域では多く使われた。

問3　安全・安心な住まいについて，下の(1)(2)に答えなさい。

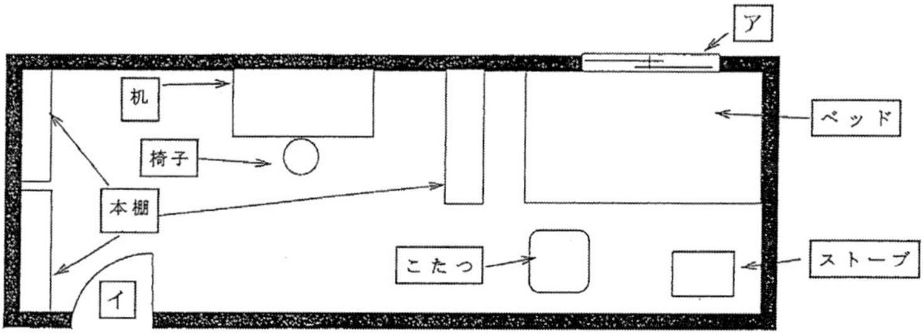

(1)　上の平面図の[ア][イ]の平面表示記号の名称を，それぞれ次の①～④から一つずつ選びなさい。

ア　①　引違い窓　　②　片開き窓　　③　はめごろし窓
　　④　両開き窓

イ　①　片引き戸　　②　引違い戸　　③　片開き戸
　　④　引き込み戸

(2)　上の平面図の家具等の配置を確認し，地震の時に起こりうる危険を二つあげ，その対策をそれぞれ書きなさい。

(☆☆◎◎◎)

【3】共生社会と高齢者支援について，次の問いに答えなさい。

問1　次の文章中の空欄[　ア　]～[　エ　]に入る語句として最も適当なものを，下の①～⑧からそれぞれ一つずつ選びなさい。

共生は，全ての人々が一生を通じて幸福で安定した生活を営むことにつながる福祉であるとして，[　ア　]とも呼ばれている。また，[　イ　]とは，リスクや生活の変化が引き起こす事態を想定し，生活の安定と安心をもたらすことを目的につくられるシステムである。[　イ　]には，自助・互助・共助・公助があり[　ウ　]と[　エ　]はどちらも相互に支え合っているという意味では共通しているが，[　ウ　]は費用負担が制度的に裏付けられていない自発的なものである。

①　自助　　②　エイジング・イン・プレイス

③　互助　　④　ソーシャルビジネス
⑤　共助　　⑥　セーフティネットワーク
⑦　公助　　⑧　ポジティブ・ウェルフェア

問2　高齢者の福祉について述べた文として間違っているものを，次の①～④から一つ選びなさい。

①　介護保険の被保険者は，65歳以上の方と40歳から64歳までの医療保険加入者に分けられる。

②　介護保険制度による介護サービスを利用するには，要介護(要支援)認定を受けることが必要である。

③　現在，育児・介護休業法で定められている家族の介護のための介護休暇は，93日を上限としている。

④　介護や介護予防，生活相談，高齢者虐待とその予防までを含めて総合的に支援する窓口として地域包括支援センターがある。

問3　高齢者のAさんが，生きがいを持って暮らすための具体的方法について，Aさんの状況と資料を参考に提案しなさい。また，その根拠を資料から読み取れることと関連付けて説明しなさい。

<Aさんの状況>

75歳。妻と二人暮らし。子どもは県外に住んでいる。かつては，植木職人として元気に働いていたが，足腰が弱くなり現役を引退した。近所付き合いは妻に任せきりだったが，体の動くうちは地域のために役に立ちたいという希望を持っている。趣味は写真を撮ること，最近は料理にも興味を持ち始めた。

<資料>

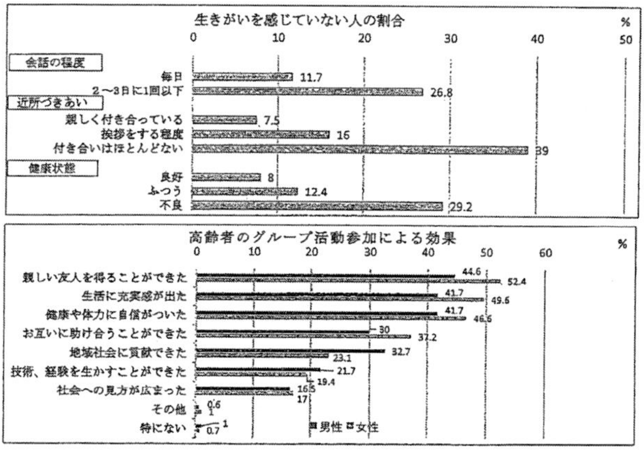

上：高齢者の住宅と生活環境に関する意識調査（平成22年）、下：高齢者の地域社会への参加に関する意識調査（平成25年）
いずれも「高齢社会白書」より作成

(☆☆☆◎◎◎)

【4】消費生活について，次の問いに答えなさい。

問1　消費者問題について述べた文として正しいものを，次の①～④から二つ選びなさい。

①　販売業者が，契約内容の重要な事項について，事実と異なることを告げた場合には，消費者契約法により契約の取り消しができる。

②　未成年者が交わした契約は，どんな場合でも取り消すことができる。

③　現金取引で代金の総額が2000円の場合は，クーリング・オフの対象にはならない。

④　クーリング・オフ適用期間は，どのような販売方法であっても，8日間以内である。

問2　次の文章の空欄[　ア　]～[　オ　]に当てはまる語句として最も適当なものを，あとの①～⑧からそれぞれ一つずつ選びなさい。

消費者の[　ア　]をもとに商品代金を後払いすることを販売

[　ア　]といい，[　イ　]はその一種である。消費者がキャッシングやローンのように金融機関から金銭を借りる取引を消費者[　ウ　]といい，販売[　ア　]と合わせて消費者[　ア　]という。[　イ　]は，電子メールなどを利用してカード番号などのカード情報を盗む[　エ　]や，特殊な機械でカードの磁気情報を読み取って盗む[　オ　]など，悪用される危険性も高い。

①　デビットカード　　②　スキミング　　③　信用
④　金融　　⑤　フィッシング　　⑥　クレジットカード
⑦　取引　　⑧　リボルビング

(☆☆☆◎◎◎◎)

【5】生活時間について，次の問いに答えなさい。

問　次の表は，生活時間についてまとめたものである。空欄(　a　)～(　g　)に入る語句として最も適当なものの組合せを，下の①～④から一つ選びなさい。

(　a　)時間	入浴　・(　d　)
(　b　)時間	(　e　)・(　f　)・ボランティア
収入労働時間	勤務　・内職
(　c　)時間	(　g　)

①	a	社会的文化的生活	b	余暇	c	生理的生活	d	休息
	e	食事	f	PTA活動	g	睡眠		
②	a	生理的生活	b	余暇	c	社会的文化的生活	d	医療
	e	消費	f	遊び	g	PTA活動		
③	a	生理的生活	b	社会的文化的生活	c	家事労働	d	医療
	e	新聞	f	娯楽	g	買い物		
④	a	社会的文化的生活	b	生理的生活	c	家事労働	d	娯楽
	e	睡眠	f	運動	g	掃除		

(☆☆◎◎◎)

【6】衣生活について，次の問いに答えなさい。

問1　次に示す取り扱い絵表示が付いた衣服の手入れの方法を説明した文として正しいものを，下の①～④から二つ選びなさい。

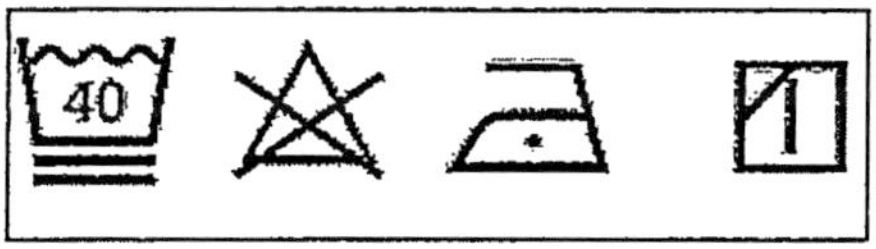

①　液温は40度を限度とし，洗濯機で非常に弱い洗濯ができる。

②　底面温度150度を限度としてアイロン仕上げができる。

③　干し方は日陰のつり干しがよい。

④　石油系溶剤によるドライクリーニングができない。

問2　次に示す品質表示マークの意味について最も適当なものを，下の①～④から一つ選びなさい。

①　綿100％の製品で，一定の品質基準を満たすものに付けられる。

②　防炎性能基準・毒性審査基準をクリアした防炎製品に付けられる。

③　重金属類，発がん性物質，アレルギー誘発物質などについて基準を満たした製品に付けられる。

④　機能加工を施した繊維製品で加工の効果があり，安全であると認められる製品に付けられる。

問3　洗濯に使用する洗剤の主成分である界面活性剤が，油汚れを落とす過程として正しいものを，次の①～⑥から一つ選びなさい。

①　吸着作用　→　浸透作用　→　再付着防止作用
　→　乳化・分散作用

②　吸着作用　→　浸透作用　→　乳化・分散作用
　→　再付着防止作用

③　吸着作用　→　乳化・分散作用　→　浸透作用
　→　再付着防止作用
④　吸着作用　→　乳化・分散作用　→　再付着防止作用
　→　浸透作用
⑤　吸着作用　→　再付着防止作用　→　浸透作用
　→　乳化・分散作用
⑥　吸着作用　→　再付着防止作用　→　乳化・分散作用
　→　浸透作用

問4　次の表は，化学繊維の原料や作り方を説明したものである。空欄a～cに当てはまる語句の組合せとして正しいものを，下の①～⑥から一つ選びなさい。

繊維	説　明
a	天然のセルロースを利用して、繊維を作る。
b	石油などを原料に、高分子化合物から繊維にする。
c	天然のセルロースに化学薬品などを作用させ、繊維にする。

①　a　合成繊維　　b　半合成繊維　　c　再生繊維
②　a　合成繊維　　b　再生繊維　　c　半合成繊維
③　a　半合成繊維　　b　合成繊維　　c　再生繊維
④　a　半合成繊維　　b　再生繊維　　c　合成繊維
⑤　a　再生繊維　　b　合成繊維　　c　半合成繊維
⑥　a　再生繊維　　b　半合成繊維　　c　合成繊維

問5　被服の材料について述べた文として正しいものを，次の①～④から二つ選びなさい。

①　繊維を絡ませたり接着したりして作る布には，不織布やフェルトがある。
②　2種類以上の繊維を混ぜ合わせて糸にすることを交織という。
③　よこメリヤスは織物のように一定の幅に編まれ，裁断・縫製して被服に作られる。
④　1本の糸をループにして連続的に絡ませて作る布を編物という。

(☆☆☆◎◎◎)

【7】子どもの福祉について，次の問いに答えなさい。

問1　次の文章中の空欄[　ア　]～[　エ　]に入る語句や数字として最も適当なものを，それぞれ下の①～④から一つずつ選びなさい

世界中のすべての子どもたちの権利を保障するため，子どもの権利条約は[　ア　]年に国連総会で採択され，1994年に日本もこの条約を批准した。

また，日本では，次世代の担い手である子どもの健全育成および福祉の積極的増進を基本精神とする，子どもの福祉に関する基本法として，1947年に[　イ　]，1951年「こどもの日」に[　ウ　]が制定された。[　イ　]で示す児童とは，原則として[　エ　]歳に満たない者をいう。

ア　①　1971　　②　1979
　　③　1985　　④　1989

イ　①　児童福祉法　　②　母体保護法
　　③　母子保健法　　④　児童手当法

ウ　①　児童虐待防止法　　②　子ども・子育て支援法
　　③　児童憲章　　④　次世代育成支援対策推進法

エ　①　12　　②　15
　　③　18　　④　20

問2　次の(1)～(3)はどの児童福祉施設の説明か。最も適当なものを，あとの①～⑨からそれぞれ一つずつ選びなさい。

(1)　義務教育及びその後の教育の基礎を培うものとしての満3歳以上の幼児に対する教育及び保育を必要とする乳児・幼児に対する保育を一体的に行うとともに，地域における子育て支援を行う施設。

(2)　児童遊園，児童館等児童に健全な遊びを与えて，その健康を増進する，または情操を豊かにすることを目的とする施設。

(3)　保護者のない児童や虐待されている児童，その他環境上養護を必要とする児童を入所させて養護し，あわせて退所した者に対する相談その他の自立のための援助を行う。

①　児童養護施設　②　児童発達支援センター
③　児童厚生施設　④　母子生活支援施設
⑤　児童家庭支援センター　⑥　幼保連携型認定こども園
⑦　保育所　⑧　助産施設
⑨　児童自立支援施設

(☆☆☆◎◎◎)

【8】現行の中学校学習指導要領「中学校　技術・家庭科(家庭分野)」(平成20年3月告示)に従って，次に示す授業(1時間)の学習指導の展開例(配時・学習活動・指導上の留意点)を書きなさい。

○　対象生徒：中学校　第1学年　40名
○　内容：「D身近な消費生活と環境」
○　学習課題：消費者トラブルにあわないためには，どうしたらよいだろうか。
○　本時の目標：消費者トラブルについて理解し，その予防方法や対処方法がわかる。
○　評価の観点：生活や技術についての知識・理解

(☆☆☆☆◎◎◎)

解答・解説

【中高共通】

【1】問1　アイ　92　　ウエ　80　　オカ　50　　キク　60
ケコ　95　　サシ　10

問2

Aさん（16歳男子　身体活動レベルⅡふつう）の1日の食事（1人分）		第1群		第2群		第3群			第4群		
		乳 乳製品	卵	魚介 肉	豆 豆製品	野菜	いも類	果物	穀類	油脂	砂糖
料理名	材料										
〈昼食〉 野菜炒め	豚バラ肉70			70							
	玉ねぎ20					20					
	ピーマン15					15					
サラダ	油7									7	
	トマト20					20					
	ﾄｳﾓﾛｺｼ30								30		
	水菜20					20					
	ｵﾘｰﾌﾞｵｲﾙ3									3	
	酢										
ご飯	米120								120		
豆乳汁	大根10					10					
	ほうれん草10					10					
	さつまいも20						20				
	油あげ20				20						
	豆乳40				40						
	みそ										
	だし汁										
牛乳かん	牛乳100	100									
	みかん35							35			
	キウイ35							35			
	寒天										
	砂糖4										4
果物	梨100							100			
合計		100	0	70	60	95	20	170	150	10	4
1日の合計		400	50	162	100	350	100	200	420	30	10

問3　(1)　ス　③　　(2)　セ　⑤

〈解説〉問1　アイは，魚介・肉の合計なので，ソーセージ12gと鶏肉80gの合計で92gである。次にウエは，いも類の合計であるため，馬鈴薯でんぷんからできている片栗粉50gとこんにゃく芋からできているこんにゃく10gと里芋20gの合計80gである。オカは，卵の１日に必要な摂取量であるが，16歳男子，身体活動レベルⅡふつうの場合は50gである。キクは，豆・豆製品の過不足であり，豆腐40gを１日に必要な摂取量の100gから引いた−60gとなる。ケコは，野菜の過不足であり，野菜はすでに記述のあるものに加え，生姜2g，にんにく3g，トマト50g，ネギ10g，人参30gを足した合計が255gなので，１日に必要な摂取量の350gから引いた−95gである。最後に，サシは，油脂の過不足であるが，バター5g，油5g，油10g(吸収分)の合計20gを１日に必要な摂取量の30gから引いた−10gとなる。　問2　朝食と夕食で不足している食品群を補うようにする。調理法や食品の種類にも変化を持たせる。夕食の主菜が揚げ物であることから，解答例では昼食では主菜を炒め物にするなどの工夫をしている。また，同じ食品群であってもなるべく違う種類の食品を使用し，1日で口にする食品数が増えるように工夫をしている。なお，野菜は1日に必要な摂取量350gのうち$\frac{1}{3}$量を緑黄色野菜で摂取するように留意する。　問3　(1)　空欄スには，個人個人が違うものを食べていることから，「個」の漢字が当てはまる。　(2)　空欄セには固定された同じ食品ばかり食べることから，「固」の漢字が当てはまる。その他の漢字について，「小食」は食べる量が少ないこと。「孤食」は一人で食べること。「粉食」は小麦粉からできたパンや麺類ばかり食べること。「濃食」は味の濃いものを好んで食べることを表している。

【2】問1　②　　問2　②，③　　問3　(1)　ア　①　　イ　③

(2)　危険とその対策…・寝ているときに窓ガラスが割れてケガをする。ベッドを窓際から移動させる　　・倒れてきた本棚の下敷きになる。本棚を壁に固定する器具をつける。

〈解説〉問1　aの選択肢は雨戸か格子であるが，防雨という言葉から雨戸であることがわかる。bは，風を通すという言葉から，周期的に並んだ仕切りであり，風を通すことのできる格子が当てはまる。cは板敷きの部分という言葉から，縁側とわかる。なお，納戸は収納用の空間で，人が中に入って歩き回ることができる程度の大きさを持つもの，土間は戸外と屋内の中間的な空間で，床を張らずに土足で歩くように作られたところのことである。　問2　①　漆喰とは，消石灰に糊とすさなどを混ぜて水で練ったものであるため，材料が間違っている。④　茅葺き屋根は，暑い地域ではなく寒い地域で多く使われたため間違っている。　問3　(1)　アの平面表示記号に描かれた平行の2本の線は左右2枚の窓が引き違う様子を表しているため，引違い窓である。イの平面表示記号の曲線は戸が開く様子を表しており，1枚の戸が軸を中心に開いているため，片開き戸である。　(2)　解答例の他にも，

「本棚が倒れてきて出入口を塞いでしまう。本棚を壁に固定する器具をつける。」などが考えられる。

【3】問1 ア ⑧ イ ⑥ ウ ③ エ ⑤ 問2 ③

問3 提案…シルバー人材センターや町内の集まりなどで，庭の手入れを教えることを勧める。地域のために役立つ実感を持ち，生きがいをもって生活ができる。 根拠…近所付き合いが生きがいと関係していることから，これまで妻に任せきりだった近所付き合いのきっかけが必要だと考えた。また，高齢者の男性がグループ活動に参加した効果として，「地域社会に貢献できた」や今までのキャリアで培った「技術や知識を生かすことができた」ということが女性より大きい。そこで，Aさんの植木職人としてのキャリアを生かした社会参加を考えた。

〈解説〉問1 ア 共生とは，年齢や障害の有無などにかかわらず，さまざまな人々が分け隔てなく，支え合い，いきいきと暮らしていくことなので，アに当てはまる選択肢としては，ポジティブ・ウェルフェア(参加型社会保障)が考えられる。 イ 後に続く文章から，リスクに対応するシステムであることがわかるため，安全網という意味のセーフティネットワークが該当する。 ウ・エ 4つの助であるが，自助は，自分のことは自分ですること。互助は，仲間同士が相互に支え合うこと。ただし，費用負担が制度的に裏付けられていない自発的な支え合いを指す。共助は，介護保険など制度化された相互扶助で，リスクを共有する仲間同士の相互の負担で成り立つもの。公助は，税による公の負担であることを意味する。なお，エイジング・イン・プレイスとは，住み慣れた地域で，最後までその人らしく生きることであり，ソーシャルビジネスとは，社会問題の解決を図るための取り組みを事業として展開することである。 問2 ③ 現行の育児・介護休業法では，対象家族1人につき通算93日まで，3回を上限として，介護休業を分割して取得可能となっている。 問3 Aさんの状況から，子どもとは気軽に会えないことや，近所付き合いが少ないことがわかる。また，植木職人として働いてきた技術や経験を持っていること，趣味もあり，地域のために役立ちたいという意欲的な姿勢もわかる。次に，資料からは，近所付きあいが生きがいと特に関係していることや，高齢者のグループ活動による効果としては，男性の場合，「地域社会に貢献できた」「技術，経験を生かすことができた」の項目で高い効果が得られることがわかるので，解答例のような提案と根拠を示すことができる。

【4】問1　①，③　　問2　ア　③　　イ　⑥　　ウ　④　　エ　⑤　オ　②

〈解説〉問1　②　未成年者が交わした契約であっても，親権者の同意を得て行った契約，小遣いや仕送りなどの範囲内で行った契約，結婚している未成年者が行った契約，営業している未成年者がその営業に関して行った契約，「成年者である」，「親の同意を得ている」などと偽った場合，成人に達してから商品やサービスを受けたり，代金を支払った場合，未成年者が成人に達してから5年を経過した場合は取り消すことができない。　④　連鎖販売取引(マルチ商法)，業務提供誘引販売取引(内職商法，モニター商法等)は，クーリング・オフ適用期間が20日間である。　問2　クレジットカードや販売信用に関しては頻出するので，その仕組みについて暗記しておく必要がある。フィッシングは，釣りの意味があるように，「今後もこのサービスをご利用いただくためには，継続手続きが必要です。」などと偽りの電子メールなどでカード情報などを釣り上げようという詐欺である。スキミングは，カード情報のみを読み取る詐欺であり，カードを紛失するわけではないので，すぐには被害にあったことに気付かないということも問題である。

【5】③

〈解説〉まず，生活時間は，収入労働時間，家事労働時間，生理的生活時間，社会的文化的生活時間の4つに分けられることは押さえておきたい。それぞれの生活時間の分類例としては，表にあるもの以外では，生理的生活時間には，睡眠や食事などが，社会的文化的生活時間には，遊びやスポーツなどが含まれる。また，収入労働時間には，教育や通勤時間などが，家事労働時間には，炊事や掃除などが含まれる。

【6】問1　①，③　　問2　④　　問3　②　　問4　⑤　　問5　①，④

〈解説〉問1　①は，取り扱い絵表示の1番左の洗い方を表す表示の説明であり，正しい。絵表示下部の横線が2本なので「非常に弱い洗濯」となる。1本では「弱い洗濯」となる。②は，左から3番目のアイロン仕上げを表す表示の説明であるが，表示の中の点が1つであるため，底面温度の限度は110度となるので，これは間違いである。点が2つで150度，3つで200度が限度となる。③は，1番右の干し方を表す表示の説明であり，正しい。残る左から2番目の表示は，漂白処理を表す表示であり，漂白剤は使えないという意味を持つ。出題図の中に④の内容を示す絵表示はないため，④は間違いである。　問2　①はピュア・コットン・マークの説明である。②は防炎ラベルの説明である。③はエコテックスマークの説明である。④はSEKマークの説明なので，ウには④が当てはまる。SEKのSは清潔，Eは衛生，Kは快適を意味している。　問3　界面活性剤は，親油基と親水基からなっており，まず，油になじむ親油基が油汚れに吸着し，親水基が水となじむことで，繊維の中に水が浸透していく。次に油汚れと水を乳化させて，水中に油汚れを分散させていく。水中に分散した油汚れは界面活性剤に取り囲まれることによって再び繊維に付着することはなくなる。
問4　化学繊維は，原料であるセルロースが天然物のままである場合には「再生繊維」と呼び，セルロースに合成化学手法を一部使用した場合を「半合成繊維」という。また，原料の高分子化合物を石油などから合成したものを「合成繊維」という。問5　②の説明文が示すのは，交織ではなく，混紡なので間違いである。交織は，経糸と横糸に2種類以上の異なる糸を用いて織ることをいう。③は，よこメリヤスではなく，たてメリヤスのことなので間違いである。

【7】問1　ア　④　　イ　①　　ウ　③　　エ　③　　問2　(1)　⑥
(2)　③　　(3)　①

〈解説〉問1　ア　子どもの権利条約が採択されたのは1989年であり，「生きる権利」，「育つ権利」，「守られる権利」，「参加する権利」の4つの権利を保障している。　イ　子どもの福祉に関する基本法なので，児童福祉法である。　ウ　「こどもの日」に制定された児童憲章では，「児童は，人として尊ばれる。」，「児童は，社会の一員として重んぜられる。」「児童は，よい環境の中で育てられる。」と定められていることも押さえておく必要がある。エ　児童の定義は法律によって異なり，児童福祉法では18歳に満たない者をいうが，労働基準法では15歳に達した日以後の最初の3月31日が終了するまでの者をいうなど，さまざまである。　問2　(1)　教育と保育を一体的に行うなどの記述から，幼保連携型認定こども園とわかる。　(2)　健全な遊びを与えるなどの記述から，児童遊園や児童館を含む児童厚生施設であるとわかる。(3)　児童を養護するという記述もあることから，児童養護施設であるとわかる。

【8】

配時	学習活動	指導上の留意点
5	1　事例からどうすると良いか考える。 (例) 無料ゲームでアイテムを購入すると強くなる。それを購入したら高額の代金が請求された。どうしたらよいか。	・中学生が身近な事例を取り上げる。 ・最初からしないということではなく、そうならないためにはどうしたらよいか考えさせる。
	＜学習課題＞ 消費者トラブルにあわないためには、どうしたらよいだろうか。	
5	2．悪質商法の例を知る。	・キャッチセールス、通信販売での詐欺などを事例として取り上げる。
22	3．悪質商法を防ぐ方法を考える。 (1) グループごとに役割演技を考える。 (例) ワンクリック詐欺 通信販売での詐欺 キャッチセールス (2) 役割・シナリオを考える。	・具体的な事例を準備しておく。 ・悪質商法になったときの対応とトラブルにあわないための方法を考えさせる。(2つの対処方法を演じさせる。)
	(3) 他のグループの前で演じる。	・自分のグループの考えたことと他のグループの役割演技から、共通点や相違点を見付けさせる。
5	4．他のグループの役割演技からの気付きをまとめる。	
5	5．気付きを発表する。	・生徒の発表を板書に類型化してまとめたり、さらに深めたいときには問い返したりする。 ・どのような態度がトラブルに巻き込まれないこととなるのか、まとめる。
5	6．まとめる。	・消費者トラブルにあわないための3か条を生徒に考えさせる。
	＜まとめ＞ 消費者トラブルにあわないためには、 ①必要な情報をきちんと集める ②身に覚えのない請求は無視する ③いらないときは、「いりません」とはっきりした言葉で断る この3か条が大切である。	
3	7．振り返りを書く。	・これからの生活に生かすような振り返りをさせる。

〈解説〉学習指導要領では，内容の取扱いについて，「中学生の身近な消費行動と関連させて扱うこと。」との記述がある。解答例では，中学生にとって身近な消費行動については，スマートフォンの所持率が高いことから考えて，無料ゲームでの高額請求の事例で興味を持たせるような導入にしている。また，具体的に悪質商法への対応を考えさせ，トラブルにあわないための方法を考えさせるために，学習活動としてロールプレイングなどの手法を取り入れている。教師の一方的な授業

ではなく，生徒が活動したり，発表したりする中で考えを深めることのできるような学習展開にした上で，目標を達成できるようにしていくことが重要である。

2018年度　実施問題

【中高共通】

【1】高齢者について，次の問いに答えなさい。

問1　次の文章中の空欄[　ア　]～[　オ　]に入る語句や数字として最も適当なものを，下の①～⓪から一つずつ選びなさい。

2015年10月1日現在，我が国の65歳以上の高齢者人口は[　ア　]人であり，男性と女性では，男性のほうが[　イ　]。また総人口に占める75歳以上人口の割合は，[　ウ　]%となった。また，65歳以上の高齢者1人に対して15～64歳の現役世代は[　エ　]人となっており，現役世代の負担は大きくなっている。

我が国の総人口は，長期の人口減少過程に入っており，高齢者が増加することにより高齢化率は上昇を続け，2035年にはおよそ[　オ　]人に1人が65歳以上になる時代が来る。

① 1.3　② 2.3　③ 3　④ 4
⑤ 12.9　⑥ 26.7　⑦ 1,926万　⑧ 3,392万
⑨ 少ない　⓪ 多い

問2　平成28年版高齢社会白書にまとめられた高齢者の生活について述べた文として正しいものを，次の①～④から二つ選びなさい。

① 要介護者等からみた主な介護者の続柄をみると，6割以上が同居している人で，そのうち最も多いのは配偶者であり，次に子，子の配偶者となっている。

② 介護を受けたい場所で最も多いのは，病院であり，その理由として「適切な介護が受けられるから」となっている。

③ 「治る見込みがない病気になった場合，どこで最期を迎えたいか」という質問には，「自宅」と答えた人が最も多い。

④ 延命治療の希望について「少しでも延命できるよう，あらゆる医療をしてほしい」と回答した人が半数を超えている。

問3　高齢者の心身の特徴について述べた文として正しいものを，次の①～④から二つ選びなさい。

① 知的能力は，20代をピークとしてその後年齢とともに落ちていき，老年期に入ると急速に衰える。

② 知識や経験によって対応する能力を結晶性知能といい，これは年を取っても衰えないと言われている。

③ 病気やケガが長期化することで心身の他の機能も低下して寝たきりになりやすい。これを廃用症候群という。

④ 高齢期に特徴的な疾病として認知症が知られているが，高齢者の約半数が発症している。

問4　2000年に世界保健機関(WHO)が提唱した健康に関する指標である「健康寿命」とは何か，説明しなさい。

(☆☆☆☆◎◎◎)

【2】乳幼児の健康について述べた文として，正しいものを，次の①～④から二つ選びなさい。

① 乳幼児突然死症候群の原因はまだわかっていないが，「喫煙の健康影響に関する検討会報告書」によると，両親が喫煙する場合，両親が喫煙しない場合と比較して，約2倍も発症率が高いとされている。

② 乳幼児の発育状況を確認し，病気を予防したり早期発見したりするため，児童福祉法の規定により，市区町村が乳幼児健康診査を実施している。

③ 乳幼児は，からだの抵抗力が弱いため感染症にかかりやすい。予防接種法ではA類疾病については予防接種を受けるよう努めなければならないとされており，A類疾病には，ジフテリア，百日せき，ポリオ，Hib感染症，小児の肺炎球菌感染症などが含まれる。

④ 熱性けいれんとは，乳幼児が高熱を出したときに起こすけいれんである。けいれんはおよそ5分以内におさまり，命にかかわることは少ない。

(☆☆☆◎◎◎)

【3】住生活について，次の問いに答えなさい。

問1　次の住宅情報を読み取り，下の文章中の空欄[　ア　]～[　オ　]に入る語句や数字として適当なものを，語群の①～⓪から一つずつ選びなさい。

> 金沢駅　徒歩5分　2DK　/　約41㎡　　5万円　金沢市〇〇町〇丁目1－1
> 敷2か月、礼2か月、管7,500円　駐―　構木造　種アパート　築2007・3月　入即入居
> BT別　CATV　都市G　室内洗　エアコン
> ※入居時、家賃・管理費（1か月）前払い

このアパートには，2部屋と[　ア　]，[　イ　]がついている。最初に払うお金は，[　ウ　]円である。最寄駅より徒歩5分ということは，駅からの距離はおよそ[　エ　]mである。[　オ　]は入居時に払うお金であるが，部屋の保証金として退出時にリフォーム代などを差し引いて返金される。ただし，消費税はかからないものとし，手数料は含めない。

〔語群〕

①　400	②　ベランダ	③　台所	④　居間
⑤　食事室	⑥　600	⑦　15万7,500	⑧　敷金
⑨　礼金	⓪　25万7,500		

問2　次の図について，この台所を使用する家族構成を設定し，食材の調達から食事の提供までの動線を考えて，次の設備等をすべて配置しなさい。またそのように設備等を配置した理由を書きなさい。ただし，設備の大きさは例示の通りでなくともよい。また，例示した以外の家具等を配置する場合には，名称も書くこと。(【例】ダイニングテーブル)

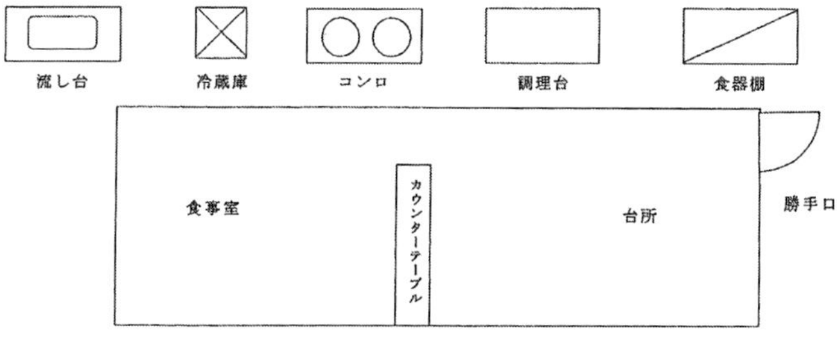

問3　次の平面図の部屋の床面に暖房器具(放熱器)を置くとしたら，どの位置に置くのが最も快適感が得られるか，図中の①～④から一つ選びなさい。

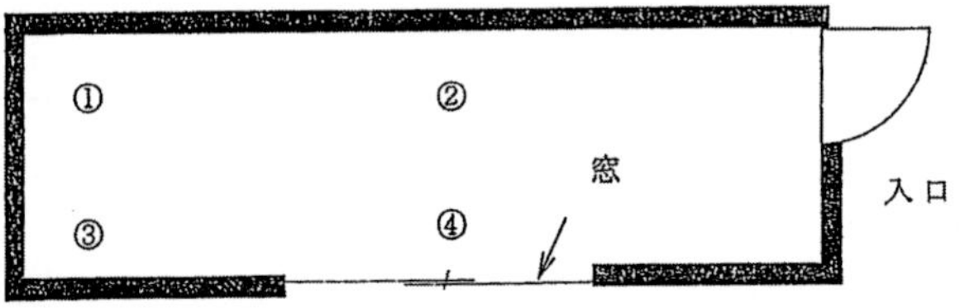

問4　日本における快適な住環境について述べた文として，正しいものを，次の①～④から二つ選びなさい。

①　冬季には，「頭寒足熱」となるよう，足下を暖かくすると快適な温度分布が得られやすい。

②　心身ともにリラックスできるような雰囲気をつくるためには，部屋全体を明るくするとよい。

③　室内居住地域に通風の効果をもたらすには，対角線に開口部を配置するとよい。

④　日光の効果をうまく利用するためには，壁面の受熱量が冬季に最大，夏季に最小となる北面を有効に利用するとよい。

(☆☆☆◎◎◎)

【4】食生活について，次の問いに答えなさい。

問1　次の文章中の空欄[　ア　]～[　ウ　]に入る語句として最も適当なものを，それぞれ下の①～③から一つずつ選びなさい。

今日の日本では，レトルト食品や冷凍調理食品など，ほとんどが調理済みの食品を利用した食事が多くなっている。弁当類や総菜類など，そのまま食べられる食品を利用する[　ア　]が増加している。

また，日本の食料自給率は農林水産省発表によると，2008年ではカロリーベースで約[　イ　]%まで減少しており，先進諸国の中で最も低い。食料自給率低下の要因として，自給可能な米の消費量が減少したことなどが挙げられる。

一方で，多くの食品が廃棄されている現状がある。廃棄されている食品のうち，食べられるにもかかわらず廃棄されている食品のことを[　ウ　]といい，食品事業者より一般家庭の方が多い実態がある。食料自給率を上げるためにも[　ウ　]の削減を図ることが重要である。

ア　①　外食　　②　中食　　③　内食

イ　①　40　　②　60　　③　80

ウ　①　食品廃棄物　　②　食品ロス　　③　過剰除去

問2　必須アミノ酸に関する次の文(1)，(2)について，空欄[　エ　]，[　オ　]に入る語句として最も適当なものを，それぞれ下の①～⑤から一つずつ選びなさい。

(1)　[　エ　]は必須アミノ酸ではない。

①　ロイシン　　②　トリプトファン　　③　リシン

④　バリン　　⑤　アラニン

(2)　日本食品標準成分表では，大人は体内で合成できるが，子どもはできないため，必須アミノ酸の最後に位置づけられているのは，[　オ　]である。

①　ヒスチジン　　②　フェニルアラニン　　③　メチオニン

④　チロシン　　⑤　トレオニン

問3　次の表は，野菜の色素と性質を表したものである。表中のA，Dに当てはまる色素の名称を，下の①～④からそれぞれ一つずつ選びなさい。

野菜の色素とその性質

色素	性質
A	緑黄色野菜に含まれる緑色の色素である。水には溶けないが、酸や熱によって褐色になる。
B	赤、橙黄色の色素である。水には溶けず、脂に溶け、熱などによって変色しにくい。
C	青、赤、紫色の色素である。酸性で赤色、中性で紫色、アルカリ性で青色に変化する。 アルミニウムや鉄イオンと結合すると変色しにくくなる。
D	酸性で白色、アルカリ性で黄色になる。アルミニウムや鉄の金属イオンと錯塩を作り、黄色や青、緑色になる。

①　フラボノイド　　②　アントシアン　　③　クロロフィル

④　カロテノイド

問4　次の食品から出るうま味の主成分について最も適当なものを，下の①～④からそれぞれ一つずつ選びなさい。

(1)　しいたけ　　(2)　昆布

①　グルタミン酸　　②　イノシン酸　　③　グアニル酸

④　コハク酸

問5　次の食品表示の名称と意味について最も適当なものを，それぞれ下の①～③から一つずつ選びなさい。

(1)　食品表示の名称

①　特定保健用食品マーク　　②　有機JASマーク

③　特別用途食品マーク

(2)　食品表示の意味

①　有機農産物やその加工食品の検査基準に合格したものにつけられる。

②　乳児，妊産婦，病者用等の食品で，認可を得たものにつけられる。

③　その食品がもつ生理的機能や保健機能が，科学的に認められたものにつけられる。

(☆☆☆◎◎◎)

【5】衣生活について，次の問いに答えなさい。

問1　人の体型やからだの動き，社会的立場，衣服の好みなどはライフステージによって変化していく。次の(1)～(4)のライフステージごとの衣服選択のための留意点として最も適当なものを，あとの①～④からそれぞれ一つずつ選びなさい。

(1)　乳幼児期　　(2)　児童・青年期　　(3)　成人期

(4)　高齢期

① 身体機能や体型が変化するため，前開きで着脱しやすい，締めつけることの少ない軽く伸縮性のある衣服が望ましい。また，燃えにくい素材や明るい色柄の衣服は事故防止にも役立つ。

② 日常着，おしゃれ着，冠婚葬祭に着用する衣服などさまざまな衣服が必要となり，それぞれの場面に対応した着装ができる必要がある。

③ 体温の調節機能が十分でないため，保健衛生上の機能を重視した衣服選びが重要になる。新陳代謝が活発で汗をよくかき，1日に何度も着替えが必要になるため，洗濯に強い衣服を選択する。

④ 衣服に対する意識が高くなり始め，自分なりの好みがあらわれてくる。成長や，活発な活動をさまたげない衣服選びが重要である。

問2 次の(a)～(d)のうち，和服の特徴の説明として適当でないものの組合せを，下の①～⑥から一つ選びなさい。

(a) 和服は立体構成なので，布と体の間に空間ができやすく，暑さをしのぐことができる。

(b) 和服のデザインには，古くから四季を感じて楽しんできたことが，染めや織りなどの伝統技術によって表現されている。

(c) 和服は直線的に裁断されており，縫い目を解けば四角い布の状態に戻すことができ，繰り返し仕立て直しや染め直しがしやすい。

(d) 和服を虫害から守り保管する際には，金糸，銀糸などの変色，変質を引き起こさないパラジクロロベンゼンを防虫剤として用いると良い。

① (a)と(b)　② (a)と(c)　③ (a)と(d)　④ (b)と(c)
⑤ (b)と(d)　⑥ (c)と(d)

問3 商業洗濯の利用について述べた文として適当でないものを，次の①～④から二つ選びなさい。

① ドライクリーニングでは，おもに石油系有機溶剤を用いており，衣服についた汗などの水性の汚れを落とすのに適している。

② 商業洗濯では，水を使う湿式洗濯か，ドライクリーニングかを選ぶことができる。

③ クリーニング店利用における様々なトラブルに対応するため，クリーニング事故賠償基準が定められており，SEKマークが掲示されている店では事故が起こった場合，基準にそって賠償が行われる。

④ クリーニングでのトラブルを防止するために，付属品の有無やしみの状況などを店の人と確認しておくとよい。

問4 表面フラッシュ現象とはどのようなものか，それが起こりやすい素材を挙げて説明しなさい。

(☆☆☆◎◎◎)

【6】消費生活について，次の問いに答えなさい。

問1 (1)，(2)の文章中の空欄[ア]～[オ]に入る語句として最も適当なものを，それぞれ下の①～⑧から一つずつ選びなさい。

(1) 収入は，資産を実質的に増やす[ア]と，預貯金の引き出しのように実質的には増やさないものとに分けられる。次の給与明細の例より，手取り収入を計算すると[イ]円となる。

給与明細の例　　(単位は円)

基本給	各種手当					
基本給	家族手当	住宅手当	勤務地手当	通勤手当	時間外勤務手当	役員手当
189,740	0	15,000	19,340	3,050	15,200	0

社会保険料				税金	
健康保健	厚生年金	雇用保険	介護保険	所得税	住民税
5,278	12,525	1,270	0	4,600	15,700

① 可処分所得　② 実収入　③ 特別収入
④ 経常収入　⑤ 202,957　⑥ 222,030
⑦ 223,257　⑧ 242,330

(2) 支出も，資産を実質的に減らす[ウ]と，預貯金の預け入れや住宅ローンの返済のように，一時的には支出に見えるが家計の資産となるものに分けられる。[　ウ　]の中心は生活費にあたる[　エ　]で，税金や社会保険料などの公費負担分は[　オ　]という。

① 消費支出　　② 繰越金
③ 実支出　　④ 家計
⑤ 非消費支出　　⑥ 実支出以外の支払
⑦ 実収入以外の受取　　⑧ 経済行為

問2　消費者信用の代金返済方法には，一括払い，分割払い，リボルビング払いなどがある。このうちリボルビング払いの支払い方法と短所を答えなさい。

問3　借金の返済計画を怠ると，少額を借りたつもりでも，高い金利の影響で返済額が膨らむとともある。債務の整理の方法について，次の(a)～(d)のうち，正しいものの組合せを，下の①～⑥から一つ選びなさい。

(a)　裁判所に調停を申し立て，調停の場で債権者と話し合い，返済方法を決めることを特定調停という。

(b)　任意整理とは，弁護士などを通じて債権者と話し合い，返済額や返済方法を決めることである。

(c)　債務者が裁判所に申し立てる自己破産では，債務は全額免除される。

(d)　個人再生手続きとは，将来の継続的な収入から借金の一部を5年間で返済する計画を立てることである。

① (a)と(b)　② (a)と(c)　③ (a)と(d)　④ (b)と(c)
⑤ (b)と(d)　⑥ (c)と(d)

(☆☆☆◎◎◎)

【7】現行の学習指導要領について，「中学校　技術・家庭科(家庭分野)」(平成20年3月告示)には，「地域の食材を生かすなどの調理を通して，地域の食文化について理解する」とある。地域の食材を一つ取り上げ，

授業をどのように展開するのか，自分の案を書きなさい。

(☆☆☆◎◎◎)

解答・解説

【中高共通】

【1】問1　ア　⑧　イ　⑨　ウ　⑤　エ　②　オ　③

問2　①，③　問3　②，③　問4　日常的に介護を必要とせず，自立した生活のできる生存期間のこと

〈解説〉問1　65歳以上の人口のうち男性が約1,448万人，女性が約1,898万人である(平成28年9月総務省発表)。75歳以上を後期高齢者といい，15歳から64歳を生産年齢人口という。内閣府によると高齢化率は2035年では33.4%と想定している。　問2　男女とも「自宅で介護をしてほしい」が最も多いが，男性は42.2%，女性は30.2%で，男性の方が自宅での介護を希望する割合が高くなっている。延命治療は行わず自然にまかせてほしいが91.1%である。　問3　知的能力は最近の研究で，加齢にともなって，状況にすばやく対応する能力(流動性知能)は低下するが，知識や経験によって対応する能力(結晶性知能)については衰えないことがわかった。廃用症候群の症状としては，筋肉がやせおとろえる，血管に血のかたまりがつまる，精神的に落ち込むなどである。認知症については，2015年厚生労働省が発表した新オレンジプランによると，2025年には65歳以上の高齢者のうち，5人に1人と推計している。　問4　WHOの「2015年版世界保健統計」によると，2013年のデーターで日本は平均寿命84年，健康寿命75年で世界トップである。今後平均寿命と健康寿命の差を縮めることが課題である。

【2】③，④

〈解説〉乳幼児突然死症候群(SIDS)は，早産児，人工栄養児，低出生体重

児に多く見られるほか，うつぶせ寝や両親の喫煙なども関係しているといわれている。喫煙については，両親が吸っていない場合に比べ，吸っている場合は約4.7倍増加するといわれている。乳幼児健康診査は，母子保健法の第12条，第13条により，市町村が乳幼児に対して行う。健診費用は国や自治体負担となるため無料。診査年齢は，乳児(1歳未満)，幼児(1歳6か月～2歳)，幼児(3～4歳)であるが，各自治体によって実施方法，実施回数は異なる。

【3】問1　ア　③　イ　⑤　ウ　⓪　エ　①　オ　⑧

問2　家族構成…若い夫婦に小さい子供のいる家族

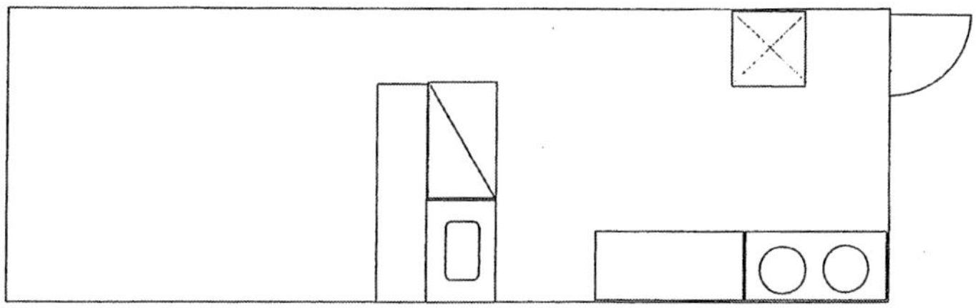

理由…・買い物から帰って，勝手口に食品などを置くことを考え，冷蔵庫を勝手口近くに配置した。　・冷蔵庫から食材を取り出し，流し台で洗ってから，背後の調理台で切り，下ごしらえをする。そして，調理台横のコンロで加熱調理をして，食器棚から食器類を調理台の上に並べ，盛り付けを行うことを想定し，設備等を配置した。　・小さい子供のいる家族という設定で配置したので，調理中は食事室にいる小さい子供の様子を見守れるようにシンクをカウンターテーブル横に，食事室のほうに向かって配置した。　・コンロは，汚れやにおいが食事室に流れるのが嫌なので，外壁に近い位置に設置した。

問3　④　問4　①，③

〈解説〉問1　このアパートは2DKの間取りで，2は部屋数で，Dはダイニング(食事室)，Kはキッチン(台所)である。最初に払う金額は，敷金，礼金とも2か月とあり，それぞれ家賃2か月分で，5万円×4で20万円である。それに今月の家賃5万円と管理費7,500円がプラスされる。礼金は謝礼として支払う金銭で，契約終了時に返還されない。

問2　動線とは，人が動く軌跡である。一般に動線が短い方が機能性は高い。また調理作業の流れは，一般的に保存，洗う，切る，煮炊き，盛り付けの順である。設問に設定されている調理台は配膳台と兼用である。小さい子供のいる家族なので，食事室での子供の様子が見ることができるよう，カウンターテーブル側に何の設備を置くかがキーポイントになる。　問3　窓辺に暖房器具を置くと，上層下層での温度差が少なくなり，暖房効果が大きくなる。　問4　①・③のように，日本において夏の蒸し暑さを快適に過ごすためには，通風を考慮する必要があり，冬季には，効率的な暖房を考える必要がある。②の「リラックス」できるためには，部分照明で足元を照らすと効果的である。④は，太陽光線を有効に活用するためには，冬季に最大，夏季に最小となる南面を利用する。

【4】問1　ア　②　　イ　①　　ウ　②　　問2　(1)　⑤　　(2)　①
問3　A　③　　D　①　　問4　(1)　③　　(2)　①
問5　(1)　③　　(2)　②

〈解説〉問1　内食(外食の対語。家庭で素材から調理して食べる食事)，中食(家庭外で調理された食品を購入して持ち帰り，家庭の食卓で食べる食事。持ち帰り弁当・惣菜，出前，配達ピザなどが含まれる。)，外食(家庭外の飲食店で食べる食事)に分類される。日本の食料自給率は諸外国に比べ非常に低い。2014年，オーストラリアは205%，フランスは129%，アメリカは127%である(「知ってる？日本の食料事情」農林水産省，平成27年)。日本における食品ロスは年間500～800万トンで，世界の食料援助量の約2倍である。　問2　必須アミノ酸とは，体内で合成されない9種類のアミノ酸をいう。従って食事で摂取する必要がある。イソロイシン，ロイシン，リジン，フェニルアラニン，メチオニン，トレオニン，トリプトファン，バリン，ヒスチジンである。ヒスチジンは体内で成長に関与し，鶏肉，マグロ，サンマなどに多く含まれる。　問3　Bはカロテノイドである。ビタミンAは動物だけに存在するが，植物にはカロテノイドといわれるプロビタミンAがあり，からだの中でビタミンAに変わる。Cは，アントシアンである。しょうがを酸につけると赤くなる。なすのぬかみそ漬けに焼きミョウバンや鉄くぎを用いると紫色になる。　問4　日本のだしの材料として，他にかつお節(イノシン酸)，煮干し(イノシン酸)，貝類(コハク酸)等がある。取り方も習得しておこう。　問5　特別用途食品は，区分欄に，乳児用・妊産婦用・病者用等の用途を記載する。特定保健用食品(トクホ)は，保健機能食品の1つであり，特別用途食品として位置づけられている。

【5】問1　(1)　③　　(2)　④　　(3)　②　　(4)　①　　問2　③
問3　①，③　　問4　フリース素材などの表面に毛羽がある衣服に火が付き炎が一瞬で燃え広がること。

〈解説〉問1　乳幼児の衣服は，発育成長がめざましいのでゆとりのある柔らかい衣服がよい。また着脱を自分でしたくなるので，ボタン・ホック等を用いるのも1つである。児童・青年期の衣服は自分をみつめ個性をつかみ表現するのでそれを大切にすることが肝要である。また成人期にも場面に対応した衣服とあるが，すなわちT(時)，P(場所)，O(場合)に応じた衣服の選択を身につけることが大切である。高齢期では燃えにくい素材もポイントの1つで，火を使う場合に，行動が鈍く引火してしまうためである。　問2　立体構成は洋服である。和服は平面構成でゆとりが多く，様々な体型に対応できる。和服の防虫剤は，和服しょうのう，ピレスロイド系の防虫剤が適す。　問3　ドライクリーニングは，汗などの油性の汚れを落とすのに適している。クリーニング事故賠償基準はトラブルの対応のための規定である。衣類の区分，使用年数などによる算定式が定められてある。また一定の基準に従って責任を賠償するクリーニング店にはSマーク(標準営業約款登録店)の表示をつけるようになった。なお，SEKマークは抗菌防臭加工の製品につけるマークである。　問4　表面フラッシュ現象の起きやすい衣料品の素材や形状として，綿，レーヨン等の易燃性セルローズ系繊維の衣料がある。起毛処理された製品での事故が多い。毛羽立ってしまったフリース(ポリエステルやアクリル繊維)等にも起きやすい。また，「着衣着火」という用語があり，今着ている服にうつって燃え上がることをいう。

【6】問1　(1)　ア　②　　イ　⑤　　(2)　ウ　③　　エ　①　　オ　⑤

問2　支払い方法…毎月定額(または定率)返済をする支払い方法である。　短所…無計画に利用していくと総額でいくら利用したか把握しにくく，支払期間が延びたりする。　問3　①

〈解説〉問1　手取り収入の計算式は，基本給＋各種手当－(社会保険料＋税金)である。また，実収入から非消費支出を引いた残金を可処分所得という。　問2　支払いの方法には一括払い，分割払いとリボルビング払いがある。分割払いもリボルビング払いも返済期間が長くなると手数料の負担が大きくなる。　問3　債務整理の方法として，特定調停，任意整理，個人再生手続き，自己破産がある。自己破産では，財産があれば債権者に分配し，残った債務は免責によって免除してもらう。個人再生手続きは，借金の一部を原則3年間で返済する計画を立てて，その計画を裁判所が認めれば，計画通りに返済することによって，残りの債務を免除してもらう方法である。

【7】(漁港が地域にある中学校の事例)　魚食文化を伝承しよう！

1時　自分の学校の生徒が日常的にどれくらい魚を食べているかを調べる。アンケートを作成し，魚料理を過に何回食べるか，どのような調理方法で食べるかなどについて調べる。魚嫌いの人には，その理由を聞く。自分たちの魚食の実態について，データーから情報を収集・整理し，発表する。

2・3時　魚料理が苦手な人でも食べられる魚料理をみんなで考えるアンケートをもとに，グループで魚料理の苦手な人でも食べられるメニューを考案し，作り方を調べる。魚の種類は地元でとれる旬のものを指定する。(栄養教諭をゲストに招き，魚の栄養価や特徴について話してもらう)

4・5時　魚料理コンテスト　地元の漁業協同組合の方をゲストに招き，魚のさばき方を習う。その後，その魚を使って自分たちの考えた魚料理を調理し，ゲストの方に試食・採点してもらう。それぞれの料理について講評してもらう。それぞれのグループのメニューを試食し，生徒同士も相互評価する。

6時　地域の食文化を後輩に伝えよう！　今までの学びをまとめ，校内・校外に通信として発信する。全校生徒や地域の人を対象に地元の魚食文化について発表する機会をもつ。

〈解説〉設問文の文言は，学習指導要領　第8節　家庭分野　「2　内容　B食生活と自立　(3)　イ」にある。「学習指導要領解説」の同箇所についても一読し，食材の取扱いなどをふまえ授業案を考える。実態調査(アンケート)として，家庭での料理法を調べるのも1つである。また栄養教諭からの話の前に，魚の栄養価や特徴について事前に学習しておくことも大切であろう。また，実習したものを家庭でも実際に作り，家族の反応なども聞きながら，校内・校外に発信すればよりよい授業成果を得られる。家族のコニュニケーション，家族の食生活改善につながるであろう。

2017年度　実施問題

【中高共通】

【1】次の問いに答えなさい。

問1　次の文章中の空欄[　ア　]～[　カ　]に入る語句として最も適当なものを，それぞれ下の①～⑨から一つずつ選びなさい。

私たちは皮膚面を被服で覆って，熱の伝導・[　ア　]・放射や水分の蒸発を促進したり抑制したりする。被服を着ると，皮膚と被服の間や，さらに重ねた被服との間に　[　イ　]層ができ，外気とは異なる[　ウ　]・湿度を持つ局所的な気候を作る。これを[　エ　]という。

[　イ　]は熱伝導率が小さく熱を伝え[　オ　]ので，[　イ　]を保持することで[　カ　]性が高まる。

①　温度　②　保温　③　被服気候　④　保湿
⑤　対流　⑥　空気　⑦　室内気候　⑧　やすい
⑨　にくい

問2　足に合わない靴やかかとの高い靴が原因で，足の親指が小指側に曲がってしまう足の疾患を何というか，次の①～④から一つ選びなさい。

①　モートン病　②　内反足　③　外反母趾
④　腓骨神経麻痺

問3　環境の湿度が100%に近いとき，次の①～④の繊維の中で，最も水分率が低くなるのはどれか，一つ選びなさい。

①　ナイロン　②　レーヨン・キュプラ　③　ポリエステル
④　アセテート

問4　次の特徴a～fをすべて持つ繊維として最も適当なものを，あとの①～⑥から一つ選びなさい。

a　光沢がある。　b　しなやかである。

c　湿気をよく吸う。　　　d　アルカリに弱い。

e　虫害を受けやすい。　　f　紫外線で黄変・劣化する。

①　綿　②　麻　③　毛　④　絹　⑤　アクリル

⑥　ポリウレタン

(☆☆☆◎◎◎)

【2】次の問いに答えなさい。

問1　次の部屋の広さは，約何畳になるか，下の①～④から最も適当なものを一つ選びなさい。ただし，畳は江戸間とする。

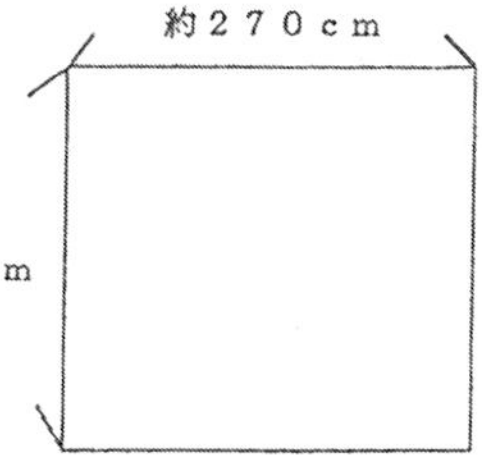

①　3畳　②　4.5畳　③　6畳　④　8畳

問2　次の文章中の空欄[　ア　]～[　オ　]に入る語句として最も適当なものを，それぞれ下の①～⑨から一つずつ選びなさい。

大正年間には，生活改善運動の影響を受けて，従来の住宅平面の持つ問題を解決するため，[　ア　]住宅や，和風住宅に洋室を付加する[　イ　]住宅が誕生した。戦後には公営住宅の間取りに[　ウ　]が作られ，テーブルと椅子を用いる食事室が現れたことで，寝る場所と食事をする場所を分ける[　エ　]が実現し，衛生的で機能的な住生活を営むことができるようになった。また，家族の共同生活の場所と個人生活の場所を分ける[　オ　]が広まり，現在の住まいへと変化してきた。

①　洋風木造　　②　中廊下型

③　公私室分離　　④　就寝分離

⑤　ダイニングキッチン　　⑥　文化

⑦　食寝分離　　⑧　接客本位型

⑨　アイランド型キッチン

問3　日本人の住まいの寿命は，諸外国と比べて短く，30年程度で建て替えられることが多い。その理由を，次の言葉を使って説明しなさい。【維持管理・住要求】

(☆☆☆◎◎◎)

【3】次の問いに答えなさい。

問1　次の文章中の空欄[　ア　]～[　エ　]に入る語句として最も適当なものを，それぞれ下の①～⑧から一つずつ選びなさい。

共生社会の基盤になるのが，[　ア　]の考え方である。これは障がいのある人もない人も区別なく，同じように生活を送ることが普通であるという考えをいう。共生社会を築く上で，大きな役割を果たすのが，[　イ　]活動やNPO活動である。また近年では，[　ウ　]を追求しながら，社会的な問題を解決することを目的のひとつに掲げた[　エ　]という企業活動も見られる。

①　ソーシャルキャピタル　　②　支えあい
③　幸福　　④　バリアフリー
⑤　ノーマライゼーション　　⑥　利益
⑦　ボランティア　　⑧　ソーシャルビジネス

問2　年金制度について，次の(a)～(d)の文を読み，誤っているものの組合せを，下の①～⑥から一つ選びなさい。

(a)　国民年金に加入するかしないかは個人の自由である。
(b)　20年保険料を支払うと，年金を受け取ることができる。
(c)　収入の少ない学生が，学生納付特例制度を利用した場合，在学期間中の保険料納付を猶予することができ，年金加入期間としても認められる。
(d)　専業主婦は，第3号被保険者である。

①　(a)と(b)　　②　(a)と(c)　　③　(a)と(d)　　④　(b)と(c)
⑤　(b)と(d)　　⑥　(c)と(d)

(☆☆☆◎◎◎)

【4】次の問いに答えなさい。

問1　妊娠中の母親の喫煙が，胎児の発育に悪影響を与えるといわれているのはなぜか，その理由を書きなさい。

問2　次のグラフは，器官による発達の違いを示したものである。空欄ア～ウに入る語句として最も適当なものを，それぞれ下の①～⑦から一つずつ選びなさい。

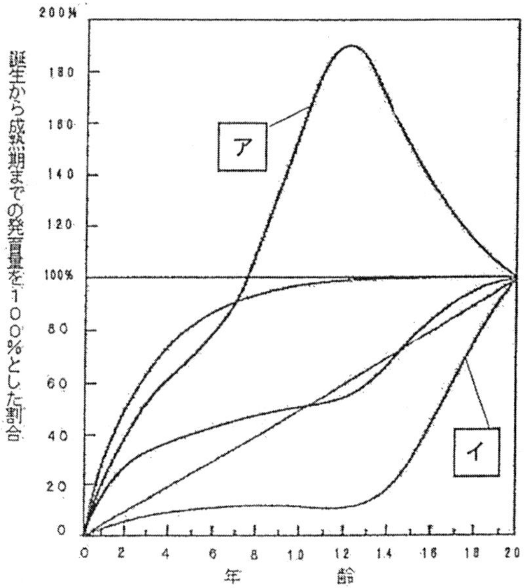

〈ウの発育曲線〉

①　リンパ型　　②　生殖型　　③　一般型　　④　神経型
⑤　マズロー　　⑥　スキャモン　　⑦　ハヴィガースト

(☆☆☆◎◎◎)

【5】次の問いに答えなさい。

問1　次の文章中の空欄[　ア　]～[　オ　]に入る語句として最も適当なものを，それぞれあとの①～⑨から一つずつ選びなさい。

持続可能な食生活を目指した取組が推進されている。食料の生産地から[　ア　]までの距離に着目し，輸送に伴う[　イ　]をできるだけ減らすことで環境への負荷を軽減しようとする考えがあり，「相手国別の食料輸入量」に「輸送距離」を乗じた数値である[　ウ　]が指標として用いられている。(i)日本の[　ウ　]は，長距離輸送を経た大量の輸入食料に依存しているので高い数値となっている。

また，原料生産から廃棄までの全ての段階で環境への影響を科学的，定量的，客観的に評価することで，環境負荷の低減を図ろうとする考えを[　エ　]という。この考え方に立ち，商品・サービスのライフサイクル全体を通して排出される温室効果ガスの総量をCO_2量に換算し，わかりやすく表示する仕組みのことを[　オ　]という。

①　トレーサビリティ　　②　カーボンフットプリント
③　消費地　　④　食料自給率
⑤　カロリーベース　　⑥　加工地
⑦　フード・マイレージ　　⑧　ライフサイクルアセスメント
⑨　エネルギー

問2　問1における下線部(i)の数値を減らす工夫として適当でないものを，次の①～④から一つ選びなさい。

①　食料自給率向上のため，国民運動による取組としてフードアクションニッポンを提案している。
②　学校給食では，地場産物の利用が推進されている。
③　できるだけマイバッグを持参して，買い物をする。
④　スローフード運動を推進し，食に対する関心を高める。

問3　ごみを減らすように心がけるための3Rとは何を表しているのか，全て書きなさい。

(☆☆☆◎◎◎)

【6】次の問いに答えなさい。

問1　契約の内容として適切なものを，次の①～④から一つ選びなさい。

①　契約は当事者の合意，つまり申し込みと承諾の合致によって成

立する。

② 口頭だけのやりとりでは契約の成立とはならない。

③ 未成年者の契約行為には，どのような場合であっても法定代理人の同意が必要である。

④ 未成年者が年齢を偽って契約した場合，本人または法定代理人の申し出により契約の取消ができる。

問2 次の販売信用のしくみ(三者間の場合)を表した図で，(a)～(c)に入る語句の組合せとして正しいものを，下の①～⑥から一つ選びなさい。

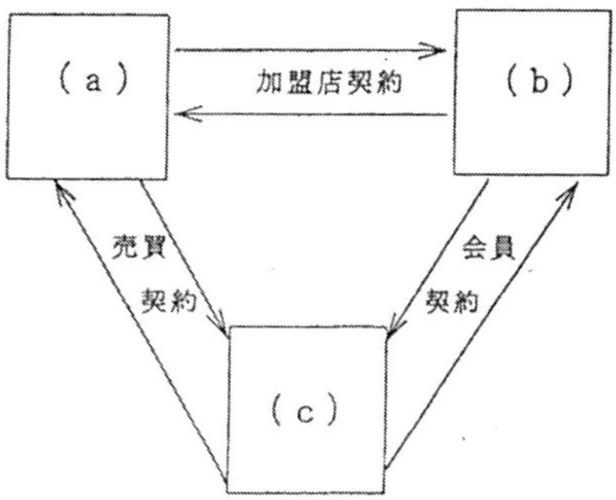

① a 消費者 b 販売業者
c クレジット会社

② a 消費者 b クレジット会社
c 販売業者

③ a 販売業者 b 消費者
c クレジット会社

④ a 販売業者 b クレジット会社
c 消費者

⑤ a クレジット会社 b 消費者
c 販売業者

⑥ a クレジット会社 b 販売業者
c 消費者

(☆☆☆◎◎◎)

【7】次の表は，調理実習に必要な材料と分量をまとめたものである。下の問いに答えなさい。

肉じゃが(1人分)

材料名	分量	材料名	分量
薄切り肉	５０ｇ	たまねぎ	４０ｇ
しょうゆ	１５mL	油	５mL
砂糖	３ｇ	水	５０mL
じゃがいも	１００ｇ	みりん	１５mL
にんじん	３０ｇ		

問1　上の材料を使い，4人分の肉じゃがを作る時，じゃがいもはどれだけの分量を準備するとよいか，廃棄率を参考に計算し，小数第1位を四捨五入して整数で答えなさい。

じゃがいも　(廃棄率　10%)

問2　じゃがいもに含まれる有害物質を，次の①～④から一つ選びなさい。

①　テトロドトキシン　　②　トリプシンインヒビター

③　ソラニン　　④　アフラトキシン

問3　問2の有害物資を取り除くための調理方法について，書きなさい。

問4　次の(1)(2)について，空欄[　ア　]～[　キ　]に入る語句として最も適当なものを，それぞれ下の①～⑥から一つずつ選びなさい。

(1)　人間の体内に摂取された炭水化物は，だ液，すい液，小腸の粘膜などに含まれる[　ア　]の作用を受けて，ぶどう糖などの単糖類にまで分解され，小腸粘膜から血液中に入る。吸収されたぶどう糖は，門脈を経て[　イ　]に運ばれる。[　イ　]や筋肉では，ぶどう糖は[　ウ　]として貯蔵される。

①　グリコーゲン　　②　すい臓　　③　肝臓　　④　腎臓

⑤　消化酵素　　⑥　代謝酵素

(2)　ぶどう糖が体内でエネルギー源として利用される場合には，解糖系と呼ばれる経路に入り，[　エ　]に分解される。[　エ　]は通常アセチルCoAとなり，[　オ　]サイクルと呼ばれる代謝経路に入り，すべて[　カ　]と水になり体外に排出される。[　エ　]

は酸素のない状態では[　キ　]になる。

① クエン酸　② ピルビン酸　③ TCA

④ 乳酸　⑤ 二酸化炭素　⑥ 窒素

問5　ぶどう糖の化学式を，次の①～④から一つ選びなさい。

① $C_6H_{12}O_6$　② $C_{18}H_{30}O_2$　③ $C_{12}H_{22}O_{11}$　④ $C_3H_4O_3$

(☆☆☆◎◎◎)

【8】中学校学習指導要領(平成20年3月告示)には，生活を豊かにするための学習活動として「布を使った小物づくり」がある。次の①～③の学習項目の中からいずれか一つ選び，その内容を指導する際に関連させてつくる製作物の例を一つあげなさい。また，製作の前後の指導計画について，自分の案を書きなさい。

① 幼児の観察や遊び道具の製作などの活動を通して，幼児の遊びの意義について理解すること。

② 家族の安全を考えた室内環境の整え方を知り，快適な住まい方を工夫できること。

③ 自分や家族の消費生活が環境に与える影響について考え，環境に配慮した消費生活について工夫し，実践できること。

(☆☆☆◎◎◎)

解答・解説

【中高共通】

【1】問1　ア ⑤　イ ⑥　ウ ①　エ ③　オ ⑨　カ ②　問2 ③　問3 ③　問4 ④

〈解説〉問1　エ　被服気候は衣服気候，衣服内環境なども言う。なお，快適な衣服気候とは，気温32±1度，湿度50±10％といわれている。　問2　①のモートン病は，足の裏の痛みやしびれなどを発する症状であり，サイズに合わない靴を履いているとなりやすい。　②の内反足とは足首の関節の異常により，足の裏が内側を向いて外側だけが地についているもので，先天性のものが多い。④の腓骨神経麻痺は，下腿外側から足の甲にかけてのしびれや感覚異常があり，足首や足指を上げることができない疾患である。　問3　最も水分率が低い繊維はポリエステルで，アクリル，ナイロン，アセテートと続く。

【2】問1　②　　問2　ア　②　　イ　⑥　　ウ　⑤　　エ　⑦　　オ　③　　問3　維持管理が不十分であることや，ライフスタイルやライフステージの変化による住要求に対応するため，まだ利用可能であっても壊して新築にすることが多いため。

〈解説〉問1　畳の大きさは京間，江戸間，団地間などサイズの違いがあるが，江戸間は約90×180cmである。　問2　エ　戦後間もない集合住宅のダイニングキッチンは，台所と食事室が一体化し，家事の合理化をめざした新時代のシンボルとなった。　問3　住宅の平均寿命は，鉄筋コンクリート造が40～90年，木造が30～80年，鉄骨構造が30～60年と言われているが，木造住宅でも維持管理をしっかりすれば寿命を延ばせる。これからは，住居の持続可能性を高めていくことが重要である。

【3】問1　ア　⑤　　イ　⑦　　ウ　⑥　　エ　⑧　　問2　①

〈解説〉　問1　①のソーシャルキャピタルとは，社会・地域における人々の信頼関係や結びつきを表す概念，⑤のノーマライゼーションは，年齢や障がいなどの特性にかかわらず誰もが普通(ノーマル)に暮らせる共生社会を目指すことである。　問2　(a)　国民年金は，「国民皆年金」といって，20歳になったら加入して，保険料を納める義務がある。(b)　年金を受け取るためには，25年(300月)以上の保険料を支払う必要がある。ただし，2017年4月から受給資格期間が短縮され，10年以上保険料を支払った人は，年金の受給資格が発生することに注意したい。(d)　正確には「第2号被保険者に扶養されている配偶者」であり，「専業主婦」とは言い切れないことに注意すること。

【4】問1　胎児と母体は血液が流れている胎盤と臍帯でつながっているため，母親が摂取したものは血液を通して胎児に影響を与える。また，たばこに含まれるニコチンは，血管を収縮させ，胎児が酸素不足，栄養不足になるため。　問2　ア　①　　イ　②　　ウ　⑥

〈解説〉問1　胎児が酸素不足，栄養不足になると，早・流産，低出生体重児などのリスクが高くなる。　問2　スキャモンの発育曲線とは，身長・体重などの一般型のほか，リンパ型，生殖型，脳・脊髄などの神経型の発育量を，20歳までを100として，各年齢までの値をその100分比で示したものである。各臓器のなかで最も早く発育するのは脳神経系である。頭部と脳の発育は乳幼児期に最も急速であるのに対し，生殖器の発育は14歳頃からと遅い。

【5】問1　ア　③　　イ　⑨　　ウ　⑦　　エ　⑧　　オ　②
問2　③　　問3　リサイクル，リユース，リデュース

〈解説〉問1　ウのフード・マイレージは，イギリスの消費者運動家ティム・ラング氏が提唱した考え方で，食料の輸送によって生じる環境負荷の指標として用いられている。エのライフサイクルアセスメント(LCA)によって，商品設計の段階から環境負荷を意識することができるとしている。　問3　リデュース・リユース・リサイクルの3Rに，リフューズを加えて4R，さらにリペアを加えて5Rという。

【6】問1　①　　問2　④

〈解説〉問1　②　口頭での合意でも契約は成立する。　③　法定代理人とは，未成年者に対して親権を有する者(多くは親)のことで，同意が必要になるのは，法定代理人から許された財産(小遣い)の範囲内でない場合の契約や，許された営業に関する取引でない場合である。
④　未成年者が年齢を偽って契約した場合は，「詐術を用いた」ことになり，契約の取消はできない。　問2　問題と選択肢から，クレジ

ットカードを使った買い物をイメージすればよい。クレジットカードでは，消費者，販売業者，クレジット会社による三者間契約で，一般的に商品購入代金はクレジット会社が立替え，消費者はクレジット会社に立替金(商品購入代金など)を支払うが，その際，一括払いや分割払いといった選択ができる。

【7】問1　$\frac{100\times4}{100-10}\times100=444.4\cdots$　　答え　444g

問2　③　　問3　ジャガイモの芽を切り取る。日光に当たり緑色になった皮を取り除く。　　問4　(1)　ア　⑤　　イ　③　　ウ　①

(2)　エ　②　　オ　③　　カ　⑤　　キ　④　　問5　①

〈解説〉　問1　購入重量(必要量)は「可食部重量÷(100－廃棄率)×100」で求められる。　問2　①のテトロドトキシンはふぐ毒，②のトリプシンインヒビターは，たんぱく質分解酵素のトリプシンの作用を阻害する物質で，生の大豆やそら豆に含まれる。この物質は加熱するとトリプシンと結合しなくなるので，豆類の加工では必ず加熱調理する。④のアフラトキシンは，落花生やナッツ類，とうもろこしなどに寄生するかび毒である。　問4　(2)　TCAサイクルとは，アセチルCoAが酸化されてクエン酸，こはく酸，リンゴ酸などを経て，二酸化炭素と水になる経路のことである。

【8】(例)　学習項目番号…①　　製作物…フエルトを活用した幼児のおもちゃ作り　　指導計画…①　幼児の心身の発達や生活の特徴，子供が育つ環境としての家族の役割について理解する。　②　幼児の観察を行い，幼児の遊びの意義について理解する。　③　フエルトを活用した幼児のおもちゃの製作を計画する。　④　フエルトを活用した幼児のおもちゃを製作する。　⑤　製作した幼児のおもちゃを生徒同士で相互評価し，アドバイスを生かして改善する。　⑥　幼児との触れ合い体験での関わり方について工夫できるように考える。

⑦　製作した幼児のおもちゃを持って，幼児との触れ合い体験を行う。

⑧　幼児との触れ合い体験での関わり方やおもちゃについて，自己評

価を行う。

〈解説〉製作物としては，②であれば防災リュックや防災頭巾，ウォールポケット，③であれば，エコバッグやペットボトルホルダーなどが考えられる。学習の目標である，「布を用いた物の製作を通して，生活を豊かにするための工夫ができること」を念頭において，生徒が製作の目的を明確に持つことができるように配慮する。製作に必要な材料や用具，製作手順，時間などの計画を立て，製作後は評価の方法を工夫し，生活が豊かになるような活用方法をまとめられるようにするとよい。

2016年度　実施問題

【中高共通】

【1】次の表は，ある家族の夕食の献立である。下の問いに答えなさい。(分量はすべて1人分で書いてある。)

魚のなべ照り焼き	豆腐と青ねぎのすまし汁	ほうれん草のごま和え	ひじきの煮物	米飯
魚の切り身　８０ｇ ＜下味＞ 酒　３ｍL しょうゆ　３ｍL しょうが汁　２ｍL サラダ油　２．５ｍL 酒　１０ｍL ＜たれ＞ ［ア］　１２ｍL しょうゆ　１２ｍL 砂糖　２ｇ 大根おろし　４０ｇ	だし汁　１５０ｍL 塩　［エ］ｇ しょうゆ　１ｍL 豆腐　３０ｇ ねぎ　４ｇ	ほうれん草　８０ｇ 下味用しょうゆ　３ｍL ＜あえ衣＞ ［イ］　８ｇ ［ウ］　４ｇ しょうゆ　４ｍL	干しひじき　１０ｇ にんじん　２０ｇ ちくわ　２０ｇ だし汁　６０ｍL 砂糖　９ｇ しょうゆ　１５ｍL サラダ油　３ｍL	米　１００ｇ 水　［オ］ｍL

問1　上の表の空欄［　ア　］～［　ウ　］に入る語句として最も適当なものを，それぞれ次の①～⑤から一つずつ選びなさい。ただし，同じ語句を二度使わないものとする。

①　酢　　②　みりん　　③　砂糖　　④　みそ　　⑤　ごま

問2　下の「魚のなべ照り焼き」を作る手順の中から，ペーパータオルを使う作業が2カ所抜けている。それはどこか，①～④から選びなさい。

・バットに下味の材料をあわせ，魚を入れて約10分おく。途中，上下を返す。

・[　　　　　　　　①　　　　　　　　]

・フライパンにサラダ油を入れて熱し，盛りつける時に上になる面を下にして並べる。

・[　　　　　　　　②　　　　　　　　]

・こんがりと焼き色がついたら魚を返し，反対側の面も焼く。

・[　　　　　　　　③　　　　　　　　]

・盛りつける面を上にして酒をふり，ふたをして2～3分蒸し焼きにする。

・[　　　　　　　　④　　　　　　　　]

・たれの調味料を加え，中火でフライパンを揺り動かしながらたれを魚にからめる。

問3　すまし汁について，空欄［　エ　］に入る値として最も適当なものを，次の①～④から一つ選びなさい。なお，すまし汁の塩分濃度は0.8％とし，しょうゆの塩分含有量は16％とする。

①　1.0　　②　1.5　　③　1.8　　④　2.0

問4　すまし汁ではなくみそ汁にするときのみその分量として最も適当なものを，次の①～④から一つ選びなさい。なお，みそ汁の塩分濃度は0.8％とし，みその塩分含有量は13％とする。

①　小さじ半分　　②　小さじ1杯　　③　小さじ1杯半

④　小さじ2杯

問5　米飯について，空欄［　オ　］に入る値として最も適当なものを，次の①～④から一つ選びなさい，なお，炊き方は一般的な炊き方とする。

①　100　　②　120　　③　150　　④　200

問6　ライフステージごとの食事の特徴として最も適当なものを，それぞれ下の①～⑤から一つずつ選びなさい。

(1)　幼児　　(2)　青少年　　(3)　成人　　(4)　高齢者

(5)　妊婦

①　消化しやすいものを食べやすく処理する。良質なたんぱく質や無機質，ビタミンなどを多く与え，薄味にしていろいろな食品の素材の味に慣れさせることが大切である。

②　消化器官に負担の少ない食品を選ぶ。牛乳，味が淡白な魚，鶏肉，大豆などでたんぱく質やカルシウムを補うと同時に植物性油脂が不足しないように気をつける。

③　たんぱく質，カルシウム，鉄を十分にとる。消化能力が落ちるので食事回数を増やすなどの工夫が必要で食塩は控えめにする。葉酸をとるとよい。

④　精神的影響が体に現れやすく，濃厚な味を好む傾向がある。たんぱく質，カルシウム，鉄，ビタミンを十分にとり，砂糖の

とり過ぎに注意する。

⑤　身体活動レベルによってエネルギー量を考える。生活習慣病予防のため，食塩，動物性脂肪などのとり過ぎに注意する。食べ物に対する好みが定着する。

問7　家族の中に食べ物を飲み込みにくい高齢者がいる場合，先の夕食の献立について，どんな調理上の工夫ができるか。すまし汁，ごま和え，米飯について具体的な調理法を書きなさい。

(☆☆☆◎◎◎)

【2】家庭・家族と子育てについて，次の問いに答えなさい。

問1　次の文章中の空欄[　ア　]～[　エ　]に入る語句や数値として最も適当なものを，下の①～⑦からそれぞれ一つずつ選びなさい。

夫婦が協力して子育てに臨むことは，家庭内の教育力を高め，親子関係を築く基本である。しかし我が国の現状として，内閣府の調査によると，6歳未満の子どもを持つ父親の家事・育児時間が諸外国に比べ短く，育児休業制度の利用も目標値にはほど遠い。近年は育児に積極的な男性が出現し，男性の育児に対する考え方が変わってきている。厚生労働省は平成22年，男性の子育て参加や育児休業取得の促進等を目的とした[　ア　]プロジェクトを立ち上げた。一定条件を満たし，育児休業等取得男性が[　イ　]人以上いる子育てサポート企業に[　ウ　]マークを認定する取組などを通して，2020年までに男性の育児休業取得率を[　エ　]%にあげる目標を掲げている。

①　1　　②　5　　③　13　　④　20

⑤　ファミリーフレンドリー　　⑥　イクメン

⑦　くるみん

問2　次の文章中の空欄[　オ　]～[　キ　]に入る語句や数値として最も適当なものを，あとの①～⑦からそれぞれ一つずつ選びなさい。

平成22年6月30日より施行された[　オ　]では，子が1歳になる誕生日の前日まで育児休業が取得可能であることや，父母共に取得する場合には子が[　カ　]になるまで育児休業が取得できること，子の看護休暇が年[　キ　]回とれることなどが定められている。

①　労働基準法　　②　育児・介護休業法　　③　母子保健法

④　1歳2ヶ月　　⑤　1歳6ヶ月　　⑥　5

⑦　8

問3　次の表は日本の男性における育児休業取得率の変化である。空欄[　　　]に入る値として最も適当なものを，下の①～④から一つ選びなさい。

平成20年度	平成22年度	平成24年度
1.23％	1.38％	[　　　]%

(厚生労働省「平成24年度雇用均等基本調査」の概況より作成)

①　0.98　　②　1.89　　③　2.63　　④　8.75

問4　男女が協力して働きながら，家庭を営むためには，雇用の安定，適正な賃金，適正な労働時間で働き，そして休暇が保障されていることが必要である。この「仕事と生活の調和」を意味する言葉を何というか，書きなさい。

問5　次の(1)(2)のグラフについて，読み取れる事実をそれぞれ書きなさい。

（１）夫の休日の家事・育児時間別にみたこの５年間の第２子以降の出生の状況

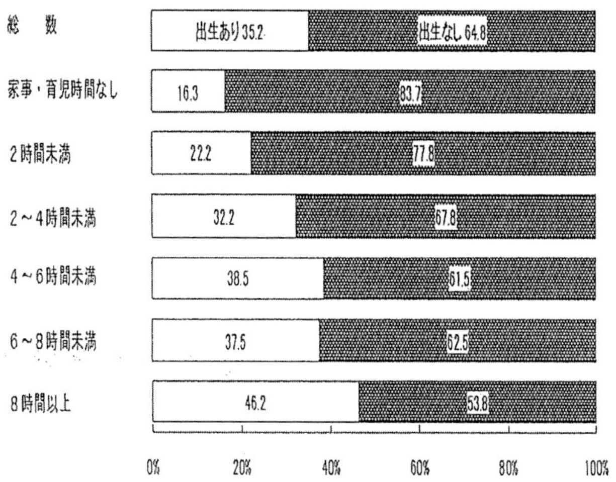

厚生労働省：第６回２１世紀成年者縦断調査

（２）　ＯＥＣＤ加盟24か国における15～64歳の女性労働力率と合計特殊出生率

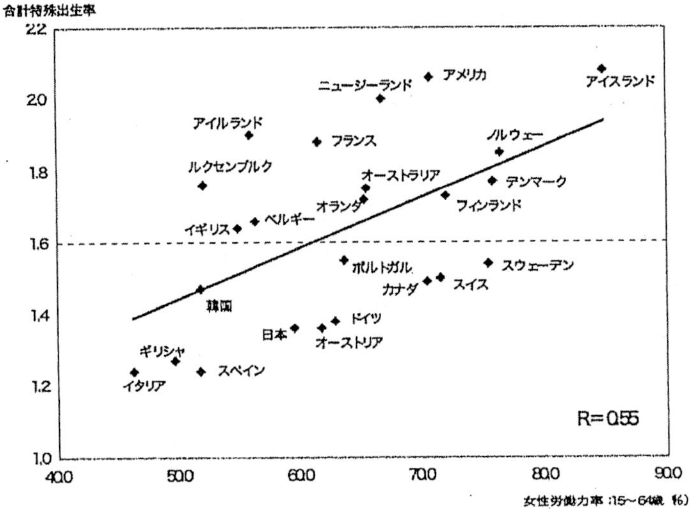

内閣府男女共同参画局作成

(OECD加盟国の内、GDPが１万ドル以上の24カ国について)

(☆☆☆◎◎◎)

【3】次の問いに答えなさい。

問1　次の文章中の空欄[　ア　]～[　ウ　]に入る語句として最も適当なものを，下の①～⑥からそれぞれ一つずつ選びなさい。

世界各地にはさまざまな住居があり，形態も材料も住まい方も千差万別である。居住地域の気候風土，歴史や民族などの違いにより，地域固有の住まい方がある。例えば，カナダの極北地帯に住むイヌイットの住居は[　ア　]といい，氷で出来ている。また，遊牧民族であるモンゴル人の住居は[　イ　]といい，持ち運び出来るようになっている。雨に恵まれる日本では，[　ウ　]資源が多く，夏の暑さ対策のために風通しのよい開放的な造りが多く見られる。

①　ホーガン　　②　ゲル(パオ)　　③　石材　　④　木材

⑤　イグルー　　⑥　泥

問2　次の図は金沢の町屋である。金沢の町屋には，近代の京都の町屋には見られないサガリと呼ばれる建築装置がついているが，その機能について金沢の気候・風土を考慮して説明しなさい。

問3　椅子座と床座の特徴について述べた文として誤っているものを，次の①～④から一つ選びなさい。

①　椅子座は，部屋の転用が限られ，生活の秩序がある。
②　床座は，家具の必要面積が椅子座より少ない。
③　椅子座は，暖房設備の床面での熱効率がよい。
④　床座における座り込む姿勢は，活動性を低下させる。

問4　持続可能な住居として現在注目されているもので，100年以上の長期耐久性がある柱や梁構造を持ち，住み手のライフステージに応じて，間取りの変更や水回りなどの設備の更新などに対応できるようにした自由に変えられる住居の方式を次の①～④から一つ選びなさい。

①　バウハウス　　②　コレクティブハウス
③　スケルトン・インフィル　　④　ローエネルギーハウス

(☆☆☆◎◎◎)

【4】学習指導要領「家庭」について，次の問いに答えなさい。

問1　高等学校学習指導要領(平成21年3月告示)「家庭」改訂のポイントに関する次の記述①～④のうち，誤っているものを一つ選びなさい。

① 知識と技術などを活用して，学習や実際の生活において課題を発見し解決できる能力を育成するために，基本的な概念などの理解を深める学習をより一層充実する。

② 社会において主体的に生きる消費者をはぐくむ視点から，消費の在り方及び資源や環境に配慮したライフスタイルの確立を目指す指導を充実する。

③ 少子高齢化や家庭の機能が十分に果たされていないといった状況に対応し，家族と家庭に関する教育と子育て理解のための体験や高齢者との交流を重視する。

④ 心身ともに健康で安全な食生活のための食育の推進を図るため，食事の役割や栄養・調理に関する内容を一層充実する。

問2　中学校学習指導要領(平成20年3月告示)に記載されている「生活の課題と実践」について，学習のねらいを書きなさい。

(☆☆☆◎◎◎)

【5】子どもの生活について，次の問いに答えなさい。

問1　次の文の空欄[　ア　]～[　オ　]に入る語句として最も適当なものを，あとの①～⑥からそれぞれ一つずつ選びなさい。

子どもの生活の中心は遊びである。心身の発達に応じて遊び方が変化する。0歳～1歳頃までは知覚や身体を使った[　ア　]遊び，2歳前後になると，他の子どもの遊びをそばで見ている[　イ　]遊び，さらに発達が進むと隣同士で同じ遊びを別々にする[　ウ　]遊び，5，6歳頃からルールを決め，人と関わりながら遊ぶ[　エ　]遊びができるようになる。子どもは遊びを通して学び，心身ともに成長していく。例えば，おままごとのような[　オ　]遊びは想像力を発達させる。

① 平行(並行)　② 模倣　③ 一人　④ 集団
⑤ 構成　⑥ 傍観

問2 遊びの3つの条件をすべて書きなさい。

問3 次の文の空欄[カ]～[ケ]に入る語句として最も適当なものを，下の①～⑧からそれぞれ一つずつ選びなさい。

乳児の授乳による栄養摂取には[カ]によるものと[キ]によるものがある。[カ]は，乳児にとって最も自然で理想的な栄養である。また，様々な利点もある。スキンシップによる母子間の心理的交流が深まることや，[ク]を促すこともその1つである。特に分娩後，数日間分泌される初乳は，たんぱく質やミネラルに富み，[ケ]を多く含んでいるため，乳児は病気やアレルギーにかかりにくくなる。

① ビタミンC　② 調製粉乳　③ 母乳
④ 牛乳　⑤ 味覚の発達　⑥ カルシウム
⑦ 母体の産後の回復　⑧ 免疫物質

(☆☆☆◎◎◎)

【6】消費者の権利と責任について，次の問いに答えなさい。

問1 平成21年，消費者行政をひとまとめにして所轄するために発足した省庁の名称を書きなさい。

問2 消費者の権利と責任に関する記述として誤っているものを，次の①～④から一つ選びなさい。

① 1982年，国際消費者機構(CI)は消費者の8つの権利と5つの責任を提唱し，消費者には権利だけでなく，責任もあることを示した。

② 平成7年に施行された製造物責任法では，安全性に欠陥のある製造物で生じた被害については製造者の損害賠償責任について厳しく追及しているが，同時に消費者の選ぶ責任にも言及している。

③ 1962年にアメリカのケネディ大統領によって提唱された消費者の4つの権利は，その後に続く消費者保護政策の基盤となった。

④ SG(Safety Goods)マークは欠陥により人身被害があった場合に

損害賠償措置がある商品124品目を対象につけられている。

(☆☆☆◎◎◎)

【7】衣生活分野について，次の問いに答えなさい。

問1　織物の朱子織についての説明として最も適切なものを，次の①～④から一つ選びなさい。

① たて糸とよこ糸の交差点をできるだけ少なくする織り方。そのため糸の浮いている部分が多く表面がなめらかで光沢が出る。

② たて糸とよこ糸が1本ずつたがい違いに組み合わされる織り方。布面が平らで，目のすいた布もできる。

③ 1本の糸をループにして連続的に絡ませて作る布。伸縮性がよく保湿性に富む。

④ 1本の糸が2本以上の糸をまたいで交差する織り方。斜め方向にうねが現れる。

問2　次の(1)(2)にアイロンがけをするときの温度として最も適しているものを，下の①～④からそれぞれ一つずつ選びなさい。

(1) 綿のブラウス　　(2) ナイロンのスカーフ

	アイロンの温度
①	80～120℃
②	120～140℃
③	140～160℃
④	180～210℃

(☆☆☆◎◎◎)

【8】衣服製作について，次の問いに答えなさい。

問1　次の図の(1)(2)の箇所の採寸項目とその測り方に関する表の空欄[　ア　][　イ　]に入る語句をあとの①～⑦からそれぞれ一つずつ選びなさい。

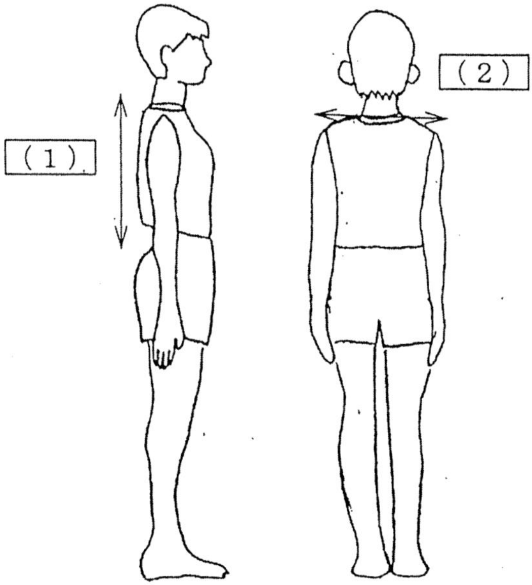

	採寸項目	測り方
(1)	[　ア　]	背の中央の位置で，首の付け根からウエストラインまでを測る
(2)	[　イ　]	背中心の首の付け根を通る，左右の肩先から肩先までの長さを測る

①　着たけ　②　わきたけ　③　ゆき　④　背たけ
⑤　そでたけ　⑥　背肩幅　⑦　背幅

問2　型紙を当てて裁断する前に，布には地直しが必要である。その理由を答えなさい。

(☆☆☆◎◎◎)

解答・解説

【中高共通】

【1】問1　ア　②　　イ　⑤　　ウ　③　　問2　①③(順不同)

問3　①　　問4　③　　問5　③　　問6　(1)　①　　(2)　④

(3)　⑤　　(4)　②　　(5)　③

問7　豆腐と青ねぎのすまし汁にデンプンでとろみをつける。ほうれん草のごま和えのほうれん草を柔らかくゆでる。米飯をおかゆにする。

〈解説〉問1　ア　照り焼きの調味料割合は，しょうゆとみりんが同量なので，しょうゆが12mLなら，みりんも同量となる。　イ・ウ　ごま和えのあえ衣は，ごまの半量程度の砂糖を使用する。　問2　①は余分な下味分の調味料を取り除くため。③は盛りつける面を先に焼いているので，返した時の見栄えがよくなるように余分な油を取り除くため。問3　すまし汁の塩分濃度が0.8％なので，だし汁中，150mL×0.8÷100＝1.2gの塩分を含むことになる。しょうゆ1mLの塩分は1×16÷100＝0.16gなので，1.2－0.16≒1.0gとなる。　問4　問3よりだし汁中に含まれる塩分は1.2gなので，1.2×100÷13≒9.2gのみそを要する。みそ小さじ1＝6gなので，9.2÷6≒1.5で小さじ1杯半となる。　問5　水は米の重量の1.5倍が必要となる。　問6　①「消化しやすいもの」「味に慣れさせる」より，幼児が適切。　②「消化器官に負担の少ない」「植物性油脂が不足しないよう」より，高齢者が適切。
③「葉酸をとる」より，妊婦が適切。　④「精神的影響」「濃厚な味を好む」より，青少年が適切。　⑤「生活習慣病予防」「好みが定着」より，成人が適切。　問7　すまし汁にとろみをつけるには，ジャガイモデンプン(片栗粉)，トウモロコシデンプン(コーンスターチ)，サツマイモデンプン，くず粉などを使用するとよい。ほうれん草のごま和えは，ゆで過ぎると青さが取れて，まずそうに見えるので注意する。米飯は，全かゆか三分がゆ程度にする。あまり汁けが多いと，かえってむせることに注意する。

【2】問1　ア　⑥　　イ　①　　ウ　⑦　　エ　③　　問2　オ　②　カ　④　　キ　⑥　　問3　②　　問4　ワーク・ライフ・バランス　問5　(1)　男性の家事・育児時間が長いほど第2子以降の出生率が高まる。　(2)　働いている女性の割合が高いほど，その国の合計特殊出生率は上がる。

〈解説〉問1　次世代育成支援対策推進法(次世代法)では，男性労働者のうち育児休業等を取得した者が1人以上いる企業は，認定基準の一つの要素として，くるみんマークを使用することができる。平成27(2015)年4月1日に改正法が施行され，新たな認定基準が設けられた。厚生労働省では，男性の育児休業取得率を平成29(2017)年度には10%に，平成32(2020)年度には13%に上げることを目標にしている。

問2　育児・介護休業法は，平成3(1991)年に成立しているが，平成21(2009)年に改正され，翌年6月より改正法が施行された。

問3　平成23(2011)年には，2.63%に上昇したが，平成24(2012)年に大きく低下した。　問4　平成19(2007)年に，「仕事と生活の調和(ワーク・ライフ・バランス)憲章」が策定された。仕事上の責任，家庭・地域生活すべてを含め，人生の各段階で多様な生き方が選択・実現できること，経済的自立ができること，豊かな生活のための時間確保ができること，を目指している。

【3】問1　ア　⑤　　イ　②　　ウ　④　　問2　全国でも多雪地帯である金沢の町屋は，庇だけでは防ぎきれない，吹き込む雪による住宅への被害を防ぐため，サガリがつくようになった。　問3　③　問4　③

〈解説〉問1　ア　イグルーは，雪や氷のブロックを積み上げ，ドーム状にした住居である。　イ　モンゴルの遊牧民は，家畜とともに草原を移動して生活するため，移動式の住居に住む。　ウ　木材を使った住居は，夏場は高温多湿となる日本の気候風土に適している。なお，①のホーガンは，木を組んで形を造ったあとに外を土で固めた半球型のかまくらの様なアメリカ先住民の住居。　問2　サガリは1階庇の下の横板を指し，雪や雨風が直接当たらないように取り付けられている。
問3　椅子座の特徴は，家具の設置の必要面積が床座よりも狭くてすむこと，設置した家具で部屋の用途がほぼ決まることなどがある。床座の特徴は，床に座ることでくつろぎや落ち着いた雰囲気を感じやすいこと，暖房設備の床面での熱効率が良いことなどがある。
問4　①のバウハウスは，20世紀初頭のドイツの造形学校。②のコレクティブハウスは，各住戸は個別に独立しながら，共同スペースで生活の一部を共有化する生活共同型住宅。④のローエネルギーハウスは，断熱，気密，熱回収換気性能を極限まで高め，再生可能エネルギー・未利用エネルギーを活用した環境低負荷型住宅。

【4】問1　①　　問2　家族・家庭や衣食住の学習に関心をもち，生活の課題を主体的にとらえ，実践を通してその解決を目指すことにより，生活を工夫し創造する能力や実践的な態度を育てることをねらいとしている。
〈解説〉問1　①は，中学校学習指導要領解説「技術・家庭編」の技術・家庭科改訂の趣旨　(i)　改善の基本方針に書かれているものである。
問2「中学校学習指導要領解説　技術・家庭編　第2章　技術・家庭科の目標及び内容　第3節　家庭分野　2家庭分野の内容」に記載のあるように，指導においては，各項目で学習した内容を基礎とし，興味・関心等に応じて課題を設定，主体的な取り組みを促し，実践では，家庭や地域社会との連携を図るよう工夫することが大切である。

【5】問1　ア　③　　イ　⑥　　ウ　①　　エ　④　　オ　②
問2　空間，仲間，時間　　問3　カ　③　　キ　②　　ク　⑦
ケ　⑧
〈解説〉問1　子どもの遊びは，種類と形態で分類することができるので，覚えておくこと。なお，集団遊びは，その形態から協同遊びともいわれる。　問2　外遊びが減り，屋内で過ごす時間が増加し，空間・仲間・時間の「3つの間」がなくなってきているといわれている。

問3　乳児の食事は，生後数か月の間は，乳汁栄養のみで，母乳と人工栄養，その両方の混合栄養がある。人工栄養は調製粉乳が用いられる。母乳には，乳児の吸う刺激で分泌されるホルモンにより，子宮筋の収縮を促し，母体の産後の回復をもたらす働きもある。分娩後，数日間分泌される初乳は，それ以降の成乳に比べ栄養価の高いたんぱく質や，免疫物質を豊富に含んでいる。

【6】問1　消費者庁　　問2　②

〈解説〉　問1　平成21(2009)年，表示，契約，製品安全に関する消費者行政の一元化を図るために発足した。　問2　②の製造物責任法は，欠陥商品の事故による損害賠償を速やかにおこなうために，製品の欠陥さえ明らかにすればよいという無過失責任の考え方により，消費者の選ぶ責任には言及していない。

【7】問1　①　　問2　(1)　④　　(2)　②

〈解説〉　問1　②は平織，③は編み物，④は斜文織　の特徴を表す。
問2　①の80℃～120℃が適しているのはアクリル，ポリウレタン，ポリプロピレン。②の120℃～140℃が適しているのはナイロン，アセテート。③の140℃～160℃が適しているのは毛，絹，ポリエステル，キュプラ，レーヨン。④の180℃～210℃が適しているのは綿，麻。

【8】問1　ア　④　　イ　⑥　　問2　購入した布はもともとゆがんでいたり，洗濯すると縮んでしまったりするので，前もって布目を正しい方向に引っ張りそろえておくため。

〈解説〉問1　①の着たけは，後ろ襟くぐりの下縫い目から裾先端まで直線で測った値。⑦の背幅は両腕の後ろ付け根の間の値。　問2　布には，もともとゆがみやつれ，しわがあり，また，洗濯により収縮することもあるため，布地を整えておく必要がある。布地の種類により異なるが，綿や毛織物は全体にむらなく霧を吹いて，裏から布目を正しながら，適温のアイロンをかける。

2015年度　実施問題

【中高共通】

【1】食生活の科学と文化について，次の問いに答えなさい。

問1　炭水化物の種類と働きについて，次の文中の空欄[　ア　]～[　ク　]に当てはまる語句として最も適当なものを，下の①～⑧からそれぞれ一つずつ選びなさい。

炭水化物には，最小単位である[　ア　]と，[　ア　]が2個結合した[　イ　]，多数結合した[　ウ　]がある。これらは，消化・吸収されてエネルギーを発生する[　エ　]と，人の体内でほとんど消化・吸収されない[　オ　]とに分類される。砂糖の成分である[　カ　]や，穀類・いも類に含まれる[　キ　]などの[　エ　]は，消化酵素で分解されて，[　ア　]として小腸から吸収され，エネルギー源となる。体内で過剰となったぶどう糖は，肝臓で[　ク　]や脂質に変えられて貯蔵され，必要に応じて利用される。

①　食物繊維　②　糖質　③　しょ糖
④　単糖類　⑤　でんぷん　⑥　二糖類
⑦　多糖類　⑧　グリコーゲン

問2　ある特定の食品を食べると，からだがアレルギー反応を起こし，皮膚のかゆみやじんましんなどの反応が出る症状を食物アレルギーという。重症の場合は，意識がなくなったり血圧が低下してショック状態になったりすることもある。発症件数が多いものや，発症した際の症状が重い7品目については，食品に使用した場合の表示が食品衛生法で義務づけられている。表示義務のある7品目の組合せとして正しいものを，次の①～⑤から一つ選びなさい

①　卵，乳，小麦，そば，落花生，えび，かに
②　卵，乳，そば，大豆，落花生，えび，かに
③　卵，乳，小麦，そば，さば，えび，いくら

④　小麦，大豆，落花生，さば，えび，かに，いくら

⑤　小麦，そば，落花生，さば，えび，かに，いくら

問3　プロセスチーズ100g中には，たんぱく質22.7g，脂質26.0g，炭水化物1.3g，カルシウム630mg，鉄0.3mgが含まれている。このプロセスチーズを100g食べた場合，発生するエネルギーはどれくらいになるか。計算式を記入し，答を求めなさい。なお，答には単位も書くこと。

問4　次の表は，身体活動レベルⅡ(普通)の高校1年生(15歳・女子)について，ある日の朝食・昼食の献立と食品群別栄養摂取量のめやすを表したものである。摂取量のめやすにあうように，この日の夕食の献立を考え，朝食・昼食にならって，献立，材料及び分量を書きなさい。また，分量は，1～4群の当てはまる欄にも記入しなさい。なお，すべて使う必要はない。

(単位g)

	献立	材料	分量	1群		2群		3群			4群		
				乳・乳製品	卵	魚介・肉	豆・豆製品	野菜	いも類	くだもの	穀類	砂糖	油脂
朝食	米飯	米	120								120		
	あじの開き	あじ	70			70							
	だいこんおろし	だいこん	25					25					
	青菜のおひたし	ほうれんそう	80					80					
	みそ汁	豆腐	50				50						
		ねぎ	10					10					
		みそ	15				15						
昼食	サンドイッチ	食パン	100								100		
		卵	50		50								
		レタス	30					30					
		トマト	30					30					
		バター	10										10
	バナナ	バナナ	100							100			
	牛乳	牛乳	200	200									
食品群別栄養摂取量のめやす(1日)(香川芳子 案)				330	50	120	80	350	100	200	320	10	20

(☆☆☆◎◎◎)

【2】人の一生と家族・家庭及び福祉について，次の問いに答えなさい。

問1　民法が定める婚姻に関する記述として適当なものを，次の①～⑤から一つ選びなさい。

①　男女ともに，18歳にならなければ，婚姻をすることができない。

② 女は，前婚の解消又は取消しの日から1年を経過した後でなければ，再婚をすることができない。

③ 直系血族又は6親等内の傍系血族の間では，婚姻をすることができない。ただし，養子と養方の傍系血族との間では，この限りでない。

④ 婚姻は，戸籍法の定めるところにより届け出ることによって，その効力を生ずる。前項の届出は，当事者双方及び成年の証人1人以上が署名した書面で，又はこれらの者から口頭で，しなければならない。

⑤ 未成年者が婚姻をしたときは，これによって成年に達したものとみなす。

問2 民法が定める親族の範囲の組合せとして適当なものを，次の①～④から一つ選びなさい。

① 3親等内の血族，配偶者，3親等内の姻族

② 6親等内の血族，配偶者，3親等内の姻族

③ 3親等内の血族，配偶者，6親等内の姻族

④ 6親等内の血族，配偶者，6親等内の姻族

問3 次のグラフは，日本，イタリア，アイスランド，スイスの4カ国について，各国の男性の平均寿命の推移を表したものである。日本の推移を表しているものを，下の①～④から一つ選びなさい。

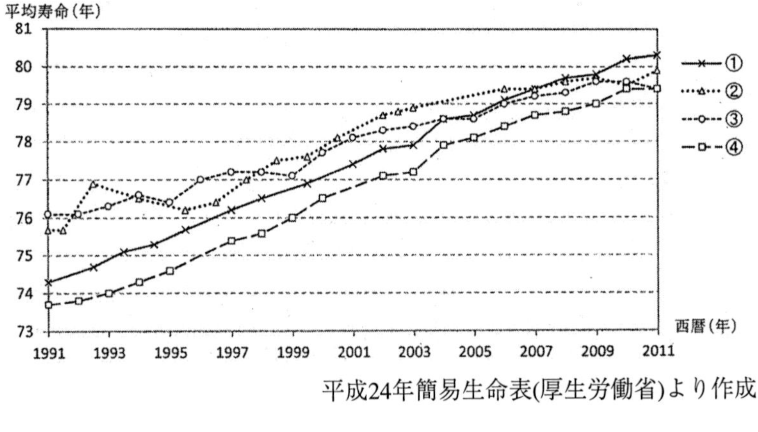

平成24年簡易生命表(厚生労働省)より作成

問4　次の図は，平成24年の0歳，65歳，90歳の男性の死因別死亡確率を表したものである。死因A～Dの組合せとして適当なものを，下の①～④から一つ選びなさい。ただし，心疾患には，高血圧性のものを含めない。

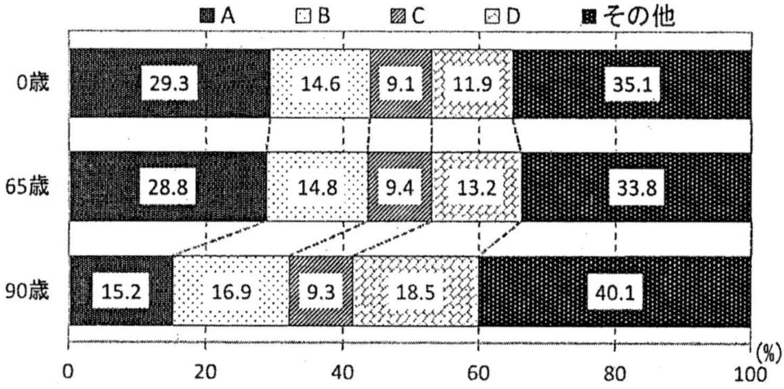

平成24年簡易生命表(厚生労働省)より作成

①　A　心疾患　　B　悪性新生物　　C　脳血管疾患
　　D　肺炎

②　A　悪性新生物　　B　心疾患　　C　脳血管疾患
　　D　肺炎

③　A　悪性新生物　　B　脳血管疾患　　C　心疾患
　　D　肺炎

④　A　悪性新生物　　B　肺炎　　C　脳血管疾患
　　D　心疾患

問5　次のグラフは，高齢者が日常生活で不安に感じている事柄i～vについて，その割合を表したものである。A～Cに当てはまる事柄の組合せとして適当なものを，あとの①～⑥から一つ選びなさい。

i　子どもや孫などの将来

ii　自分や配偶者が寝たきりや身体が不自由になり介護が必要な状態になること

iii　自分や配偶者の健康や病気のこと

iv　生活のための収入のこと

v 頼れる人がいなくなり一人きりの暮らしになること

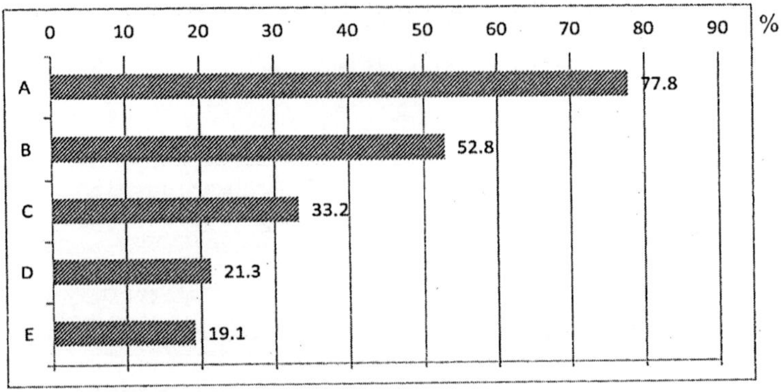

内閣府(高齢者の日常生活に関する意識調査)平成21年調査より作成

① A－ii　B－iii　C－i

② A－ii　B－v　C－iv

③ A－iii　B－v　C－iv

④ A－iii　B－ii　C－iv

⑤ A－v　B－i　C－iii

⑥ A－v　B－iv　C－i

問6　1994年に日本が批准した「児童の権利に関する条約」の内容として最も適当なものを，次の①～④から一つ選びなさい。

① 児童とは，15歳未満のすべての者をいう。

② 児童は，表現の自由についての権利を有する。また，権利の行使についてはいかなる制限も課すことができない。

③ 国は，結社の自由及び平和的な集会の自由についての児童の権利を認める。権利の行使にあたっては，民主的社会において必要なもの以外のいかなる制限も課すことができない。

④ 国は，18歳未満の者が敵対行為に参加しないことを確保するためのすべての実行可能な措置をとる。

問7　認定こども園の基準として最も適当な組合せを，次の①～④から一つ選びなさい。

	所　管	受け入れ条件	対　象　児	保　育　者
①	文部科学省	とくに条件はなし	満３歳から就学前の幼児	保育士
②	厚生労働省	両親が就業しているなど、保育に欠ける条件が必要	０歳から就学前の乳幼児	保育士
③	文部科学省 厚生労働省	とくに条件はなし	０歳から就学前の乳幼児	保育士・幼稚園教諭
④	文部科学省 厚生労働省	とくに条件はなし	満３歳から就学前の幼児	保育士・幼稚園教諭

(☆☆☆◎◎◎)

【3】衣生活の科学と文化について，次の問いに答えなさい。

問1　繊維製品の取扱い絵表示について，ISO(国際標準化機構)において規定されている次の絵表示の説明として最も適当なものを，下の①～⑤から一つ選びなさい。

① 水洗いができる。
② 漂白剤を使用して漂白することができる。
③ ドライクリーニングができる。
④ あて布なしでアイロン掛けができる。
⑤ つり干しがよい。

問2　繊維製品の加工について，名称と主な目的の組合せとして適当なものを，次の①～⑤から一つ選びなさい。

① 樹脂加工……………………………防水性を与える。
② ウォッシュアンドウェア加工……洗濯後，乾きやすくする。
③ SR加工　…………………………菌の繁殖を抑え，悪臭を防ぐ。
④ シルケット加工……………………汚れを付きにくくする。
⑤ 形態安定加工………………………しわや型くずれを防ぐ。

問3　次の表は，繊維の性質を表したものである。表中の［ア］～［エ］に当てはまる繊維の種類を，下の①～⑦からそれぞれ一つずつ選びなさい。

◎：性能がよい／○：普通／△：性能が劣る

繊維名	はっ水性	耐日光性	適する洗剤の液性	アイロン温度	吸湿性	防しわ性
	△	△	弱アルカリ性	中	◎	△
［ア］	△	◎	弱アルカリ性	中	△	◎
［イ］	◎	△（黄変）	中性	中	◎	◎
	△	○	中性	中	◎	○
［ウ］	△	△（黄変）	弱アルカリ性	低	△	◎
	△	○	弱アルカリ性	高	◎	△
［エ］	△	△（黄変）	中性	中	◎	△

①　アセテート　②　レーヨン　③　毛　④　絹
⑤　ナイロン　⑥　ポリエステル　⑦　麻

問4　被服実習においてベストを作るために，110cm幅の布を2つに折り，その上に型紙を置くことにした。次の型紙の図及びA～Dをもとに，布の図に型紙の置き方を作図しなさい。

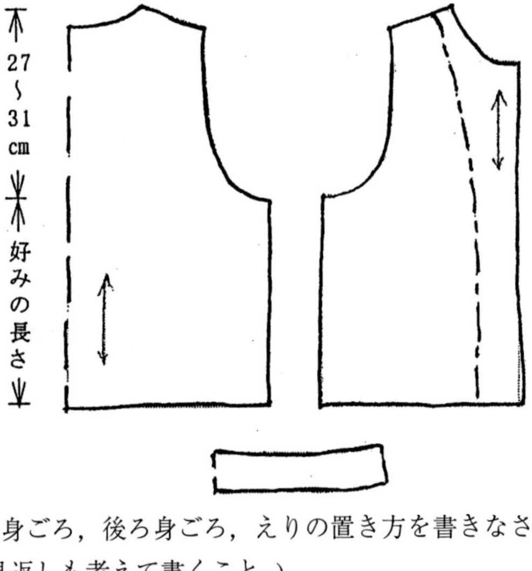

A　前身ごろ，後ろ身ごろ，えりの置き方を書きなさい。(前身ごろの見返しも考えて書くこと。)

B　それぞれの名称を書くこと。

C　型紙の図にはぬいしろをつけなさい。

ぬいしろはすそは3cm，それ以外は1cmとする。(ぬいしろは縮尺を考えて記入すること。)

D　布の方向を記入しなさい。

＊　今回は，そでぐりやえりぐりにつかうバイアステープは考えなくてよい。また，図の縮尺は約1/10となっている。

(☆☆☆◎◎◎)

【4】消費生活と生涯を見通した経済の計画について，次の問いに答えなさい。

問1　次の表は，平成25年4月の標準生計費を，費目(食料費，住居関係費，被服・履物費，雑費)別，世帯人員別に表したものである。住居関係費に当たるものを，表中の①～④から一つ選びなさい。

世帯人員別標準生計費(2013年/平成25年4月)　(全国)　　(単位：円)

費目＼世帯人数	1人	2人	3人	4人	5人
①	4,410	4,390	7,630	10,860	14,100
②	40,060	81,480	97,450	113,400	129,360
③	26,470	30,270	42,780	55,270	67,760
④	49,860	52,580	47,360	42,150	36,930
合計	120,800	168,720	195,220	221,680	248,150

人事院「平成25年人事院勧告」より作成

問2　次の文はクーリング・オフ制度についての説明である。下の(1)(2)に答えなさい。

被害者を保護する立場から，訪問販売などにかかわる契約については，クーリング・オフ制度が定められている。クーリング・オフによって契約を解除できる期間は，事業者から[　ア　]が交付された日から(　a　)日間が一般的であるが，販売方法によって期間が決まっており，たとえば連鎖販売取引では，契約を解除できる期間は(　b　)日間となる。クーリング・オフ制度が適用されれば，契約成立後でも無条件で解除できる。ただし，(　c　)円未満の現金取引や[　イ　]の場合，クーリング・オフは適用されない。

(1)　文中の空欄[　ア　][　イ　]に当てはまる語句として最も適当なものを，次の①～⑥からそれぞれ一つずつ選びなさい。

① 納品書　② 契約書面
③ 通知書　④ 通信販売
⑤ 預託等取引契約　⑥ 生命・損害保険契約

(2) (　a　)～(　c　)に当てはまる最も適当な数値を，次の①～⑧からそれぞれ一つずつ選びなさい。

① 7　② 8　③ 10　④ 14
⑤ 20　⑥ 3,000　⑦ 5,000　⑧ 10,000

問3　下のグラフは，次の貯蓄目的①～⑥の年齢階層別の割合を表したものである。(i)(ii)に当てはまる最も適当な貯蓄目的を，次の①～⑥からそれぞれ一つずつ選びなさい。

① 病気や不時の災害への備え
② こどもの教育資金
③ 住宅の取得または増改築などの資金
④ 旅行，レジャーの資金
⑤ 老後の生活資金
⑥ 遺産として子孫に残す

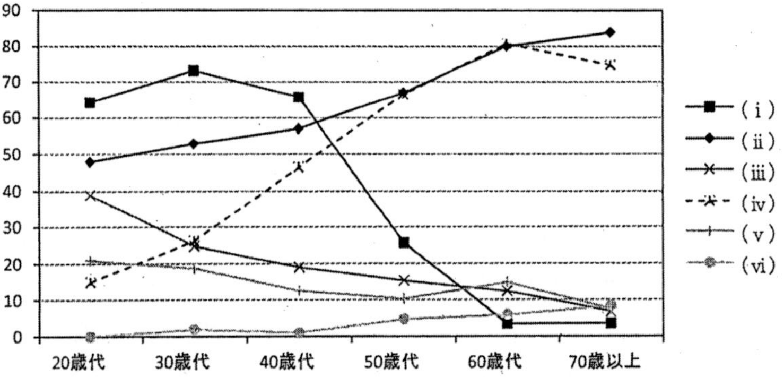

金融広報中央委員会「家計の金融行動に関する世論調査(平成21年度)」より作成

(☆☆☆◎◎◎)

【5】住生活の科学と文化について，次の平面図をもとに下の問いに答えなさい。

平面図（３ＬＤＫ）

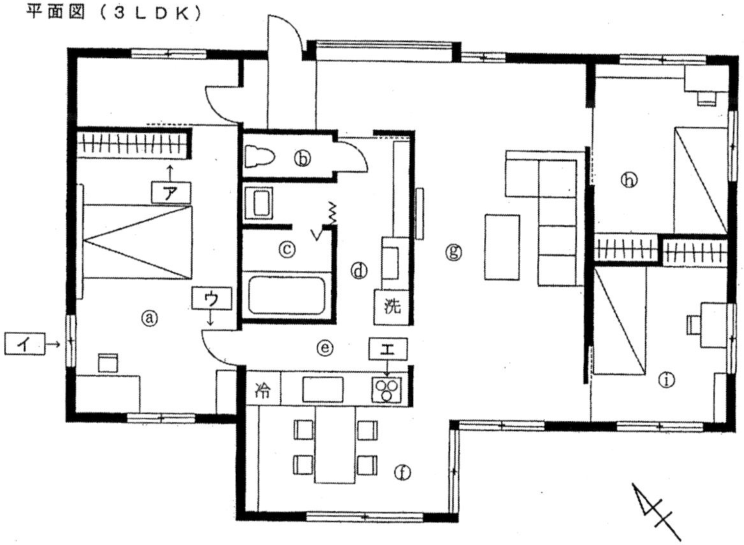

問1　平面図の［ア］～［エ］が示す最も適当なものを，次の①～⑨からそれぞれ一つずつ選びなさい。

①　押し入れ　　②　片引戸　　③　片開き扉
④　クローゼット　　⑤　コンロ　　⑥　たんす
⑦　引違い窓　　⑧　雨戸　　⑨　電子レンジ

問2　最も日当たりがよいと考えられる平面図の空間を，次の①～⑤から一つ選びなさい。

①　ⓐの空間　②　ⓔの空間　③　ⓕの空間　④　ⓖの空間
⑤　ⓗの空間

問3　平面図のⓐ～ⓘの空間を生活行為に対応した4つの住空間に分ける場合，最も適当なものを，次の①～④から一つ選びなさい。

①　ⓐ－ⓑⓒⓓ－ⓔⓕ－ⓖⓗⓘ
②　ⓐ－ⓑⓒ　ⓓⓔ－ⓕⓖ－ⓗⓘ
③　ⓐⓗⓘ－ⓑⓒⓓ－ⓔⓕ－ⓖ

④　ⓐⓗⓘ－ⓑⓒ－ⓓⓔ－ⓕⓖ

問4　平面図に関する次の文章の(　A　)～(　C　)に入る語句の組合せとして最も適当なものを，下の①～⑧から一つ選びなさい。

平面図で使用する記号や線の太さ，記載事項などは(　A　)で定められている。平面図は(　B　)とも呼ばれる。平面図からは，部屋数，日当たり，(　C　)など様々なことが読み取れる。

①　A　JIS　B　間取り図　C　家族構成
②　A　JIS　B　間取り図　C　収納力
③　A　JIS　B　等角図　C　家族構成
④　A　JIS　B　等角図　C　収納力
⑤　A　JAS　B　間取り図　C　家族構成
⑥　A　JAS　B　間取り図　C　収納力
⑦　A　JAS　B　等角図　C　家族構成
⑧　A　JAS　B　等角図　C　収納力

(☆☆☆◎◎◎)

解答・解説

【中高共通】

【1】問1　ア　④　イ　⑥　ウ　⑦　エ　②　オ　①　カ　③　キ　⑤　ク　⑧　問2　①　問3　式…22.7g×4kcal＋26.0g×9kcal＋1.3g×4kcal＝90.8＋234＋5.2＝330
答…330kcal

問4　　(単位g)

	献立	材料	分量	1群		2群		3群			4群		
				乳・乳製品	卵	魚介・肉	豆・豆製品	野菜	いも類	くだもの	穀類	砂糖	油脂
夕食	米飯	米	100								100		
	肉じゃが	じゃがいも	100						100				
		にんじん	50					50					
		タマネギ	50					50					
		牛肉	50			50							
		さやえんどう	5					5					
		油	10										10
	みそ汁	もやし	30					30					
		みそ	15				15						
	漬け物	なす	20					20					
		キュウリ	20					20					
	フルーツヨーグルト	ヨーグルト	130	130									
		イチゴ	50							50			
		キウイ	50							50			
		砂糖	10									10	

〈解説〉問1　五大栄養素の種類と働きについては特に重要なので，理解しておくこと。日本人の総摂取エネルギーの50～60％は炭水化物から供給される。　問3　1gあたり発生するエネルギーは，たんぱく質と炭水化物が4kcal，脂質が9kcalなので，たんぱく質×4＋脂質×9＋炭水化物×4の計算式で求められる。無機質はエネルギー源にならない。問4　献立作成は難しいように感じられるが，食品群別摂取量のめやすが下に表示されているので，はじめに不足している食品を使ったメインの献立を考え，次に副菜やデザート等で分量を満たしていけばよい。

【2】問1　⑤　　問2　②　　問3　③　　問4　②　　問5　④　　問6　③　　問7　③

〈解説〉問1　①　男は18歳，女は16歳が正しい。　②　1年ではなく6か月が正しい。　③　6親等ではなく3親等が正しい。　④　証人は成年2人以上が必要である。　問3　①はアイスランド，②はスイス，④はイタリアの男性の平均寿命である。　問4　0歳では悪性新生物で死亡する確率が最も高く，次いで心疾患，脳血管疾患，肺炎の順になっている。日本人全体では悪性新生物(がん)，心疾患，肺炎，脳血管疾患の順となっている。　問6　「児童の権利に関する条約」(子どもの権利条約)は，子ども自身の意見表明権，思想・表現の自由，差別の禁止，生命・教育に関する権利などを規定している。この条約では，児童とは18歳未満のすべての者をいう。　問7　認定こども園とは，保育園と幼稚園を一体化し，保護者の就労などの状況にかかわらず，0歳から就学前の子どもの保育と教育を担う施設である。

【3】問1　②　　問2　⑤　　問3　ア　⑥　　イ　③　　ウ　⑤　エ　④

問4

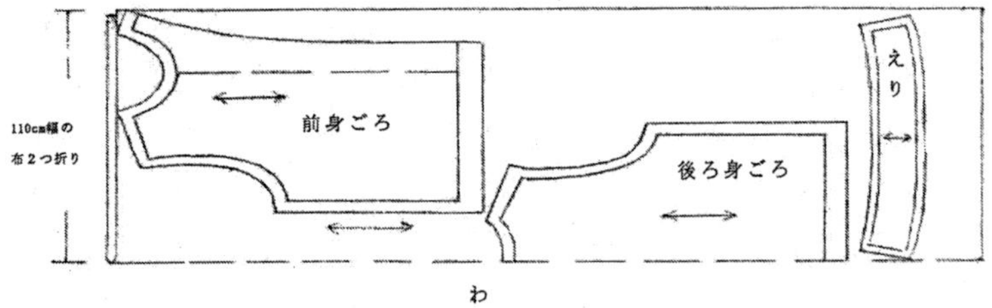

〈解説〉問1　取扱い絵表示は「JIS」と「ISO」の両方を，比較して覚えておくこと。　問2　①　樹脂加工は防縮・防しわ加工を指す。②　ウォッシュアンドウェア加工はアイロンかけをしなくてもよくなる加工を指す。　③　SR加工は防汚加工のことで，汚れをつきにくくする。　④　シルケット加工は，光沢を付与する加工である。

問3　毛と絹は日光やアルカリに弱く，アイロン中温で吸湿性があるなど，似たような性質があるが，はっ水性と防しわ性で見分けられる。ナイロンとポリエステルは，どちらも合成繊維で似た性質をもつが，ナイロンは紫外線で黄変し，ポリエステルはナイロンより熱に強い。

問4　型紙を置く場合，最も重要なのが，たての布目を合わせること。前身ごろの見返し分も加えて作図しなければならない。後ろ身ごろは「わ」の表示になっている。えりは「わ」で2枚置いてもよい。

【4】問1　④　　問2　(1)　ア　②　　イ　④　　(2)　a　②
　b　⑤　　c　⑥　　問3　(i)　②　　(ii)　①

〈解説〉問1　全体でみると消費支出の中で最も多いのは食料費であるが，単身世帯の場合は住居関係費が食料費より多くなる。①は被服・履物費，②は雑費，③は食料費である。　問2　クーリング・オフ制度は，訪問販売，電話勧誘販売，特定継続的役務(エステ・語学教室・家庭教師等)などは8日以内，連鎖販売取引などは20日以内である。
問3　(iii)は「住居の取得または増改築などの資金」，(iv)は「老後の生活資金」，(v)は「旅行，レジャーの資金」，(vi)は「遺産として子孫に残す」である。

【5】問1　ア　④　　イ　⑦　　ウ　③　　エ　⑤　　問2　③
　問3　④　　問4　②

〈解説〉問1　JISの平面表示記号を使って平面図を書いたり，読み取れるようにしておくこと。　問2　方位の表示を見て，南側に位置するⓕとⓘの空間が最も日当たりがよい。　問3　ⓐⓗⓘは個人生活空間，ⓑⓒは整理衛生空間，ⓓⓔは家事労働空間，ⓕⓖは共同生活空間である。　問4　平面図は間取り図ともいい，このほかにも，部屋の広さや位置関係，家族の動線などを読み取ることができる。

2014年度　実施問題

【中高共通】

【1】食生活分野について，次の問いに答えなさい。

問1　日本型食生活における一汁三菜の内容として適当なものを，次の①～④から一つ選びなさい。

①　白飯，汁物1品，おかず(惣菜)1品と漬物(香の物)で構成されたものである。

②　汁物1品，主菜1品と副菜2品で構成されたものである。

③　汁物1品，主菜1品と副菜1品，漬物(香の物)で構成されたものである。

④　味噌汁に三種類の具を入れたものである。

問2　日本料理の形式とその内容の組合せとして適当なものを，次の①～④から一つ選びなさい。

①　懐石料理－茶席の料理　　本膳料理－武士の供応食
　　会席料理－料理屋の料理

②　懐石料理－料理屋の料理　　本膳料理－茶席の料理
　　会席料理－貴族の供応食

③　懐石料理－武士の供応食　　本膳料理－僧侶の供応食
　　会席料理－茶席の料理

④　懐石料理－僧侶の供応食　　本膳料理－料理屋の料理
　　会席料理－武士の供応食

問3　次のグラフは日本，アメリカ，ドイツ，フランスの食料自給率(カロリーベース)の推移である。グラフと国名の組合せとして適当なものを，下の①～④から一つ選びなさい。

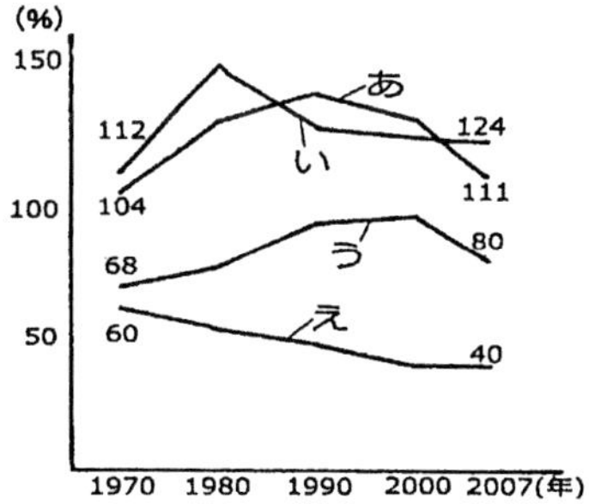

（農林水産省「2009年食料需給表」）

① あ－アメリカ　い－日本　う－ドイツ　え－フランス
② あ－フランス　い－アメリカ　う－ドイツ　え－日本
③ あ－アメリカ　い－ドイツ　う－フランス　え－日本
④ あ－フランス　い－ドイツ　う－アメリカ　え－日本

問4　次のあ～えは，JASマークである。マークとその示す内容の組合せとして適当なものを，あとの①～④から一つ選びなさい。

A　品位，成分，性能等の品質についてのJAS規格(一般JAS規格)を満たす食品や林産物などに付される。

B　特別な生産や製造方法についてのJAS規格(特定JAS規格)を満たす食品や，同種の標準的な製品に比べ品質等に特色があることを内容としたJAS規格を満たす食品に付される。

C　有機JAS規格を満たす農産物などに付される。有機JASマークが付されていない農産物と農産物加工食品には「有機○○」などと表示することができない。

D　生産情報公表JAS規格を満たす方法により，給餌や動物用医薬品の投与などの情報が公表されている牛肉や豚肉，原材料や製造過程などの情報が公表されている加工食品等に付される。

① あ－A　い－B　う－C　え－D
② あ－D　い－C　う－B　え－A
③ あ－C　い－B　う－A　え－D
④ あ－B　い－D　う－C　え－A

問5　脂肪酸についての説明として最も適当なものを，次の①～④から一つ選びなさい。

① 飽和脂肪酸には，炭素の二重結合のまわりの構造の違いにより，シス型とトランス型の2種類がある。天然の飽和脂肪酸のほとんどは，炭素の二重結合がすべてシス型であるのに対して，トランス型の二重結合が一つ以上ある飽和脂肪酸をまとめて「トランス脂肪酸」と呼んでいる。
② 脂肪酸には，鎖の長さや水素の二重結合の数と位置によってたくさんの種類があり，水素の二重結合がない飽和脂肪酸と水素の二重結合がある不飽和脂肪酸の2種類がある。
③ 脂肪酸は，炭素原子が鎖状につながった分子で，その鎖の一端に酸の性質を示すカルボキシル基と呼ばれる構造を持っており，人間のからだの細胞を作るために必要である。
④ 常温で液体の植物油や魚油から半固体又は固体の油脂を製造する加工技術の一つである「炭素添加」によってトランス脂肪酸が生成する場合がある。

問6　脂溶性ビタミンと水溶性ビタミンの組合せとして適当なものを，次の①～④から一つ選びなさい。

	脂溶性ビタミン	水溶性ビタミン
①	ビタミンA　ビタミンD ビタミンE　ビタミンK	ビタミンB_1　ビタミンB_2 ビタミンC　ナイアシン
②	ビタミンA　ビタミンD ビタミンE　ナイアシン	ビタミンB_1　ビタミンB_2 ビタミンC　ビタミンK
③	ビタミンA　ビタミンD ビタミンK　ナイアシン	ビタミンB_1　ビタミンB_2 ビタミンC　ビタミンE
④	ビタミンA　ビタミンC ビタミンD　ビタミンK	ビタミンB_1　ビタミンB_2 ビタミンE　ナイアシン

問7　大さじ1の容積のしょうゆ，上白糖，サラダ油，片栗粉，マヨネーズの重量の組合せとして適当なものを，次の①～⑤から一つ選びなさい。

	しょうゆ	上白糖	サラダ油	片栗粉	マヨネーズ
①	15g	5g	15g	15g	9g
②	15g	9g	15g	12g	9g
③	18g	9g	12g	9g	12g
④	18g	12g	9g	5g	15g
⑤	20g	20g	9g	5g	20g

問8　きのこのうま味成分として適当なものを，次の①～⑤から一つ選びなさい。

①　イノシン酸　②　グアニル酸　③　オレイン酸
④　コハク酸　⑤　グルタミン酸

(☆☆☆◎◎◎)

【2】衣生活分野について，次の問いに答えなさい。

問1　湿式洗濯と乾式洗濯の説明として適当なものを，次の①～⑤から一つ選びなさい。

①　湿式洗濯は，水に弱い毛や絹などの繊維を使用した被服には向かない。

②　湿式洗濯は，有機溶剤に水溶性の汚れが溶け出して落ちる。

③　乾式洗濯は，油性の汚れは落ちにくいので，汗の成分が残り，黄ばみや変色を起こしたり，においの原因になることがある。

④　乾式洗濯は，乾燥機で乾かすので，しわが付き，徐々に繊維が傷む。

⑤　乾式洗濯は，水溶性の汚れを中心に汚れ全般が落とせる。

問2　防虫剤の使用方法として適当なものを，次の①～④から一つ選びなさい。

①　防虫剤は蒸発するので，衣服の下の方に置く。

②　2種類の防虫剤を入れても問題はなく，それぞれの効果が期待できる。

③　防虫剤は空気より重いので，衣類の上の方に置く。

④　防虫剤は成分が拡散するので，どこに置いても効果がある。

問3　布を立体化する縫製技法について，次のA～Dの図とその名称の組合せとして適当なものを，下の①～⑧から一つ選びなさい。

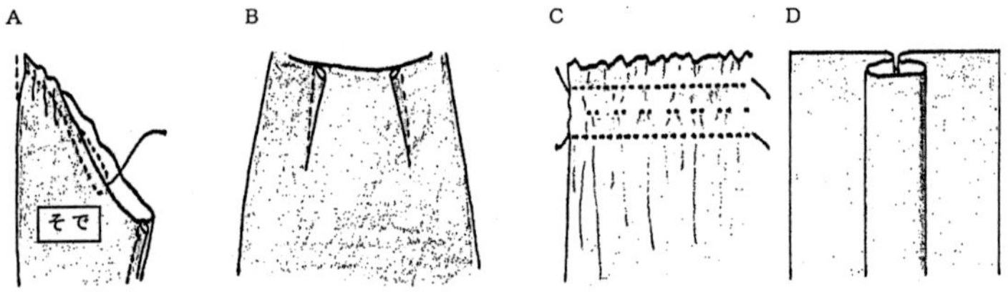

①　A－いせこみ　B－タック　C－ダーツ　D－ギャザー
②　A－いせこみ　B－ダーツ　C－ギャザー　D－タック
③　A－ギャザー　B－ダーツ　C－いせこみ　D－タック
④　A－ギャザー　B－タック　C－いせこみ　D－ダーツ
⑤　A－ダーツ　B－いせこみ　C－タック　D－ギャザー
⑥　A－ダーツ　B－ギャザー　C－タック　D－いせこみ
⑦　A－タック　B－ギャザー　C－ダーツ　D－いせこみ
⑧　A－タック　B－いせこみ　C－ギャザー　D－ダーツ

問4　和服について，図のA，Bの名称の組合せとして適当なものを，下の①～⑥から一つ選びなさい。

図

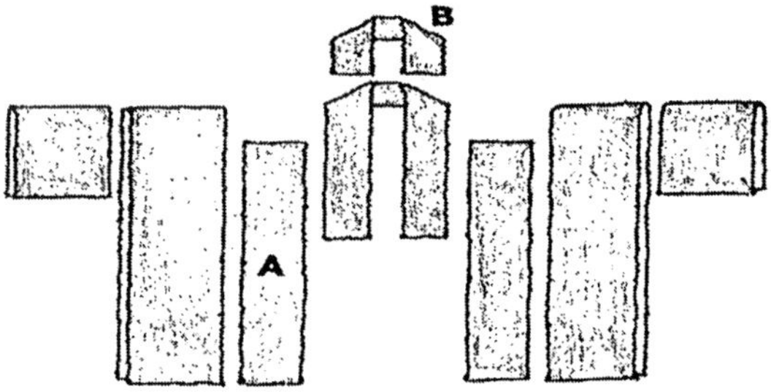

①　A－前たて　　B－えり
②　A－前たて　　B－かけえり
③　A－すそよけ　B－えり
④　A－すそよけ　B－かけえり
⑤　A－おくみ　　B－えり
⑥　A－おくみ　　B－かけえり

問5　次のグラフは繊維の公定水分率を表している。A～Eの繊維の名称を正しく表しているものを，下の①～⑤から一つ選びなさい。

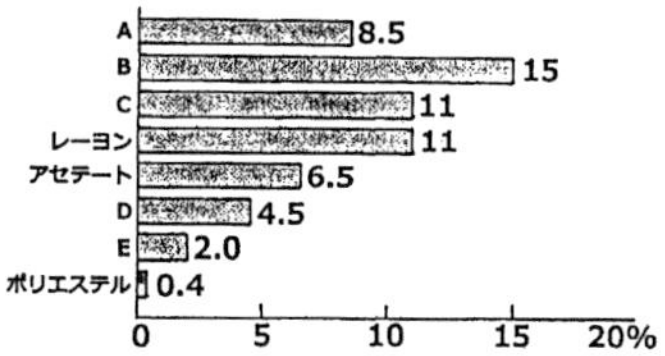

（日本化学繊維協会「繊維ハンドブック（2008年）」による）

①　A－ナイロン　B－絹　　　C－毛
　　D－綿　　　　E－アクリル
②　A－絹　　　　B－毛　　　C－綿
　　D－アクリル　E－ナイロン
③　A－毛　　　　B－綿　　　C－アクリル
　　D－絹　　　　E－ナイロン

④　A－綿　　　　B－毛　　　　C－絹
　　D－ナイロン　E－アクリル

⑤　A－毛　　　　B－アクリル　C－絹
　　D－ナイロン　E－綿

問6　次のグラフは繊維の引っ張り強さを表している。A～Eの繊維の名称を正しく表しているものを，下の①～⑤から一つ選びなさい。

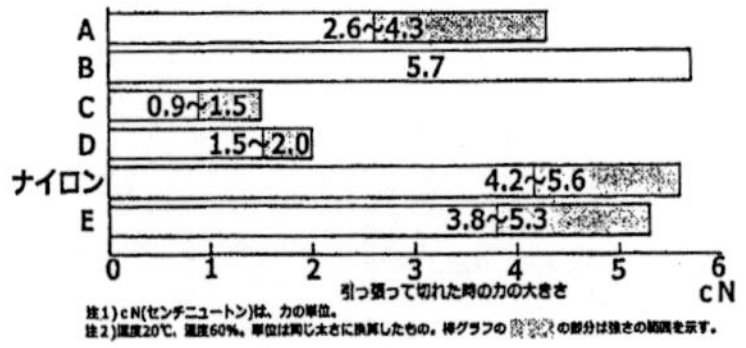

（日本化学繊維協会「繊維ハンドブック（2008年）」による）

①　A－綿　　　　　　B－麻　　　　　　C－毛
　　D－レーヨン　　　E－ポリエステル

②　A－毛　　　　　　B－ポリエステル　C－レーヨン
　　D－綿　　　　　　E－麻

③　A－麻　　　　　　B－毛　　　　　　C－レーヨン
　　D－ポリエステル　E－綿

④　A－レーヨン　　　B－ポリエステル　C－綿
　　D－麻　　E－毛

⑤　A－ポリエステル　B－綿　　　　　　C－麻
　　D－毛　　　　　　E－レーヨン

問7　衣服製作において，女性用ブラウスの身ごろにボタン4つとボタンホールを付けたい。身ごろの図に，あとのA～Eをもとにボタンとボタンホールを付ける位置を作図しなさい。また，ボタンホールの幅の決め方について書きなさい。

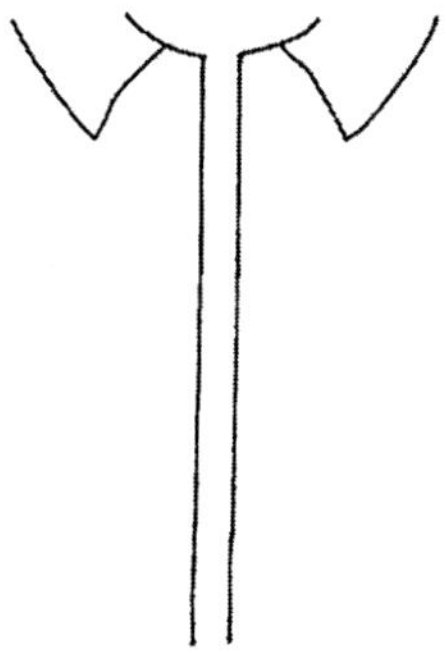

A　ボタンの直径は1cm，厚みは3mmである。

B　ボタンを付ける部分に縦に線を引き，ボタンを図示すること。なお，一番下のボタンは下から2cmにつけるものとする。

C　ボタンホールを付ける部分にも縦に線を引き，ボタンホールを図示すること。

D　ボタンホールの幅をどのように決めるか，説明しなさい。

E　定規がない場合，線はフリーハンドでなるべく正確に書きなさい。

(☆☆☆◎◎◎◎)

【3】住生活分野について，次の問いに答えなさい。

問1　近年，個人や家族のプライバシーを守りながら，多くの人と交流する暮らし方が選択され始めている。それを実現する住まいとして，コーポラティブハウス，コレクティブハウス，シェアハウスがある。A～Cの説明とその名称の組合せとして適当なものを，あとの①～⑥から一つ選びなさい。

A　住む人が敷地を選び，建築家などの支援を受けながら，各自の暮らしにあった集合住宅を自由に設計，建設，入居する，プロセスを重視した住まいのこと。

B　主に20～30代の若い世代が，大きな住居にそれぞれの個室を持ち，設備や共用のスペースを分かち合いながら暮らす住まいのこと。

C　家族構成や年齢が多様な居住者が共通の価値観のもと，独立した住居を持ちながらコミュニティを形成して集住すること。

① A−シェアハウス　　B−コレクティブハウス
　C−コーポラティブハウス

② A−シェアハウス　　B−コーポラティブハウス
　C−コレクティブハウス

③ A−コーポラティブハウス　　B−コレクティブハウス
　C−シェアハウス

④ A−コーポラティブハウス　　B−シェアハウス
　C−コレクティブハウス

⑤ A−コレクティブハウス　　B−シェアハウス
　C−コーポラティブハウス

⑥ A−コレクティブハウス　　B−コーポラティブハウス
　C−シェアハウス

問2　次の図における建蔽率・容積率の計算方法の組合せとして適当なものを，下の①〜④から一つ選びなさい。

図

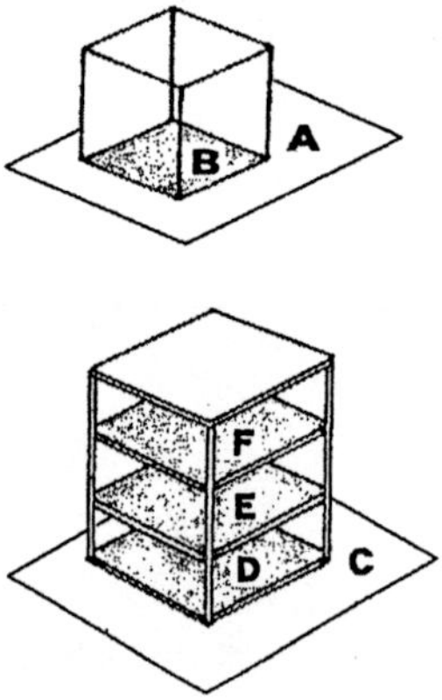

① 建蔽率(%)＝A÷B×100
　容積率(%)＝C÷(D＋E＋F)×100

② 建蔽率(%)＝A÷B×100
　容積率(%)＝(D＋E＋F)÷C×100
③ 建蔽率(%)＝B÷A×100
　容積率(%)＝C÷(D＋E＋F)×100
④ 建蔽率(%)＝B÷A×100
　容積率(%)＝(D＋E＋F)÷C×100

ただし，A，Cは敷地面積，Bは建築面積，D＋E＋Fは延床面積である。

問3　次の住宅物件について，(1)～(3)に答えなさい。

種目	貸しアパート
家賃	50,000円
管理費	2,000円
間取り	1K（洋6・K2）
礼金	2か月
敷金	2か月（割引なし）
交通	○線△駅 徒歩10分
保険	火災保険あり（2年間24,000円）

(1) 不動産会社に支払う，仲介手数料の上限はいくらか。ただし，仲介にかかる消費税相当額は含まないものとする。

(2) 契約時にかかる費用のうち，退去時に返却される可能性があるものはどれか。

(3) ○線△駅からこの物件までの道のりはおよそ何mか。

(☆☆☆◎◎◎)

【4】乳幼児のコミュニケーション能力の発達について，次の文章中の空欄[　ア　]～[　キ　]に当てはまる語句を，あとの①～⑦から一つずつ選びなさい。

ほかの人とかかわりあったり，集団の中でじょうずに過ごすことができる力を[　ア　]という。[　ア　]を身につけるには，ある特定の相手との間で築く心理的な絆，[　イ　]が大切である。生まれてから3か月ころまで，乳児はだれに対しても同じような反応を示す。ところが，3か月から6か月ころには，乳児からの働きかけとそれに答えることが多い身近にいる母親や父親に[　イ　]を持ち始め，知らない人に対しては[　ウ　]をするようになる。

3歳ころになると，[　エ　]が形成されるようになり，親の言うことに対して，[　オ　]しようとする。このとき，自分の主張のすべてが通るとはかぎらないという経験を通して，[　カ　]的な考えから抜け出すことができる。さらに，4～5歳ころになると，友だちと役割を分担した[　キ　]のある遊びが始まり，[　ア　]をさらに発達させていく。

① 人見知り　② 自意識　③ 愛着　④ 社会性
⑤ ルール　⑥ 自己中心　⑦ 反抗

(☆☆☆◎◎◎)

【5】次の問いに答えなさい。

問1 次の文a～dのうち，高齢者の食事の一般的な注意として正しいものの組合せを，下の①～⑥から一つ選びなさい。

a 活動が活発でないので，たんぱく質の摂取量は少なくてよい。
b 欲していなくても，こまめに水分を補うようにする。
c 食事に時間がかかっても，食器などを工夫して自分で食べられるようにする。
d 噛む力を衰えさせないために，食べ物はできるだけ固いものを選ぶ。

① aとb　② aとc　③ aとd　④ bとc　⑤ bとd
⑥ cとd

問2 A氏には配偶者はいるが，直系卑属も直系尊属もいない。またA氏は3人兄弟で兄と弟が1人ずついる。A氏が死亡し法定相続が行われる場合，A氏の財産のうちA氏の弟の相続分として適当なものを，次の①～⑥から一つ選びなさい。

① 2分の1　② 3分の1　③ 4分の1　④ 6分の1

⑤　8分の1　　⑥　10分の1

問3　年利15％で10万円を複利で借りた場合，3年後にはいくら返すことになるか。計算式を記入し，答えを計算しなさい。ただし，1円未満の端数は切り捨てること。

(☆☆☆◎◎◎)

解答・解説

【中高共通】

【1】問1　②　　問2　①　　問3　②　　問4　④　　問5　③
問6　①　　問7　③　　問8　②

〈解説〉問1　一汁三菜とは，一種類の汁物と，三種類の菜からなる，日本料理の基本的な膳立て。菜は，向付／膾(なます)，煮物，焼き物の三種。ただし日常の家庭料理についていう場合は，料理の種類にかかわらず用いることが多い。　問2　同音語である「懐石」と「会席」は混同しやすいため整理しておこう。このため「懐石」は「茶懐石」と表記されることもある。　問3　日本の食料自給率は2012年度39％と，先進国中最低の水準である。　問5　不飽和脂肪酸には，炭素の二重結合のまわりの構造の違いにより，シス型とトランス型の2種類がある。シス(cis)は，“同じ側の，こちら側に”という意味で，脂肪酸の場合には水素原子が炭素の二重結合を挟んで同じ側についていること表し，トランス(trans)は，“横切って，かなたに”という意味で，脂肪酸の場合では水素原子が炭素の二重結合をはさんでそれぞれ反対側についていることを表す。天然の不飽和脂肪酸のほとんどは，炭素の二重結合がシス(cis)型であるのに対して，トランス(trans)型の二重結合が一つ以上ある不飽和脂肪酸をまとめて「トランス脂肪酸(trans-fatty acid)」と呼んでいる。常温で液体の植物油や魚油から半固体又は固体の油脂を製造する加工技術の一つである「水素添加」や，植物から油を絞る際に行われる，臭い除去のための高温処理によってトランス脂肪酸が生成する場合があるため，マーガリン，ファットスプレッド，ショートニングや，それらを原材料に使ったパン，ケーキ，ドーナツなどの洋菓子，揚げ物などには，微量のトランス脂肪酸が含まれる。
問6　ナイアシンはビタミンB_3ともいう。　問8　①　イノシン酸は煮干しやかつおなどのだしに含まれるうま味成分。　③　オレイン酸は不飽和脂肪酸の一つで，オリーブ油やキャノーラ油に含まれる。
④　コハク酸は清酒や貝などに含まれるうま味成分。　⑤　グルタミン酸は昆布や野菜などに含まれるうま味成分。

【2】問1　①　　問2　③　　問3　②　　問4　⑥　　問5　④
問6　①
問7

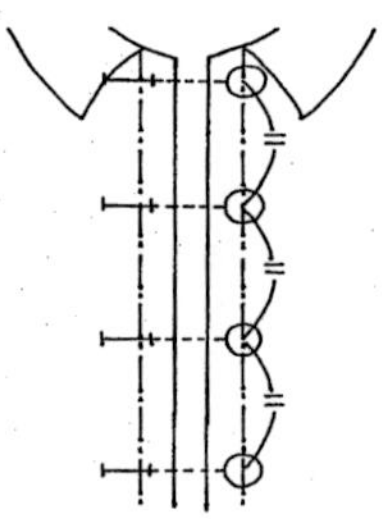

〔ボタンホールの幅の決め方〕　ボタンホールの幅は，ボタンの直径とボタンの厚さを足したもの
〈解説〉問1　湿式洗濯は，水と洗剤による洗濯，乾式洗濯(ドライクリーニング)は，水を用いず有機溶剤による洗濯をいう。乾式洗濯では縮みや型崩れが起きにくい，油汚れが落ちやすいなどのメリットがある半面，汗など水溶性の汚れは落ちにくいというデメリットがある。　問2　パラジクロロベンゼン，ナフタリン，樟脳など，ピレスロイド系以外の防虫剤は，併用すると液化して衣類のシミの原因となる場合がある。いずれも空気より重いガスを発生するので，衣類の上部に置かないと効果がない。　問5　繊維は重量によって取引されるため，含

水率を高めて実際よりも多く見せかけるなどの不正が起こりやすい。これを防止するために公定水分率が定められている。

【3】問1　④　　問2　④　　問3　(1)　5万円　　(2)　敷金
(3)　800m

〈解説〉問2　建蔽率は，敷地面積に対する建築面積の割合をいい，容積率は，敷地面積に対する建築延べ面積(延べ床)の割合をいう。
問3　(1)　仲介物件の仲介手数料は家賃の1か月分＋消費税が上限となっている。　(3)　道路距離80mを1分として表記することになっている。

【4】ア　④　　イ　③　　ウ　①　　エ　②　　オ　⑦　　カ　⑥
キ　⑤

〈解説〉ボウルビィ(J.Bowlby)が提唱した「愛着」とは，attachment(アタッチメント)ともいい，とくに幼児期までの子どもと育てる側との間に形成される母子関係を中心とした情緒的絆を指す。具体的行動としては，愛着を抱いた対象への接近間や接触，後追い行動，微笑，発声，泣き行動などがある。子どもの愛着行動に母親が適切に応答する母子間には安定した情緒的な関係が成立し，基本的な信頼関係の形成の基礎となるとされる。また，「愛着」形成には，4つの段階があると言われており，●第1段階(生後3ヶ月間)…自分と他者(母親)との分化が不十分な段階。愛着はまだ形成されず，誰に対しても同じように泣いたり微笑したりする。　●第2段階(生後6ヶ月頃まで)…母親に対して，特によく微笑し，より多く凝視する。　●第3段階(2，3歳頃まで)…母親を安全基地として，母親から一定の範囲内では，安心して行動したり探索したりする。母親からの距離は次第に遠くなる。　●第4段階(3歳以上)…身体的接触を必要としなくなり，母親の感情や動機を洞察し，協調性が形成されてゆく。このような母子間の「愛着」がしっかり形成されることが，乳児期にとって重要とされる。母親の適切な応答性は，乳児の「自分が働きかけると，お母さん(環境)は応えてくれ，事態は良い方向に変化する」という信頼感，「自分は周囲に温かく受け入れられているのだ」という安心感を育む。この「基本的信頼感」が，その後の長い人生の出発点となる。

【5】問1　④　　問2　⑤　　問3〔式〕100,000円×(1＋0.15)＝115,000円　115,000円×(1＋0.15)＝132，250円　132,250円×(1＋0.15)＝152,087円　〔答〕152,087円

〈解説〉イ　民法が定めている相続人の範囲では，死亡した人の配偶者は常に相続人となる。配偶者以外の人では，第1順位として，死亡した人の子ども(既に死亡しているときは，その子どもの直系卑属(子ども供や孫など)が相続人となる)，第2順位として，死亡した人の直系尊属(父母や祖父母など，ただし，父母も祖父母もいるときは，死亡した人により近い世代である父母の方を優先する)，第3順位として，死亡した人の兄弟姉妹(その兄弟姉妹が既に死亡しているときは，その人の子どもが相続人となる)がそれぞれ，相続人となるが，第2順位の人は，第1順位の人がいない場合，第3順位の人は，第1順位，第2順位ともいないとき相続人となる。なお，相続を放棄した人は初めから相続人でなかったものとされ，内縁関係の人は，相続人に含まれない。法定相続分は，配偶者と子どもが相続人である場合，配偶者$\frac{1}{2}$　子ども(2人以上のときは全員で)$\frac{1}{2}$。配偶者と直系尊属が相続人である場合，配偶者$\frac{2}{3}$　直系尊属(2人以上のときは全員で)$\frac{1}{3}$。配偶者と兄弟姉妹が相続人である場合，配偶者$\frac{3}{4}$　兄弟姉妹(2人以上のときは全員で)$\frac{1}{4}$と定められている。また，民法に定める法定相続分は，相続人の間で遺産分割の合意ができなかったときの遺産の取り分であり，必ずこの相続分で遺産の分割をしなければならないわけではない(民法第887条，第889条，第890条，第900条，第907条)。

2013年度　実施問題

【中高共通】

【1】次の文章を読み，下の問いに答えなさい。

成人の身体の成分は，約(　ア　)%がたんぱく質である。たんぱく質は，約(　イ　)種類のアミノ酸から構成されており，そのうち次の表にある9種類のアミノ酸は人体で合成できないので，食物から摂取する必要がある。この人体で合成できないアミノ酸のどれか1つが不足しても，体内でのたんぱく質合成は十分に行われない。

たんぱく質はエネルギー源としても利用され，1gあたり約(　ウ　)kcalの熱量を発生する。

アミノ酸評点パターン		アミノ酸含量（窒素１ｇあたりの含有量　単位　ｍｇ）		
アミノ酸		じゃがいも	西洋かぼちゃ	精白米
イソロイシン	１８０	２００	２１０	２５０
ロイシン	４１０	３００	３３０	５００
リジン	３６０	３４０	２９０	２２０
含硫アミノ酸	１６０	１８０	２００	２９０
芳香族アミノ酸	３９０	４３０	３１０	５８０
（　エ　）	２１０	２００	１７０	２１０
トリプトファン	７０	７５	５９	８７
バリン	２２０	３３０	２４０	３８０
ヒスチジン	１２０	１１０	１３０	１６０

問1　(　ア　)と(　イ　)にあてはまる数字をそれぞれの語群a～eから選び，記号で答えなさい。

(　ア　)の語群

a　5　　b　15　　c　30　　d　45　　e　60

(　イ　)の語群

a　10　　b　20　　c　30　　d　40　　e　50

問2　(　ウ　)にあてはまる数字を書きなさい。

問3　人体で合成できないアミノ酸の総称を書きなさい。

問4　まえの表中の(　エ　)にあてはまる語句を書きなさい。

問5　まえの表からじゃがいものアミノ酸価を求めなさい。なお，計算式を書き，答えは少数第1位を四捨五入しなさい。

問6　まえの表をもとに，じゃがいも，西洋かぼちゃ，精白米を，アミノ酸価の高いものから順に並べなさい。

問7　たんぱく質の補足効果について説明しなさい。

(☆☆☆☆◎◎)

【2】次の文章を読み，下の問いに答えなさい。

小麦粉に含まれるたんぱく質の主成分は,(　ア　)と(　イ　)である。小麦粉に水を加えてねると，これらのたんぱく質がからみあって(　ウ　)ができ，ねばりと弾力がでる。小麦粉は，たんぱく質含量の違いにより，(　エ　)，中力粉，強力粉にわけられる。

問1　(　ア　)～(　エ　)にあてはまる語句を書きなさい。なお，(　エ　)は漢字で書くこと。

問2　小麦粉の調理には，その性質を利用した料理が多くある。次の小麦粉の性質オ～キを利用した調理例をa～fの中から2つずつ選び，記号で答えなさい。

〔小麦粉の性質〕オ　伸展性　　カ　凝固性　　キ　流動性

〔調理名〕a　ブラウンソース　　b　天ぷらの衣　　c　餃子の皮

d　めん類　　e　フリッター　　f　クリームスープ

(☆☆☆☆◎◎)

【3】繊維の性質や用途を説明した次の各文を読み，あとの問いに答えなさい。

①　軽くて保温性や染色性に優れた繊維で，毛に似た性質を持つため，毛布やセーターに使われる。

②　丈夫で洗濯に強く，吸湿性に優れている。肌ざわりがよいため，肌着に適しているが，しわになりやすいという短所がある。

③　木材パルプなどを原料とした繊維で，吸湿性が大きく，裏地やブラウスなどに適しているが，水に弱く，しわになりやすいという短所がある。

④　500％以上も伸びる弾性繊維で，水着や女性用下着の伸縮部分などに使われている。

⑤　保温性や吸湿性，弾力性，難燃性があり，染織も容易で発色が良いため，秋冬の衣服に適している。

⑥　引っ張りや摩擦に強い。しかし，白い物は紫外線で黄変する。1935年にアメリカのカロザーズによって合成された。

⑦　しなやかで光沢があり，染色性に優れている。ドレープ性にも優れ，細く丈夫なため，スカーフやネクタイ，和服などの衣服に使われているが，水や摩擦に弱く黄変しやすいという短所がある。

⑧　熱や摩擦に強く，しわになりにくい。吸湿性が小さく乾きやすいが，静電気をおびやすいという短所がある。生産量が多い。

問1　①～⑧の繊維名として適切なものを次の語群a～jからそれぞれ1つずつ選び，記号で答えなさい。

語群

a　綿	b　ナイロン	c　ポリウレタン
d　絹	e　アセテート	f　レーヨン・キュプラ
g　アクリル	h　毛	i　麻
j　ポリエステル		

問2　⑦の繊維は水や摩擦に弱く黄変しやすい。これ以外の，短所となる性質を書きなさい。

問3　繊維は図1のように分類される。(　ア　)～(　ウ　)にあてはまる語句を答えなさい。なお，(　ア　)繊維にはまえの③が，(　ウ　)繊維には⑧が属する。

図1

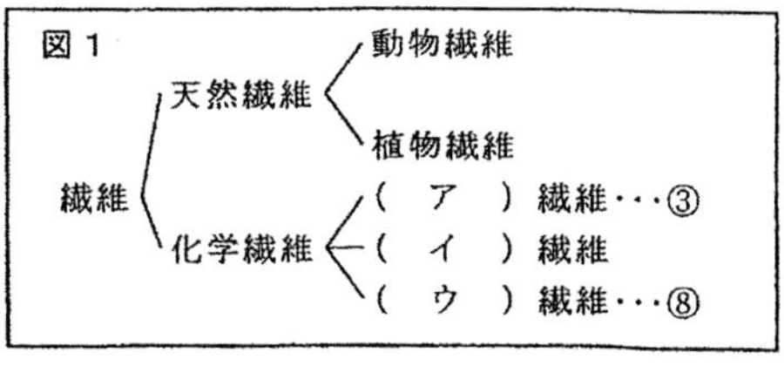

(☆☆☆◎◎)

【4】次の文を読み，下の問いに答えなさい。

日本では，衣料品などの繊維製品には，(　ア　)法にもとづいて，品質に関するいくつかの表示がなされている。表示事項は，繊維の組成，家庭洗濯などの取り扱い方法，および，はっ水性の3項目である。既製服については，(　イ　)にもとづいて衣料サイズが定められており，表示方法も細かく規格化されている。

問1　(　ア　)(　イ　)にあてはまる語句を書きなさい。

問2　購入した衣料品に，図2のような表示がついていた。
どのように取り扱えばよいか，絵表示をもとに説明しなさい。

図２

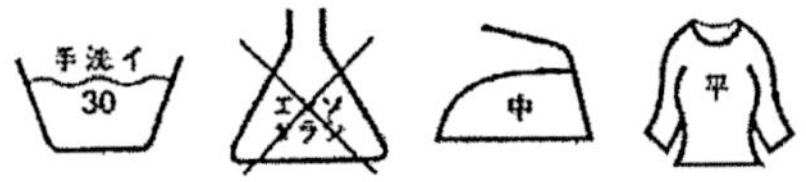

問3　背広に図3のような，サイズ表示がついていた。
チェストとは何のサイズを表しているか，書きなさい。

図３

チェスト　９２
ウエスト　８０
身長　１６５

９２　Ａ　４

問4　図3の「92　A　4」のAは普通の体型を示す記号である。
その体型とは，何をもとに決められたものか。図3中の語句を使って説明しなさい。

(☆☆☆◎◎◎)

【5】次の文章を読み，下の問いに答えなさい。

住まいには，さまざまな生活行為に応じた広さの空間が必要である。暮らしやすい住まいには，家全体としても適正な広さが求められる。わが国では，国民が健全な家庭生活を営むために必要最低限の広さの基準として(　ア　)が，また，より望ましい住生活のための基準として(　イ　)が定められている。

就寝分離とは，生活空間と就寝空間を別にすることである。国が定める水準では，(　ウ　)の寝室を分けること，(　エ　)歳以上の子どもは(　オ　)で寝室を分けることとしている。

問1　(　ア　)～(　オ　)にあてはまる語句を書きなさい。

問2　住まいには，①個人が寝たり，勉強や趣味をおこなったりする空間，②食事を作ったり，洗濯したりなど家事をする空間，③家族が集まって食事をしたり，くつろいだりする空間，④生理，衛生の空間が必要であるが，このほか，暮らしやすい住まいに必要な空間は何か，1つ書きなさい。

問3　次の平面図の室構成を書きなさい。

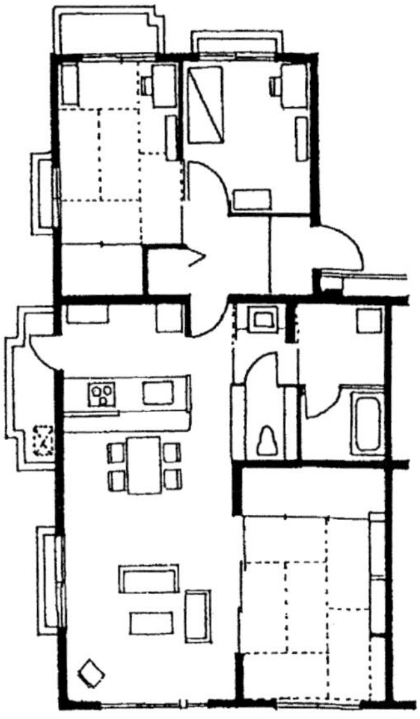

問4　住まいにおいて，空間を仕切る場合，①と②では，どのような長所があるか。それぞれ2つずつ書きなさい。

①　襖や障子

②　壁やドア

(☆☆☆◎◎◎)

【6】中学校における，技術・家庭科(家庭分野)の学習の指導について，次の文章を読み，下の問いに答えなさい。

「A　家族・家庭と子どもの成長」の内容について，より具体的に考えるために，(　ア　)と触れあう活動などの実習や観察のほか，立場が異なる人の役割を，その人の立場を想像して演じる(　イ　)などの学習活動を中心とするよう留意すること。

「B　食生活と自立」の『中学生の食生活と栄養』について，栄養素の種類と働きを知り，中学生に必要な栄養の特徴について考えることを指導する際は，栄養素のほかに，(　ウ　)の働きや(　エ　)についても触れること。

「C　衣生活・住生活と自立」の『衣服の選択と手入れ』については，日常着の手入れは，主として洗濯と(　オ　)を扱うこと。

「D　身近な(　カ　)と環境」については，「A　家族・家庭と子どもの成長」，「B　食生活と自立」又は「C　衣生活・住生活と自立」の学習との関連を図り，実践的に学習できるようにすること。

問1　(　ア　)～(　カ　)にあてはまる語句を書きなさい。

問2　家庭分野の学習の導入として，第1学年の最初に取り扱う内容は何か書きなさい。

(☆☆☆◎◎◎)

【7】次の文章を読み，あとの問いに答えなさい。

私たちが毎日食べているものの多くは，外国から輸入されている。①日本の食料自給率は，昭和40年の73％から，平成22年は39％に大きく低下しており，我が国の食料自給率は先進国の中で最も低い。

食料生産地と消費地が遠くなると，輸送に関わるエネルギーがより多く必要になり，地球環境に大きな負荷をかける。食料の輸送量と輸送距離を定量的に把握することを目的とした指標を(　ア　)といい，日本は世界で最も高く，国民1人当たりでも1位となっている。

食べ物の6割を輸入している一方で，日本では，毎日大量の②食品廃棄物が発生している。

図1が示す通り，1日に国民1人当たりに行き渡る食料の熱量(供給熱量)と実際に食べられているものの熱量(摂取熱量)を比較すると，摂取熱量の方が少なくなっている。この差は，食べ物を残したり捨てたりしていることを表している。

また，図2から，家庭から出た台所ごみについても，まだ食べられるのに廃棄されたものが含まれていることがわかる。

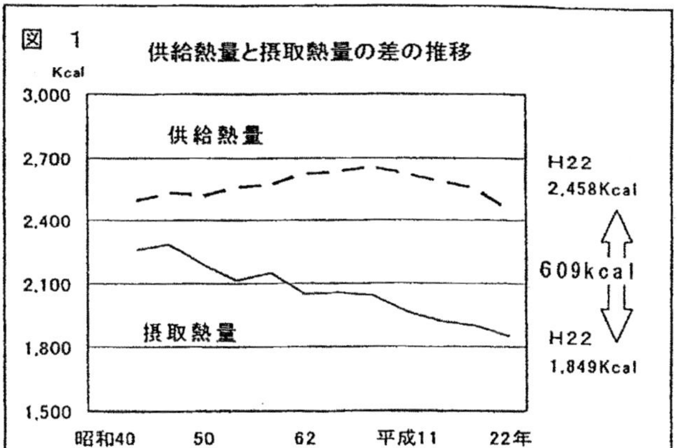

「学校における環境教育指針(改訂)」(石川県教育委員会)

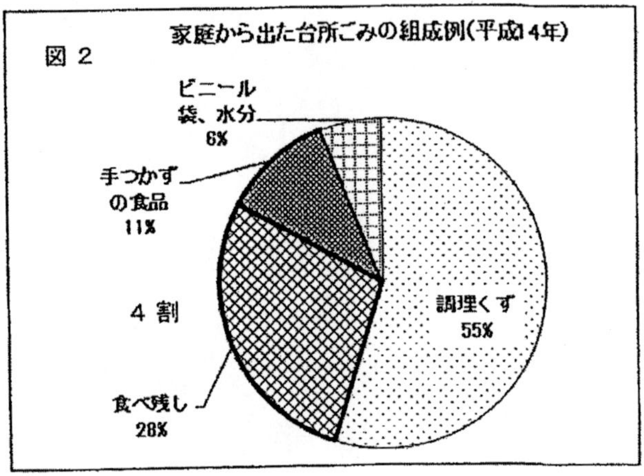

(農林水産省Webページより)

問1　(　ア　)にあてはまる語句を書きなさい。

問2　下線部①について，日本の食料自給率が低下した理由を説明しなさい。

問3　下線部②について，食品廃棄物を減らすために，消費者として，どのような方策が考えられるか，2つ書きなさい。

問4　高等学校1年の家庭基礎で，まえの文章及び図1，図2を活用し，食と環境について考える1時間の授業を行いたい。あなたの設定する授業のねらいを書きなさい。また，1時間の単元であることがわかるように，生徒の学習活動(導入，展開，まとめ)を書きなさい。なお，図1と図2に加えてほかの資料を使ってもかまわないが，その場合は展開の中でどのようなものを使ったか，わかるように説明すること。

(☆☆☆◎◎◎)

解答・解説

【中高共通】

【1】問1　ア　b　　イ　b　　問2　4　　問3　必須アミノ酸

問4　スレオニン(トレオニン)　　問5　・式…300÷410×100＝73.1…

・アミノ酸価…73　　問6　西洋かぼちゃ→じゃがいも→精白米

問7　たんぱく質の栄養価は必須アミノ酸の含有量とバランスで決まる。植物性食品のように，アミノ酸価の低い食品に，動物性食品のようなアミノ酸価の高い食品を組み合わせると，食事全体のアミノ酸価を高めることができる。

〈解説〉いずれも，たんぱく質に関する基本的事項である。表中の「アミノ酸評点パターン」とは，必須アミノ酸必要量に関する知見をもとに，食事のたんぱく質に含まれていることが望ましい(または含まれるべき)アミノ酸の量を窒素1gあたりの量として示したものである。

問5　アミノ酸価は，最も数値の低いアミノ酸の数値を標準値として計算する。「最も数値の低いアミノ酸」とは，アミノ酸評点パターンの値からアミノ酸含量の値を引いたときに最も数値が大きいものとなる。じゃがいもの場合，ロイシンがアミノ酸評点パターン410，アミノ酸含量300であり，最も数値の低いアミノ酸となる。そこで，ロイシンの値を使い，アミノ酸含量÷アミノ酸評点パターン×100でアミノ酸価を求めればよい。　問6　西洋かぼちゃは，じゃがいも同様，ロイシンが最も数値の低いアミノ酸となるので，アミノ酸価は330÷410×100＝80.4…となる。また，精白米は，リジンが最も数値の低いアミノ酸となるので，アミノ酸価は220÷360×100＝61.1…となる。なお，設問の表は，旧「改訂 日本食品アミノ酸組成表」をもとに作成されたものである。今現在で最新のものは「日本食品成分表準拠 アミノ酸成分表2010」であり，この中では，学術用語集の表記に合わせ，「リジン」は「リシン(リジン)」，「スレオニン」は「トレオニン(スレオニン)」に表記変更され，さらに成分値も変更されているので，注意が必要である。

【2】問1　ア　グルテニン　　イ　グリアジン　　ウ　グルテン
　エ　薄力粉(ア，イ順不同)　　問2　オ　c, d　　カ　b, e　　キ　a, f
〈解説〉小麦粉のたんぱく質含有量(調理・食品加工例)は，薄力粉が8%前後，中力粉が9%前後，強力粉が12%前後である。薄力粉は製菓，天ぷらなどに，中力粉は麺類に，強力粉はパンなどに使われることが多い。このほか，デュラム小麦を粗挽きにしたセモリナ粉もあるが，小麦とは性質が異なるため，発酵を伴うパン類には不向きである。パスタなどに使われる。

【3】問1　①　g　　②　a　　③　f　　④　c　　⑤　h　　⑥　b
　⑦　d　　⑧　j　　問2　(例)・虫害にあいやすい。　・アルカリ性の洗剤に弱い。　問3　ア　再生　　イ　半合成　　ウ　合成
〈解説〉問1　繊維の性質についての問題は頻出である。中学校ではその性質をよく理解するための方法として，布の吸湿性実験などが行われることもあるので，教科書を参考に，実験の方法についても理解しておきたい。　問2　絹の成分はたんぱく質である。そのため，薬品や紫外線の影響で変性しやすく，虫害にあいやすい。家庭での洗濯では，中性洗剤を用いる必要がある。　問3「再生繊維」には植物系と化学系がある。レーヨンやキュプラは植物系で，植物のセルロースを科学的に抽出して繊維にしたものである。化学系のものとしてはペットボトルを再生したポリエステル繊維などがある。「半合成繊維」に属するものとしてはアセテート，トリアセテートなどがあり，「合成繊維」に属するものとしては，ナイロンのほか，アクリル，ポリエステルなどがある。

【4】問1　ア　家庭用品品質表示　　イ　JIS　　問2　・液温は水温30度を限度とし，弱い手洗いがよい。　・塩素系漂白剤による漂白はできない。　・アイロンは中程度(140～160度)の温度でかけるのがよい。　・平干しがよい。　問3　胸囲　　問4　チェストとウエストの寸法差
〈解説〉問1　洗濯絵表示については「JIS(日本工業規格)」による表示の

ほか，国際規格である「ISO(国際標準化機構)」の表示がある。両方の絵表示の意味をおぼえておこう。なお，国内では今後国際規格への整合化が図られることとなっており，その動きにも十分注意したい。
問3　図3の「92　A　4」の「92」は「チェスト寸法表示」，「A」は「体型区分表示」，「4」は「身長を示す番号」である。女子では，バストポイント(乳頭点)を通って，胸の周りを水平に測ったバストを基準とするのに対し，男子は腕つけ根の下端を通り，胸の周りを水平に測ったチェストを基準とする。体型区分は，チェストとウエストとの寸法差で区分されており，JISでは，寸法差20cm(J体型)～0cm(E体型)までの10段階に分けられている。この中で中間に位置する「A体型」は，チェストとウエストとの寸法差12cmの人の体型を意味する。また，「身長を示す番号」は，150cmを「1」，155cmを「2」……190cmを「9」，と150cmから5cm刻みで番号が振られている。

【5】問1　ア　最低居住水準　　イ　誘導居住水準　　ウ　親子
エ　12　　オ　性別(男女)　　問2　収納空間　　問3　3LDK
問4　①　(例)　・開閉可能なので，部屋を開放的につなぐことができる。　・風通しをよくすることができる。　②　(例)　・プライバシーを重視することができる。　・気密性や保温性が高い。
〈解説〉問1 「居住水準」とは，国が住生活基本法に基づいて住生活基本計画において定めるものである。　問2　①を「個人生活空間」，②を「家事労働空間」，③を「共同生活空間」，④を「生理衛生空間」という。　問3　LDKは居間(リビングルーム)・食事室・台所の意味である。その前に付いている数字は個室(寝室)の数を表すが，LDKを数に入れないよう注意しよう。

【6】問1　ア　幼児　　イ　ロールプレイング　　ウ　水　　エ　食物繊維　　オ　補修　　カ　消費生活　　問2　・自分の成長と家族(自分の成長と家族や家庭生活とのかかわり)

〈解説〉問1　家庭分野の内容は,「A　家族・家庭と子どもの成長」「B　食生活と自立」「C　衣生活・住生活と自立」「D　身近な消費生活と環境」の4つの内容からなる。学習指導要領解説の家庭分野の内容を熟読し,指導事項や配慮事項について理解を深めておこう。

問2「A　家族・家庭と子どもの成長」の内容は,「自分の成長と家族」「家庭と家族関係」「幼児の生活と家族」の3項目で構成されている。このうちの「自分の成長と家族」については,家庭分野の学習全体のガイダンスとしての扱いと,「『家庭と家族関係』『幼児の生活と家族』との関連を図り学習を進める扱い」の2つの扱いがあるので注意したい。ガイダンスとしての扱いは,学習指導要領の改訂で新たに設定された。このねらいは,系統的な学習を行うという観点から,小学校家庭科の学習を踏まえ,3学年間の家庭分野の学習に見通しをもたせることにある。

【7】問1　フード・マイレージ　　問2　(例)　・食の欧米化　　・外国産の安価な食料の輸入増加　　問3　・必要なものを,必要な量だけ購入する。　・調理の際は,素材を使いきる。　・食べ残しをしない。(などから2つ)　　問4　(例)〈ねらい〉現代の食生活の問題点を理解し,環境負荷の少ない食生活を目指し,自分が実践できることを考える。　〈導入〉日本のある家庭で1週間に食べる食料の写真を見る(写真　地球の食卓)。その中から,国産のものを探す(資料　食料自給率の現状)。　〈展開〉国産のものが少なく,外国から輸入された食品が多いことに気づく。日本の食料自給率が年々減少していることを知る。　・多くの食料が輸入される一方で,図1から,食品廃棄物が多いことを知る。図2から,食べ残しや手つかずの食品が捨てられている現状に気づく。これらから,環境負荷の少ない食生活を目指し,自分ができることを考える。考えをクラスで交流する。　〈まとめ〉交

流した意見をもとに，環境負荷の少ない食生活を目指し，消費行動や食品活用の方法などについて，自分が実践できることをまとめる。

〈解説〉問1 「フード・マイレージ」は，生産地から食卓までの距離が短い食料を食べたほうが輸送に伴う環境への負荷が少ないという仮説を前提とした考え方で，1994年にイギリスの消費者運動家ティム・ラングが提唱したものである。具体的には輸入相手国からの輸入量と距離(国内輸送を含まず)を乗じ，この値が大きいほど地球環境への負荷が大きいと判断される。　問4　1時間の指導計画をまとめる問題であるが，すでに提示されている文章や図から授業の展開が読み取れるので，「導入」と「まとめ」に具体的な肉付けを行って流れをつくるとよい。図1では摂取熱量に比べ供給熱量のほうが多いことから，「食べ物を残したり捨てたりしていることが読み取れる」ことを理解させ，図2では調理くずが多いことから，「食べられずに廃棄されるものが多い」ことを理解させることができる。同じように，目に見える形で日本の食料自給率の低さを示すには，どのような方法があるかを考え，工夫するとよいだろう。模範解答では，写真，資料を2点加えている。なお，指導計画の作成については，国立教育政策研究所の「評価規準の作成，評価方法等の工夫改善のための参考資料(中学校 技術・家庭)」を活用し，学習するとよいだろう。この中の家庭分野における「評価規準」の内容も覚えておきたい。

2012年度　実施問題

【中高共通】

【1】衣服に関する次の文を読み，下の問いに答えなさい。

A　人間の身体は，気温が変化しても36.5℃内外の体温を保つ機能をもっている。しかし，体温と気温の差が(　ア　)℃以上になると，体温を一定に保つことができなくなる。そこで，衣服を活用して温度差を調節することが必要となる。人間がもっとも快適に感じる状態は，体幹部の皮膚面と被服の間の空気層の温度が(　イ　)℃，湿度が(　ウ　)%とされている。

B　衣服を通して個性を生かした自分らしい表現を楽しむことと，社会との調和を考えて他者に不快感を与えないことのバランスを考えながら，TPOに合った服装の選択を心がける必要がある。

問1　文中の(　ア　)にあてはまる数値を書きなさい。

問2　文中の(　イ　)(　ウ　)にあてはまる数値を次のa～lから選び，記号で答えなさい。

a　28±1	b　30±1	c　32±1	d　34±1
e　36±1	f　38±1	g　10±10	h　20±10
i　30±10	j　40±10	k　50±10	l　60±10

問3　下線部はどういうことか，TPOの意味を日本語で表現し，具体例をあげて説明しなさい。

問4　次の(1)(2)について，授業の中で生徒にどのように説明するか，書きなさい。

(1)　衣服の平面構成と立体構成の違い

(2)　被服と衣服の違い

問5　図1と図2は，ある女性が着用しているジャケットとシャツの図である。図3は図1のジャケットのそでの型紙である。図2のシャツのそでの型紙を図3に重ねて図示しなさい。そのとき，それぞれの型紙のそで山の高さと，そで幅の違いが明確にわかるようにすること。なお，定規がない場合はフリーハンドでよい。

図1　ジャケット

図2　シャツ

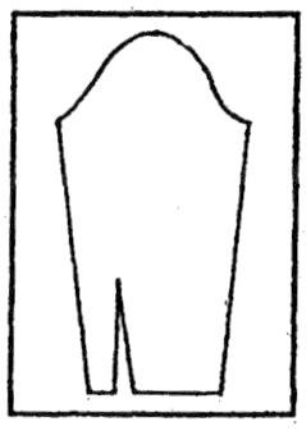

図 3

(☆☆☆◎◎◎)

【2】住まいに関する次の文を読み，あとの問いに答えなさい。

住まいは時代と共に，人々の生活要求に応じて変化してきている。かつては簡素だった庶民住宅も，現在では規模・設備の充実した住宅へと大きく変化している。このように，住まいに求められる機能が時代と共に多様化すると，本来の機能が見えにくくなる恐れも生じてくる。しかし，健康で安全な住まいを実現するためには住まいの①<u>第一次的機能</u>を重視することが大切である。

住まいは，地域の気象や地理的条件など，風土の影響を強く受けている。日本各地で，それぞれの気候，風土にあった住居が造られており，富山県や岐阜県の山村には，かつて②<u>次の図</u>のような住居が多く建てられた。

日本では古くから③<u>床座</u>とよばれる生活様式が定着していたが，明治時代になり，洋風住宅の移入で④<u>椅子座</u>と呼ばれる生活様式が取り入れられるようになった。

図

問1　下線部①とは何か書きなさい。

問2　下線部②について，(1)(2)に答えなさい。

(1)　建築様式の名称

(2)　屋根が急勾配になっている理由

問3　授業において，下線部③④の長所を生徒にどのように説明するか，それぞれ2つ書きなさい。

(☆☆☆◎◎◎◎)

【3】脂質に関する次の文を読み，下の問いに答えなさい。

脂質には，脂肪，リン脂質，(　ア　)などがある。食品に含まれる脂質の大部分は脂肪である。脂肪は脂肪酸と(　イ　)が結合したもので，消化酵素で分解されて(　ウ　)から体内に吸収され，1gあたり(　エ　)kcalのエネルギーを発生する。脂肪酸には，飽和脂肪酸と不飽和脂肪酸がある。不飽和脂肪酸のうち，リノール酸やα-リノレン酸は，成長に不可欠で，体内で合成できないため(　オ　)といわれている。

血液中に(　ア　)が過剰に存在すると動脈硬化などの生活習慣病を引き起こす原因となる。近年，魚油に含まれる(　カ　)とDHAが生活習慣病の予防に有効であると注目を集めている。動物，植物，魚類には異なった種類の脂肪酸が含まれるので，食品をバランスよく摂取することが大切である。

問1　(　ア　)～(　カ　)にあてはまる語句や数値を書きなさい。

問2　次のグラフは，食品の脂肪酸組成を示したものである。A～Dにあてはまる食品をあとの語群から選び，記号で答えなさい。

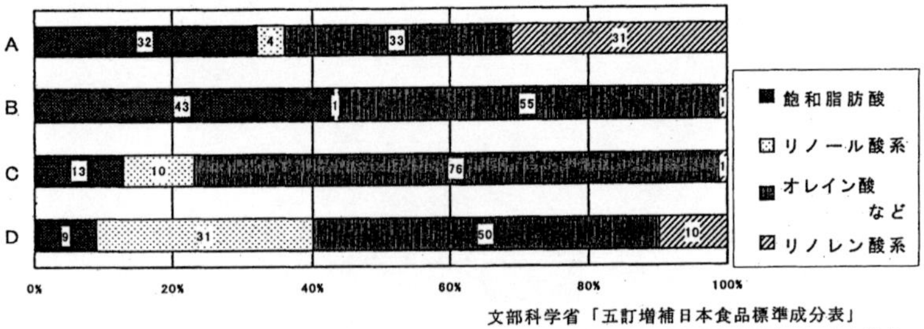

文部科学省「五訂増補日本食品標準成分表」
石倉俊治「素材で知る特定保健用食品」より作成

語群

a　オリーブ油　　b　まいわし　　c　和牛サーロイン

d　サラダ油

(☆☆☆◎◎◎◎)

【4】食品の衛生に関する次の文を読み，下の問いに答えなさい。

飲食物などを通して，体内に入った有毒・有害な物質や，細菌によって起こる健康障害を食中毒という。日本では，(　ア　)性食中毒がほとんどを占めている。この他，①ふぐやじゃがいもの芽などが原因となっておこる自然毒による食中毒や，化学物質による食中毒もある。食中毒は，気温や湿度が高くなる7月から9月にかけての3ヶ月間が多発する時期であるが，冬季の患者数も近年増加している。この理由は，(　イ　)による食中毒の増加と，(　イ　)に対する知識の浸透による報告割合の向上が考えられる。

食品は，安心して食べられることが何より大切である。食品の取り扱いが悪かったり不衛生だったりすると食品の変質や腐敗が起こり，食用に適さなくなる。食品の製造・販売業者に対しては，(　ウ　)法により，行政指導や監視がおこなわれている。最近は，②食品を中心として，生産，加工，調理，貯蔵，喫食の流れでシステムとして食品の衛生を管理する方法が定着しつつあるが，食品の安全性については，一人一人が正しい知識と判断力を身につける必要がある。

問1　(　ア　)~(　ウ　)にあてはまる語句を書きなさい。

問2　下線部①に含まれる食中毒の原因である毒の成分の名称を書きなさい。

問3　下線部②の食品衛生管理システムの名称を書きなさい。

(☆☆☆◎◎◎◎)

【5】子育てに関する次の文を読み，あとの問いに答えなさい。

わが国では，具体的な子育て支援のための施策として，1994年に(　ア　)を，1999年には新(　ア　)が策定された。さらに，2003年に成立した(　イ　)基本法にもとづき2004年6月には(　イ　)大綱が策定された。これにおいては，社会における少子化の流れを変え，「子どもが(　ウ　)に育つ社会」「子どもを生み，育てることに喜びを感じることができる社会」への転換を課題とした国の少子化に対する基本施策が示された。

同年12月には，「(　イ　)大綱に基づく重点施策の具体的実施計画」として「子ども・子育て(　エ　)プラン」が策定された。このプランでは，これまでの保育事業中心であった子育て支援から，若者の自立対策，教育のあり方，働き方の見直し等を含めた，幅広い分野で具体的な目標を設定している。また，「(　オ　)ゼロ作戦」と共に，きめ細かい地域の子育て支援や児童虐待防止対策など，すべての子どもと子育てを大切にする取り組みを推進している。

問1　(　ア　)～(　オ　)にあてはまる語句を書きなさい。

問2　法的に保障された集団保育の場として幼稚園と保育所があるが，それぞれを管轄している省庁はどこか，正式名称を漢字で書きなさい。

問3　地域住民による主体的な子育て支援の一つである，ファミリー・サポート制度(システム)とは何か，説明しなさい。

(☆☆☆◎◎◎)

【6】経済に関する次の文を読み，下の問いに答えなさい。

家庭はさまざまな物資・サービスおよび金銭のやりとりを通じて，政府や(　ア　)と経済的に密接なつながりをもっている。家庭経済を，経済社会の構成単位としてとらえたとき，これを(　イ　)という。(　ア　)・政府・(　イ　)の経済的なつながりから，国民経済が形成され，家庭生活もその成り立ちの中で営まれている。

さらに，国民経済は，輸出入や対外援助などを通して，(　ウ　)経済とも関連している。

問1　(　ア　)～(　ウ　)にあてはまる語句を書きなさい。

問2　次の図は，Aさんの家庭の収入と支出のバランスを表している。図中の①②の部分を何というか，書きなさい。

図

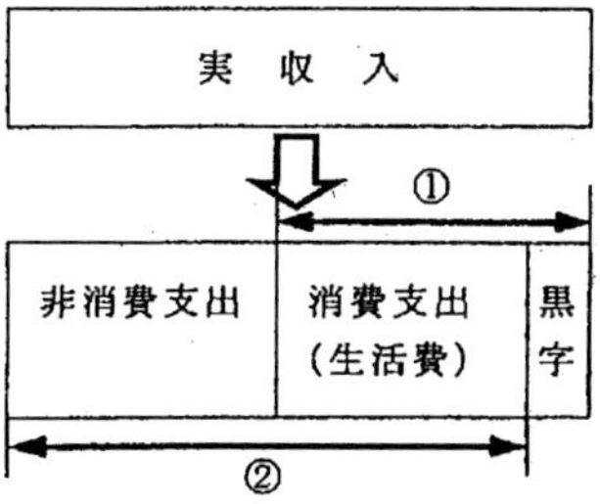

(☆☆☆◎◎◎)

【7】高等学校学習指導要領(平成11年3月告示)で「家庭基礎」「家庭総合」「生活技術」のいずれの科目においても「ホームプロジェクトと学校家庭クラブ」を履修することになっている。

問1　ホームプロジェクトとは何か，説明しなさい。

問2　学校家庭クラブ活動とは何か，説明しなさい。

(☆☆☆◎◎◎◎)

解答・解説

【中高共通】

【1】問1　ア　10　　問2　イ　c　　ウ　k　　問3　冠婚葬祭で晴れ着や喪服を着るように，服を着る際は，時間と場所に応じた装いをすること。　問4　(1)　平面構成…さまざまな体型に対応することができる。形による男女差が少ない。収納の場所をとらない。　立体構成…保温性に優れ，機能的で活動しやすい。製作にあたっては型紙製図や立体裁断などの専門的な技術を必要とする。　(2)　被服は「着る」「飾る」目的で身につけるすべてのものをさす。被服の中で「着る」目的のうち，胴や四肢をおおうものを衣服という。

問5

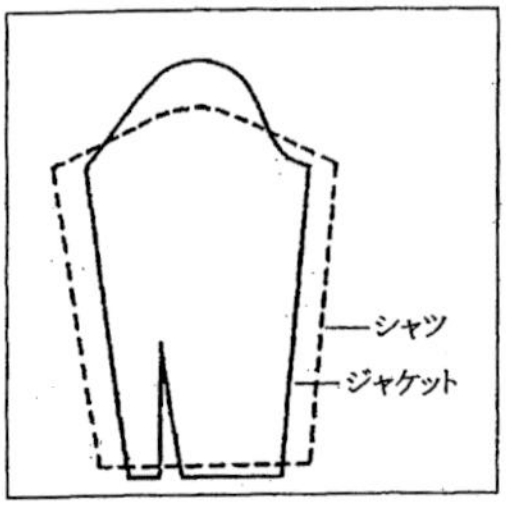

〈解説〉問2　衣服内気候が温度31～33℃，湿度40～60％RHの範囲外では快適度がやや下がる。約34℃，80％RH以上になると発汗が起こり，暑熱感や蒸れ感が大きくなる。　問3　TPOはTime(時間)，Place(場所)，Occasion(場合)の頭文字からとった言葉である。　問5　シャツは腕が上がりやすく，機能的であるために，そで山は低くなっている。そで山を低くすることで，若干シルエットが崩れる。一方ジャケットは，シルエットが綺麗になるようにそで山を高くしている。そで山を高くすることで，腕は上がりにくく運動がしにくくなる。

【2】問1　自然災害からの防御，風雨寒暑からの保護，社会的ストレスからの解放　　問2　(1)　合掌造り　　(2)　積もった雪がすべり落ちやすくしてある。　問3　床座…・家具の必要面積が椅子座より少ないので，スペースを広く使える。　・部屋の転用が容易で多目的，多人数で使える。　など　　椅子座…・活動性，作業性が高い。
・ひざや腰の姿勢に無理がない。　・呼吸位置が床面より高く，衛生的である。　など

〈解説〉問2　屋根形式は気候・地理と関係が深く，問題は頻出なので，特徴を中高の教科書等で確認しておくこと。　問3　起居様式である床座と椅子座の違いは頻出問題なので，それぞれの長所・短所を理解しておこう。

【3】問1　ア　コレステロール　　イ　グリセリン　　ウ　小腸
エ　9　　オ　必須脂肪酸　　カ　IPA(EPA)　　問2　A　b　　B　c
C　a　　D　d

〈解説〉問1　ヒトにとっての必須脂肪酸は，多価不飽和脂肪酸である。リノール酸はn-6系脂肪酸系，α-リノレン酸はn-3系脂肪酸系である。DHA(ドコサヘキサエン酸)やIPA(イコサペンタエン酸)はn-3系脂肪酸系である。　問2　Aは他の3種類よりもリノレン酸系が多いことから，まいわしであるとわかる。Bは多価不飽和脂肪酸がほとんど含まれていないことから，和牛サーロインである。Cはオレイン酸が一番多く，オレイン酸を含む食品の代表はオリーブ油である。DはCと比べてリノール酸系が多く，リノール酸を多く含む食品の代表として，サラダ油があげられる。

【4】問1　ア　細菌(微生物)　　イ　ノロウイルス　　ウ　食品衛生
問2　テトロドトキシン　　問3　HACCP(ハサップ)

〈解説〉問2　テトロドトキシンによる食中毒は，食後30分～3時間で発症する。症状は口唇，顔面，指先などのしびれや嘔吐などである。テトロドトキシンは加熱等，一般的な調理では無毒化しないことから，危険な毒として認識されている。　問3　HACCPとはHazard Analysis and Critical Control Pointの略である。食品の製造過程において食品に起因する衛生上の危害の発生防止と適正な品質管理の確保を図るために設けられた管理システムである。あわせて，トレーサビリティー(生産履歴管理システム)についてもおさえておくとよい。

【5】問1　ア　エンゼルプラン　　イ　少子化社会対策　　ウ　健康
エ　応援　　オ　待機児童　　問2　幼稚園…文部科学省
保育所…厚生労働省　　問3　幼児を預けたい親と預かりたい人が登録し，保護者にかわり，一時的に子どもの送り迎えや預かりをしてくれるなど，地域で子育てを支援する仕組みのこと。

〈解説〉問2　幼稚園は満3歳～就学までの幼児が対象で，保育所は保育に欠ける0歳～就学までの乳幼児が対象である。あわせて，2006年10月から制度が開始された，認定こども園についてもおさえておきたい。
問3　ファミリー・サポート制度は1994年に，厚生労働省(当時：労働省)の「仕事と育児両立支援特別援助事業」として開始され，市町村で導入している。育児や介護を地域で支えるものである。

【6】問1　ア　企業　　イ　家計　　ウ　国際　　問2　①　可処分所得　②　実支出
〈解説〉可処分所得とは，実収入から非消費支出を差し引いた額のことで，手取りとも言われる。収入には実収入と実収入以外の受取があり，実収入は経常収入と特別収入がある。家計の収支についての問題は頻出である。費目の具体的な内容を理解しておくこと。

【7】問1　各自が生活の中から課題を見つけ，家庭科で学習した知識や技術をいかしながら，課題解決を目指して主体的に計画を立てて，実践する問題解決的な学習活動のこと。　問2　学校や地域の生活の中から課題を見いだし，課題解決を目指して，グループで主体的に計画を立てて実践する問題解決的な学習活動のこと(研究的な活動，奉仕的な活動，社交的な活動など)。
〈解説〉ホームプロジェクトは高等学校家庭科の共通科目3つのいずれにも取り入れられており，教科の特色となっている。ホームプロジェクトと学校家庭クラブ活動は，頻出であるので，活動の種類と具体的な活動例を学習指導要領解説，参考書等で調べておくこと。

2011年度　実施問題

【中高共通】

【1】次の文を読み，下の問いに答えなさい。

米は，品種で分類すると，短粒で粘りの多い(　ア　)種と，長粒で粘りの少ない(　イ　)種に大別される。また，でんぷんの成分で分類すると，ご飯として食べている(　ウ　)米と，もちや赤飯などに用いるもち米がある。もち米のでんぷんはすべて(　エ　)からできているので粘りが強いのに対し，(　ウ　)米は(　エ　)が80%，(　オ　)が20%含まれているので，粘りが少ない。

日本では，米が主食として食べられており，それぞれの地域には，地域の食材を使った独特の郷土料理がある。

問1　(　ア　)～(　オ　)にあてはまる語句を書きなさい。

問2　右の図は米の断面図である。(カ)の部分の名称を書きなさい。

問3　ぬかや(カ)の部分がついたままの米は何と呼ばれているか，書きなさい。

図

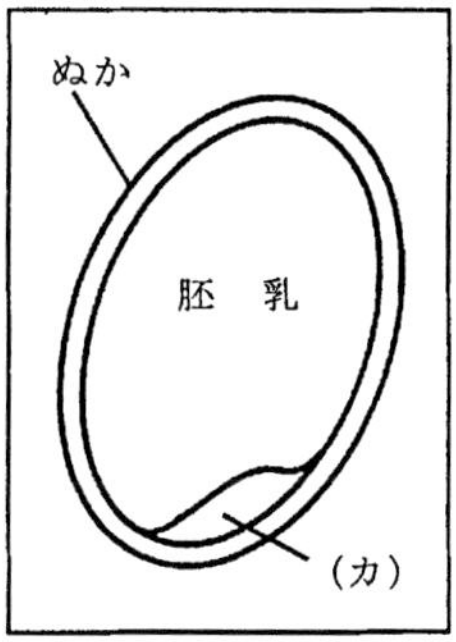

問4　でんぷんの糊化について，次の図の(　キ　)～(　コ　)にあてはまる語句を書きなさい。

図

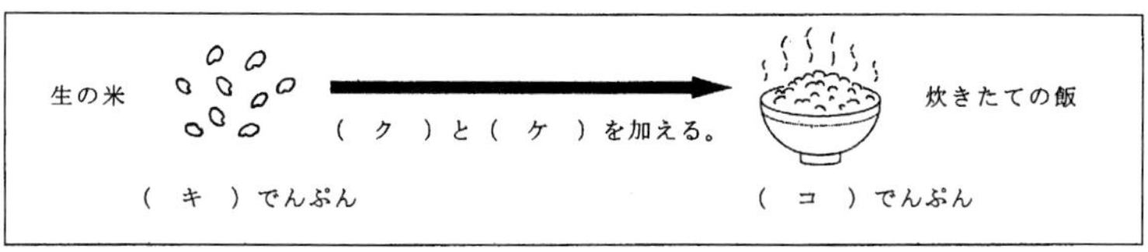

問5　次の(サ)～(タ)の地域に伝わる代表的な郷土料理を語群から選び，記号で答えなさい。

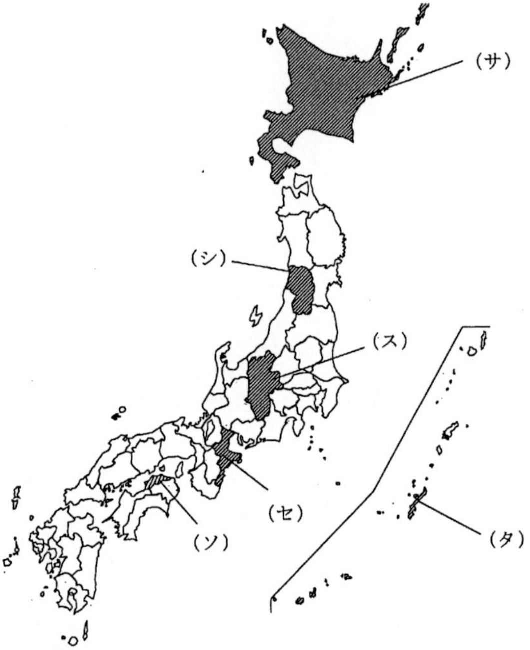

語群

a　いも煮　　b　姿ずし　　c　おやき
d　きりたんぽ　　e　石狩鍋　　f　ゴーヤチャンプルー
g　祭りずし　　h　手こねずし　　i　さぬきうどん

問6　中学2年生を対象に，地域の食文化について理解させるためには，どのような学習活動が考えられるか。1つ書きなさい。

(☆☆☆◎◎◎)

【2】住まいの安全対策について，次の問いに答えなさい。

問1　次のグラフは，家庭内における不慮の事故の年齢別死亡者数と事故原因の割合を示したものである，下の(1)(2)に答えなさい

厚生労働省「平成20年度人口動態統計」(2009年9月公表)より作成

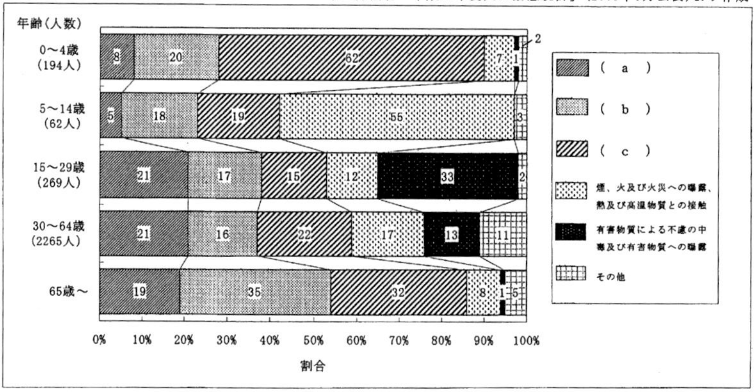

(1)　(a)～(c)にあてはまる事故原因を，次のア～ウから選び，記号で答えなさい。

ア　不慮の溺死及び溺水　　イ　誤えんによる窒息

ウ　転倒・転落

(2)　65歳以上の死亡者数は次のどれにもっとも近いか，次のア～エから1つ選び，記号で答えなさい。

ア　3,000人　　イ　5,000人　　ウ　10,000人　　エ　20,000人

問2　次の文の(ア)～(オ)にあてはまる語句を書きなさい。

高齢者などの弱者のために構造上の配慮がされた住宅を(ア)住宅という。

(ア)住宅とは，次のようなものである。

①　住宅内の床は原則として(イ)のない構造であること

②　住宅内の廊下は車いすが通れる幅とすること

③　住宅内の浴室及び階段には(ウ)を設けること

この他にも，緩いスロープ，広いトイレや操作がしやすい取っ手など，だれにでも使いやすい(エ)による住まいが望まれる。こ

れは，住まいの中だけでなく，(　イ　)のない道や誘導ブロックの設置など，まちづくりや駅，まちのなかの建物などにすべて応用されるべき考え方である。このようなだれもが普通に生活できる理念を(　オ　)という。

問3　中学校家庭科の授業で，生徒に高齢者や幼児にとっての安全な住まい方の工夫を考えさせるためには，どのような実習を行えばよいか。高齢者と幼児の場合，それぞれ1つずつ書きなさい。

(☆☆☆◎◎◎)

【3】次の文を読み，下の問いに答えなさい。

図

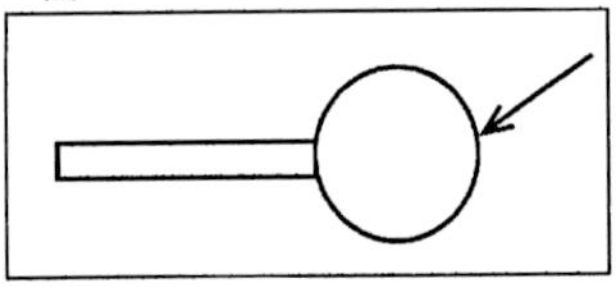

図は，洗剤の主成分である(　ア　)の構造をモデル化したものであり，矢印が示す丸い部分を(　イ　)と言う。(　ア　)は2つの物質の境界面に吸着し，(　ウ　)を低下させ，浸透作用などのはたらきで，布などの汚れを落とすことができる。

問1　(　ア　)~(　ウ　)にあてはまる語句を書きなさい。

問2　下線部について，浸透作用以外の作用を3つ書きなさい。

問3　生成りや淡色の衣服を洗濯するとき，洗剤の選び方で気をつけなければならないことは何か，書きなさい。

(☆☆☆◎◎◎)

【4】図1は綾織(斜文織)の糸の交錯の様子を示しており，図2はその組織図である。図2にならって平織と朱子織の組織図を書きなさい。

図1

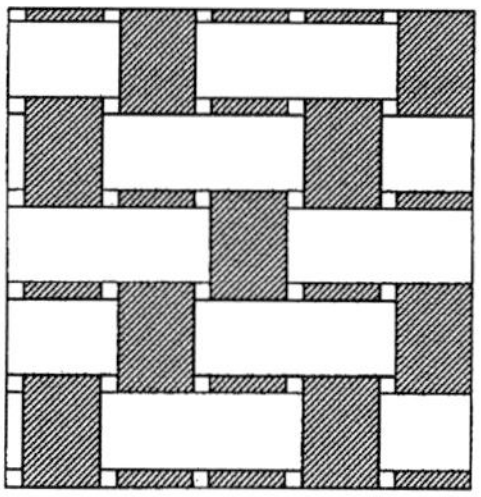

図2

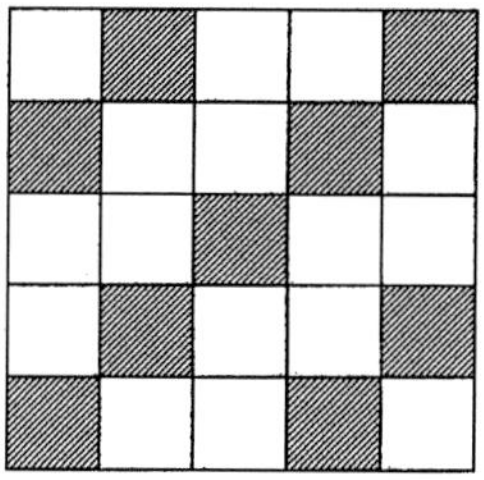

(☆☆☆◎◎◎)

【5】次のグラフは，日本の女性の年齢階級別労働力人口比率の年次推移である。下の問いに答えなさい。

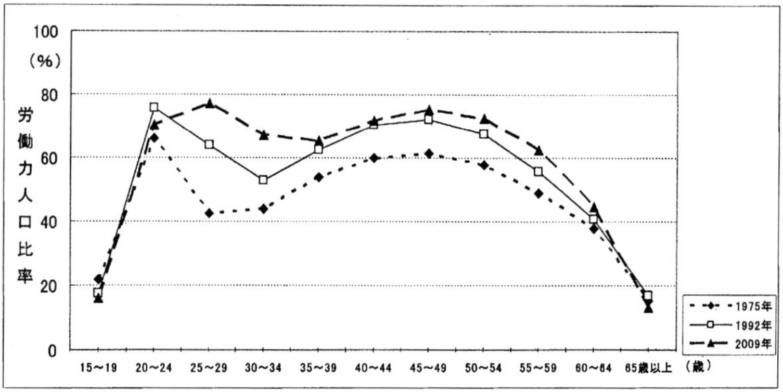

総務省統計局「労働力調査」より作成

問1　女性の労働力人口比率のグラフはM字型で描く。30歳前後で労働力人口比率が低下する理由を書きなさい。

問2　近年，この30歳前後の労働力人口比率の低下が緩やかになってきている。この理由について，制度と雇用形態の2つの面から説明しなさい。

(☆☆☆◎◎◎)

【6】乳幼児の身体の発達について，次の文を読み，下の問いに答えなさい。

出生後満1歳までを(　ア　)期と呼んでいるが，WHO(世界保健機構)では出生後28日未満を特に(　イ　)期と定めている。この時期は，先天異常・呼吸困難などにより死亡する割合が高いので，細心の注意が必要である。出生後2～5日は体重が5～10％減少する生理的体重減少や，出生後3～4日ころから皮膚が黄色くなり，約1週間でもとに戻る(　ウ　)が見られる。また，便は，出生後2～3日間は(　エ　)と呼ばれる黒い粘りのある便を出す。

乳幼児の頭蓋骨の(　オ　)は生後まもなくに，(　カ　)は1年から1年半頃に閉じる。また(　イ　)の病原体に対する抵抗力は，母親の血液由来，あるいは母乳由来の(　キ　)というタンパク質によって補われている。

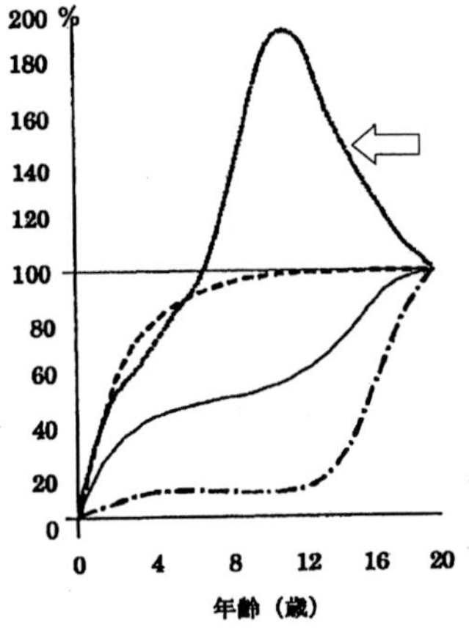

問1　(　ア　)～(　キ　)にあてはまる語句を書きなさい。

問2　スキャモンは，人間の身体の発育パターンは一様ではなく，上図のように4つの特徴的な型に分類できるとしている。矢印で指したものは，どの臓器系統の発育パターンを表すか，a～dから選び，記号で答えなさい。

a　一般系　　b　脳神経系　　c　リンパ系　　d　生殖系

問3　下線部はどうして起こるのか，書きなさい。

(☆☆☆◎◎◎)

【7】乳幼児の心の健康と保育について，次の文を読み，(　ア　)～(　カ　)にあてはまる語句を下の語群より選び，記号で答えなさい。

子どもは発達に応じて，眠りたい，食べたいなどの(　ア　)的欲求や，愛されたい，他人に認めてもらいたいなどの(　イ　)的欲求を持つようになる。欲求が満たされると心が安定し，満たされないと，(　ウ　)になる。欲求は適切に満たす必要があるが，自分の思い通りにならないとき，欲求と葛藤しながら自ら答えを見いだすことも成長する過程で必要である。欲求をコントロールできないで，調和した行動をとれない状態を(　エ　)といい，しばしば発達にゆがみをもたらす。(　エ　)が生じたときにあらわれる行動の例としては，話すときに声がつまったり，出にくかったりする(　オ　)，目をパチパチしたり，首を振ったりすることを繰り返す(　カ　)などがある。

語群

a　内向	b　自然	c　喃語	d　吃音
e　社会	f　不眠症	g　愛着	h　チック
i　欲求不満	j　おねしょ	k　適応	l　不適応
m　放任	n　生理		

(☆☆☆◎◎◎)

解答・解説

【中高共通】

【1】問1　ア　ジャポニカ　　イ　インディカ　　ウ　うるち　エ　アミロペクチン　　オ　アミロース　　問2　胚芽　　問3　玄米　問4　キ　β(ベータ)　　ク　水または熱　　ケ　熱または水　コ　α(アルファー)　　問5　サ　e　　シ　a　　ス　c　　セ　h　ソ　i　　タ　f　　問6　・地域の特産物を調査する。　・家族や地域の人に郷土の食材や料理について聞き取り調査をする。　・本やインターネットで日本各地の郷土料理を調べ，調理実習学習を行う。　・自分の家に伝わる雑煮やおせち料理を調べる。など

〈解説〉問1　米は稲の種類によって，ジャポニカ種とインディカ種とその中間のジャバニカ種に分けられる。また，栽培法の違いによって水稲と陸稲があり，日本は水稲であるがアジアの多くの国々では陸稲が行われている。米の性質(でんぷん質組成)による分類ではうるち米，もち米，その他赤米，香米などがある。具体的に分類した場合，コシヒカリはジャポニカ種で水稲栽培のうるち米となる。うるち米でつくられた食べ物にはきりたんぽ，上新粉，ビーフンなどがあり，もち米で作られたものには，もち，白玉粉，道明寺粉などがある。

【2】問1　(1)　a　ウ　　b　ア　　c　イ　　(2)　ウ　問2　ア　バリアフリー　　イ　段差　　ウ　手すり　　エ　ユニバーサルデザイン　　オ　ノーマライゼーション　　問3　高齢者……軍手，耳栓，黄色めがね，おもりのついたひざ当てなどを利用した高齢者疑似体験，など　　幼児……子どもの目線の高さでビデオを撮影し，子どもの視野を理解するなどの子ども体験，など

〈解説〉問1　家庭内事故は，住空間の構成や設備計画の不備により発生する場合と居住者の不注意からおこるものがあり，特に4歳までの乳幼児と高齢者に多い。未然に防ぐための対策として次の点に気をつけ

る。①余分な家具を置かず，整理整頓をする。②火気や熱気，水回りを適切に管理する。③家具の安全性，素材・形に注意する。④暖房器具や風呂がまなど，家庭用機器を安全に取り扱う。⑤室内空気の汚染防止につとめる。⑥乳幼児がいる場合は，誤飲しやすいものを放置しない。

【3】問1　ア　界面活性剤　　イ　親水基　　ウ　表面張力
問2　乳化作用，分散作用，再汚染防止作用　　問3　使用する洗剤に蛍光増白剤が入ってないことを確認して使う，など

〈解説〉問1　洗剤にはせっけん，複合せっけん，合成洗剤がある。家庭用品品質表示法に基づいて用途・液性・成分・標準使用量などが表示されている。洗剤は水に溶けて水の表面張力を低下させる。洗剤の主成分である界面活性剤が水と空気との界面に吸着するからで，このような性質を界面活性があるという。洗剤は界面活性剤がABSからLASに，配合剤がりん酸塩からゼオライトに切り替えられるなど，環境への負荷を少なくするように改良がすすめられ，1回に使う標準使用量も減少している。

【4】

平織

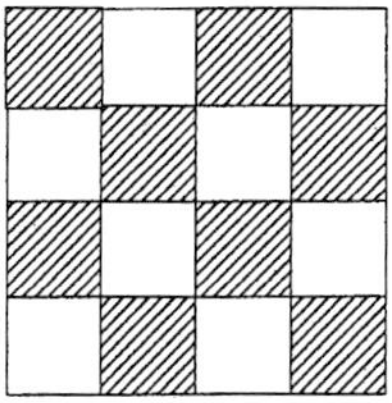

朱子織

その他あり

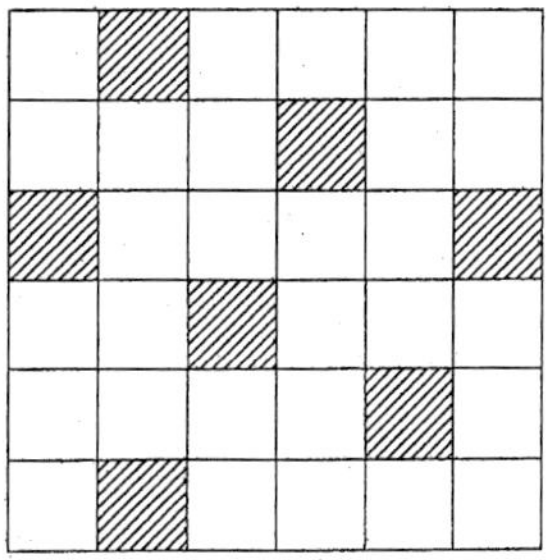

〈解説〉織物は，たて糸とよこ糸が互いに交差して平面を形づくる。たて糸とよこ糸の交錯の仕方を織物組織という。織物組織は方眼紙に示すが，たて糸がよこ糸の上になっている部分を黒くぬりつぶし，よこ糸がたて糸の上になっている部分は白く残す。三原組織は平織，斜文織，朱子織があり，変化組織には，たてうね織，ななこ織，やぶれ斜文織などがある。

【5】問1　結婚・出産・子育てのために仕事をやめる人が多いから，など
問2　制度……育児のための労働時間短縮，育児休業制度，再雇用制度のような育児支援のための制度を取り入れている企業が増えてきているため，など　　雇用形態……働き方が多様化し，女性が自分のニーズに合わせた雇用形態で働くようになったから，など
〈解説〉結婚後も労働市場にとどまる女性は増加しつつあるものの，日本の女性の年齢階級別労働力率は，いわゆるM字型を描き，20歳代後半から30歳代前半に労働市場から退出する女性が多く，30歳代後半から再び労働力率が高まっている。しかしながら，就業希望者数を考慮した潜在有業率でみるとM字型は解消され，欧米諸国のような台形を描く。このことから，家事・育児などが原因で就業したくても就業できず，中断を余儀なくされている女性が数多く存在していることを示している。

【6】問1　ア　乳児　　イ　新生児　　ウ　生理的黄疸　　エ　胎便
オ　小泉門　　カ　大泉門　　キ　免疫グロブリン　　問2　c
問3　哺乳量に対して，尿や便，汗などの排泄量が多いため，など
〈解説〉問1　新生児期とは，子どもが出生してから外界への生理的適応を獲得するまでの期間を指す。分娩時・出生時の影響は消失する時期であり，子宮内での母体依存の生活から子宮外での子どもとしての生理的な自立が確立されるまでの期間を言う。通常，生後7～10日までがこれに相当するが，国際新統計上では生後28日までとなっている。
問2　乳幼児の発達は秩序正しく，一定の順序で進むが，発育は身体

の各部に均一に起こるものではなく，速度も一定ではない。また，発育には大変大切な時期があり，頭部から尾部へ，中心部から末端部へなどという方向性がある。

【7】ア　n　イ　e　ウ　i　エ　l　オ　d　カ　h

〈解説〉乳幼児が持つ欲求は，生理的欲求と精神的・社会的欲求に分けることができる。精神的・社会的欲求には，愛される欲求，依存の欲求，所属の欲求，承認の欲求，安定の欲求，達成の欲求，独立の欲求，愛する欲求がある。特に，精神的・社会的欲求は，ほとんどが親をはじめとする周りの人々の関係に関わるものである。乳幼児の精神的健康を作るのは，愛情下，安定した，子ども自身の自立を助ける方向に働くような人間関係である。欲求不満は，本来的にはフロイトが精神分析的立場から不適応行動のメカニズムを説明するために提出した仮説的概念であるが，現在は適応行動を含めて心理学で用いる概念となっている。

2010年度　実施問題

【中高共通】

【1】次の表1は栗おこわ，すまし汁，天ぷら，酢の物の材料と分量を表している。下の問いに答えなさい。

表1

材料と分量（1人分）							
栗おこわ		すまし汁		天ぷら		酢の物	
もち米	140g	煮だし汁	150ml	①えび	25g	はるさめ	8g
栗（皮付きのもの）	100g	塩	1g	②生しいたけ	6g	④ハム	10g
うち水	適量	しょうゆ	1ml	③かぼちゃ	25g	⑤きゅうり	30g
黒ごま	2g	みつば	5g	ししとうがらし	4g	卵	15g
		豆腐	40g	揚げ油	適量	塩	0.1g
				衣　小麦粉	12g	砂糖	0.5g
				卵	6g	⑥レタス	5g
				水	（a）ml	酢	10ml
				天つゆ　煮だし汁	45ml	しょうゆ	7ml
				しょうゆ	15ml	砂糖	6g
				みりん	15ml	しょうが汁	少量
				だいこん	30g	⑦ごま油	1ml

問1　表1の(a)にあてはまる数字を次のア～オから選び，記号で書きなさい。

ア　12　　イ　24　　ウ　36　　エ　48　　オ　60

問2　表1の①～⑦の各食品を6つの食品群に分類すると，それぞれ何群になるか書きなさい。

問3　すまし汁の塩分濃度は何％になるか，次のア～オから選び，記号で書きなさい。ただし，しょうゆの塩分濃度は16％とする。

ア　0.4％　　イ　0.8％　　ウ　1.2％　　エ　1.6％　　オ　2.0％

問4　えびの下処理として，殻や背わたを取った後，しなければいけないことを2つ，理由をつけて書きなさい。

問5　かぼちゃを揚げる温度として正しいものを次のア～オから選び，記号で書きなさい。また，その温度を衣を使って，確かめる方法を図を使って説明しなさい。

ア　85℃　　イ　120℃　　ウ　170℃　　エ　200℃　　オ　250℃

問6　天つゆの煮だし汁をかつおぶしとこんぶを使って作りたい。作り方を書きなさい。

問7　次の表2はハムの包装に表示されているものである。表2の①～④はどのような目的で使用されているのか，下の語群から選び，それぞれ記号で書きなさい。

表2

品　名	ハ　ム
原材料名	豚もも肉、結着材料（でんぷん、植物性たんぱく）、食塩、砂糖、香辛料、①アミノ酸等、リン酸塩（Ｎａ）、カゼインＮａ、ｐＨ調整剤、②ビタミンＣ、③ソルビン酸、着色料（赤３、アナトー）、④亜硝酸塩
内容量	７５ｇ

（原材料名の欄は略記）

語群

a　凝固剤　　b　発色剤　　c　乳化剤　　d　酸化防止剤
e　調味料　　f　保存料　　g　漂白剤

(☆☆☆☆◎◎◎)

【2】次の平面図について，下の問いに答えなさい。

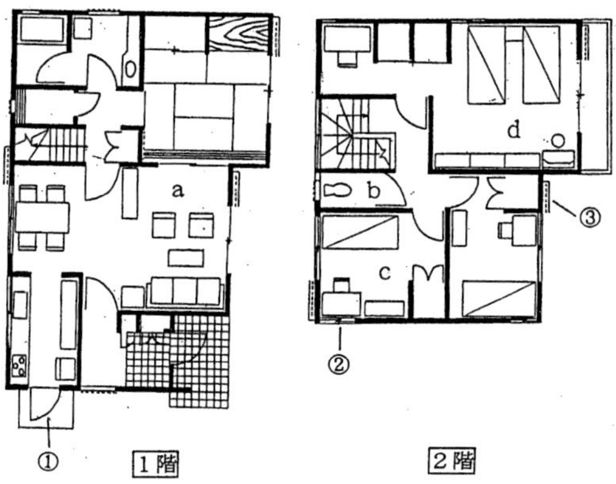

問1　平面図の間取りを次のア～カから選び，記号で書きなさい。

ア　3DK　　イ　3LDK　　ウ　4DK　　エ　4LDK　　オ　5DK
カ　5LDK

問2　図中の①～③の平面表示記号はそれぞれ何を表しているか，書きなさい。

問3　私たちは住まいの中でさまざまな生活行為をしている。生活行為は大きく4つに分類でき，それぞれに対応した住空間がある。共同的行為に対応した住空間を図中のa～dから選び，記号で書きなさい。

(☆☆☆☆☆◎◎◎)

【3】被服の手入れについて，次の問いに答えなさい。

問1　綿70%，ポリエステル30%のワイシャツを洗濯，アイロンがけしたい場合，次の(1)～(3)に答えなさい。

(1)　ワイシャツに墨汁がついていた。しみぬきの方法として正しいものを次のア～エから選び，記号で書きなさい。

ア　乾いてから手でもみ落とし，ブラシをかける。

イ　ベンジンをつけた歯ブラシでたたき出し，当て布に移し取る。

ウ　練り歯みがきをつけて，流水でもみ洗いする。

エ　かたくしぼった布でしみの裏側からたたき出す。

(2)　ワイシャツにアイロンがけをするために，繊維とアイロンの温度の関係を調べたら，次の表のようであった。このワイシャツにアイロンをかける際の温度は何℃が適しているか，書きなさい。また，その理由を説明しなさい。

綿	ポリエステル
高温（１８０～２１０℃）でアイロンをかける。	中温（１４０～１６０℃）でアイロンをかける。

(3)　ワイシャツに糊つけを行う効果を2つ書きなさい。

問2　毛100%の白いセーターを手洗いしたい。次の(1)(2)に答えなさい。

(1)　このセーターを洗う場合に最も適している洗剤を次のア～エから選び，記号で書きなさい。

ア　弱アルカリ性の合成洗剤　　イ　弱アルカリ性の石けん

ウ　中性の合成洗剤　　エ　弱酸性の合成洗剤

(2)　このセーターについて，適した干し方とその理由を説明しなさい。

問3　次の(1)(2)の記号は，国際標準化機構で基本としている記号です。それぞれの意味を説明しなさい。

（1）

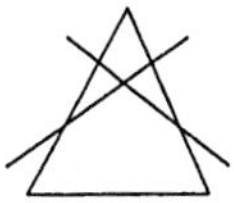

（2）

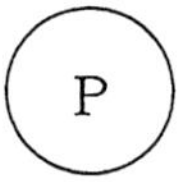

(☆☆☆◎◎◎)

【4】家庭生活と消費について，次の問いに答えなさい。

問1　次の図は，家庭の収入の構成を表したものである。下の(1)～(5)の収入は図のア～ウのどれに分類されるか，記号で書きなさい。

- 収入
  - 実収入
    - ア経常収入
    - イ特別収入
  - ウ実収入以外の収入
  - 繰入金

(総務省「家計調査年報」による分類に基づく)

(1)　給与　　(2)　銀行預金の引き出し金　　(3)　入学祝い

(4)　土地売却金　　(5)　借入金

問2　消費者保護基本法は，2004年に複雑で多様化した現代社会に対応するために改正が行われ，改称された。現在の法律名を書きなさい。また，その法律では，消費者にどのように行動することを求めているか，書きなさい。

問3　次の文を読み，対処の方法として最も適切なものを下のア～ウから選び，記号で答えなさい。

太郎さんのお父さんは雑誌の通信販売の広告を見て，9,800円のスポーツシューズを注文しました。3日後，注文の品と代金の振込用紙が届きましたが，イメージしていた色とは違っていたため，返品しようと考えました。

ア　5日以内にクーリング・オフ制度を利用する。

イ　8日以内にクーリング・オフ制度を利用する。

ウ　販売業者の取り決めに従い，返品が可能な場合にその手続きをする。

(☆☆☆☆◎◎◎◎)

【5】次の表は，授業で中学3年生が保育所を訪問した後に，そのまとめを書いたものである。下の問いに答えなさい。

きりん組	ぱんだ組	こあら組
・①紙飛行機を自分で折っていた。 ・しっぽ取りゲームをしていた。 ・自分の名前をひらがなで書いていた。	・なぐりがきの絵を描いていた。 ・積み木の取り合いをして、泣いていた。 ・ひとりで遊んでいる子が多かった。	・②紙芝居を喜んでくれた。 ・友達とよくけんかをしていた。 ・砂で山を作って遊んでいた。 ・役割を決めて、③ままごとをしていた。
・間食はビスケットと牛乳だった。	・間食はビスケットと牛乳だった。	・間食はビスケットと牛乳だった。

問1　表の①～③は，次のア～オのどれに分類されるか，記号で書きなさい。

ア　感覚遊び　　イ　運動遊び　　ウ　模倣遊び　　エ　受容遊び

オ　構成遊び

問2　この3つの組の年齢の集団を，発達段階の幼い方から順番に並べなさい。

問3　幼児の間食の意義を書きなさい。

問4　保育所訪問を行う際に，生徒への事前の安全指導について，指導する内容を2つ書きなさい。

問5　保育所訪問以外に，技術・家庭の授業で幼児と触れあう直接的な体験の方法として，考えられるものを2つ書きなさい。

(☆☆☆☆◎◎◎◎)

解答・解説

【中高共通】

【1】問1　イ　　問2　①　1群　　②　4群　　③　3群　　④　1群　　⑤　4群　　⑥　4群　　⑦　6群　　問3　イ

問4　〈解答例〉・油はねを防止するために，尾と剣先をななめに切り，水分をしごき出す。　・丸まらないようにするために，腹側に包丁を入れ，手でのばしておく。　問5　記号：　ウ

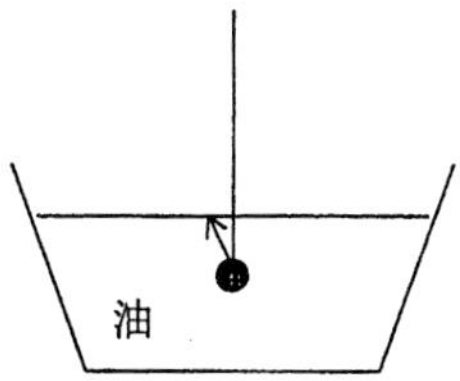

衣はしずんでいくが，途中でなべ底にくっつかないうちに浮き上がる。

問6　こんぶを水につけてから火にかけ，沸騰直前にこんぶを取り出し，かつおぶしを入れて沸騰したら上ずみをこす。　問7　①　e　②　d　③　f　④　b

〈解説〉問1　天ぷらの衣を作る際の水の量は小麦粉の倍量である。

問2　6つの食品群は以下である。

1群：魚，肉，卵，大豆製品 主として良質たんぱく質の供給源

2群：牛乳，乳製品，骨ごと食べられる魚 主としてカルシウムの供給源

3群：緑黄色野菜 主としてカロチンの供給源

4群：その他の野菜・果物 主としてビタミンcとミネラルの供給源

5群：米・パン・めん類・いも 主として糖質性エネルギーの供給源

6群：油脂 主として脂肪性エネルギーの供給源

問3　$1+1\times0.16=1.16$　$1.16\div150\times100\fallingdotseq0.8$　問4　油はねの防止方法と丸まらないための方法を書く。　問5　かぼちゃは170℃で揚げるとよい。またその温度の確かめ方は，衣を落とすと，途中でなべ底

にくっつかないうちに浮き上がるくらいである。　問6　混合だしのとり方は基本なのでしっかり頭に入れておくこと。　問7　アミノ酸等は調味料として，ビタミンCは酸化防止剤として，ソルビン酸は保存料として，亜硝酸塩は発色剤として添加されている。

【2】問1　エ　　問2　①　片開きとびら　　②　引き違い窓
③　雨戸　　問3　a

〈解説〉問1　部屋が4つに，リビング，ダイニング，キッチンで，4LDKである。　問2　平面表示記号は頻出なのでしっかり頭に入れておくこと。　問3　共同的行為をする生活空間としては，「居間」「客間」「食事室」などがある。

【3】問1　(1)　ウ　　(2)　温度：140～160℃　　理由：布を傷めないようにするためには，2種類のうち低いほうの温度に合わせる必要がある。そこで，ポリエステルをかける温度に合わせる。
(3)〈解答例〉・布に適度なかたさとはりを与え，形を整える。
・布に汚れをつきにくく，落ちやすくする。　問2　(1)　ウ
(2)　・日陰で陰干しにする。紫外線で黄変するのを防ぐとともに，伸びてしまうのを防ぐため。　問3　(1)　塩素系漂白禁止　　(2)　ドライクリーニングができる

〈解説〉問1　(1)　墨汁のしみぬきには，歯みがき粉をつけて流水でもみ洗いするのがよい。　(2)　アイロンの温度は温度の低い方の繊維に合わせる。　(3)　ワイシャツに糊つけをすることで，かたさやはりが出て型崩れしにくくなり，汚れがつきにくく，落ちやすくなる。
問2　(1)　毛に適する洗剤の液性は中性である。　(2)　毛の白いセーターなので，日焼けに注意するために日陰で陰干しをする。
問3　国際標準化機構の記号は注意して覚えておくこと。

【4】問1　(1)　ア　(2)　ウ　(3)　イ　(4)　ウ　(5)　ウ
問2　法律名：消費者基本法　消費者に求めていること：自ら進んで消費生活に関する必要な知識を習得し，必要な情報を収集する等，自主的・合理的に行動するように努めること。　問3　ウ

〈解説〉問1 「経常収入」とは，家計の消費行動に大きな影響を与える定期性あるいは再現性のある収入であり，「勤め先収入」，「事業・内職収入」及び「他の経常収入」から成る。「特別収入」は，それ以外の収入で，「受贈金」及び「その他」から成る。「実収入以外の収入」とは，預貯金引出し，財産売却，保険取金，借入金など手元に現金が入るが，一方で資産の減少，負債の増加を生じるものであり，分割払いや一括払いでの購入額も含む。　問2　消費者基本法より抜粋。第7条　消費者は，自ら進んで，その消費生活に関して，必要な知識を修得し，及び必要な情報を収集する等自主的かつ合理的に行動するよう努めなければならない。　問3　通信販売では基本的にクーリング・オフによる解約はできない。

【5】問1　①　オ　②　エ　③　ウ　問2　ぱんだ組　→　こあら組　→　きりん組　問3　三度の食事だけでは栄養素量が不足するので，間食で補う。　問4　〈解答例〉・目的地に到着するまでの移動経路や方法を事前に調査し，生徒に交通などの安全確認や生徒自身の安全確保について指導する。　・幼児に対する配慮や安全の確保などに十分気を配るように指導する。　問5　〈解答例〉・子育て支援センターや育児サークルの親子との触れ合いをする。　・教室に幼児を招いての触れ合いを工夫する。

〈解説〉問1　①　構成遊びは，いろいろなものを組み立てたり，作り出したりするところに楽しみを感じる遊びで，積み木，絵をかく，ねんど細工，折り紙などがある。　②　受容遊びは，絵本を見たり，お話を聞いたり，テレビを見たりという種類の遊びで，受身になって受け取る遊びである。　③　模倣遊びは，子供の周囲にある生活をまねることによって楽しむ遊びで，ごっこ遊び，模倣遊びは，2歳ころから3，

4歳が盛んで，5歳近くまで続ける。　問2　問1で答えた遊びの種類によって年齢をよむ。　問3　幼児にとって間食は3つの側面から必要である。第1点は栄養的な面の役割，第2点は精神的な面の効果，第3点は，しつけや健全な食習慣を形成するための栄養教育の効果的な場として評価できる。　問4　事前の安全指導については，目的地までの安全確認と，幼児に対する安全確認などがある。　問5　ほかに，幼稚園への訪問，など。

2009年度　実施問題

【中高共通】

【1】次の文を読んで，下の問いに答えなさい

高校1年生の恵子さんは，両親と中学2年生の弟，祖母と一緒に暮らしています。兄は就職して，大阪で一人暮らしをしています。父はISO14001を取得している企業に，母はグループホームに勤めています。

問1　次のグラフは，世帯構成の変化を年次別に示したものである。(1)～(3)に答えなさい。

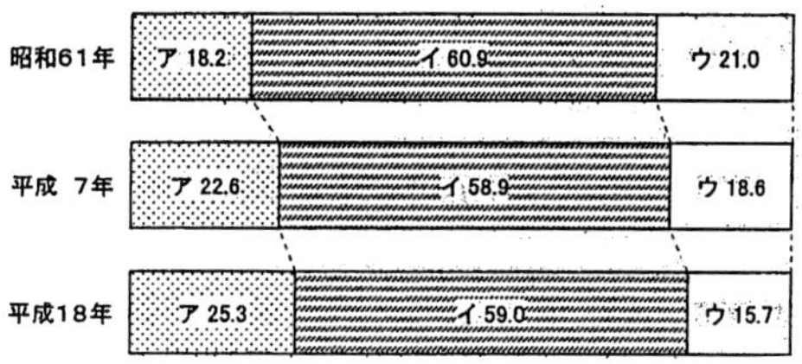

（単位　%）

厚生労働省「平成１８年　国民生活基礎調査」から作成

(1)　世帯とは何か，書きなさい。

(2)　恵子さんの世帯は，上のグラフのア～ウのどれにあてはまるか，記号で答えなさい。また，その世帯を何というか書きなさい。

(3)　恵子さんの兄の世帯は，上のグラフのア～ウのどれにあてはまるか，記号で答えなさい。また，その世帯を何というか書きなさい。

問2　両親の勤務先に関して，次の(1)(2)に答えなさい。

(1)　ISOとはどのような機関か，書きなさい。

(2)　グループホームとはどのような施設か，書きなさい。

問3　恵子さんは授業で，制服や部活動のユニフォームについての学習をしました。次の(1)～(4)に答えなさい。

(1)　制服を社会的機能から説明しなさい。

(2)　恵子さんの制服は毛70%，ポリエステル30%でできていることがわかった。毛100%の制服に比べ，どのような性能上の利点があるか，書きなさい。

(3)　弟の制服はポリエステル100%であり，家庭等からでる再生資源からできていることがわかった。何の再生品であるか，書きなさい。

(4)　部活動のユニフォームは，ポリエステルの多孔質中空繊維でできていることがわかった。この素材がユニフォームに適している理由を書きなさい。

(☆☆☆◎◎◎)

【2】子どもの福祉について，次の問いに答えなさい。

問1　次の文は児童憲章の前文の一部である。(　ア　)~(　ウ　)にあてはまる語句を書きなさい。

われらは，日本国憲法の精神にしたがい，児童に対する正しい観念を確立し，すべての児童の幸福をはかるために，この憲章を定める。 児童は，(　ア　)として尊ばれる。 児童は，(　イ　)として重んぜられる。 児童は，(　ウ　)の中で育てられる。

問2　児童福祉法において，児童は何歳未満の者と定義されているか，書きなさい。

問3　児童虐待について，次の(1)(2)に答えなさい。

(1)　次のグラフは，児童相談所への児童虐待に関する相談件数の内容別内訳を示したものである。グラフのa，bにあてはまる語句を書きなさい。

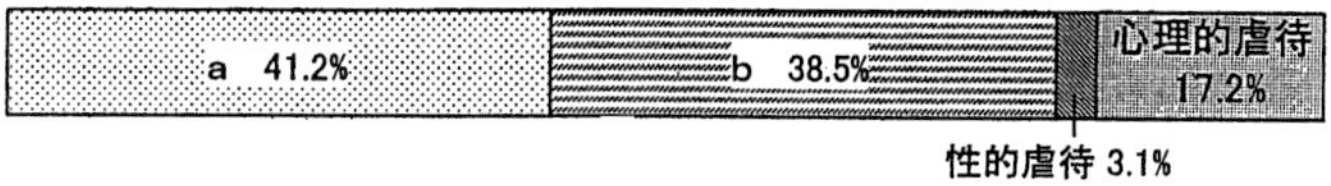

平成18年度の内訳。厚生労働省「福祉行政報告例」から作成

(2) 子どもの人権を守る立場から，2004年に改正された「児童虐待の防止等に関する法律」第6条に定められている，虐待を受けたと思われる児童を発見した者の義務は何か，書きなさい。

(☆☆☆◎◎◎)

【3】次の文を読んで，下の問いに答えなさい。

①住空間は，家族が健康で快適な生活を送ることができるように，設計することが大切であり，②動線や動作寸法，日照・採光・通風など，さまざまな要素を考慮して計画しなければならない。

また，住居への要求は，ライフステージによっても変化する。その要因として，子どもの成長と③高齢化への対応があげられる。

問1　下線部①の住空間には，収納や通路を除いて，生理衛生空間，家事労働空間のほかにどのような空間があるか，2つ書きなさい。

問2　下線部②の語句について，説明しなさい。

問3　下線部③について，どのような住居への要求があるか，書きなさい。

問4　近年，新たに注目されているコレクティブハウスとはどのような居住形態か，説明しなさい。

(☆☆☆◎◎◎)

【4】消費生活について，次の文の(　ア　)～(　カ　)にあてはまる語句を書きなさい。

消費者が買った商品の代金を現金で支払うことが日常的であるが，現在，代金を後払いする方式のクレジットカードや，前払いする方式の(　ア　)カード，買い物と同時に銀行口座から決済される(　イ　)カードなどカード化が進んでいる。
また，クレジット契約の支払い方法としては，分割払い，翌月一括払い，ボーナス時払いなどがある。これら代金をその場で支払わず，後払いする取引のことを(　ウ　)という。
一方，クレジットカードのキャッシング，銀行のカードローン，サラリーマン金融などの(　エ　)も広がってきている。先の(　ウ　)と合わせて(　オ　)と呼ぶ。
(　オ　)は，将来の収入で返済する条件で，今必要な商品を購入したり資金を得たりするものであり，計画的な利用が重要である。計画的に利用していても予測できない原因で支払い困難となり，返済のための借り入れを重ねて，(　カ　)に陥るケースもある。その解決方法として，自己破産をする者が増えている。

(☆☆☆◎◎◎)

【5】ブラウスの製作について，次の問いに答えなさい。

問1　次の図は布に袖の型紙を配置したところを表したものである。下の(1)(2)に答えなさい。

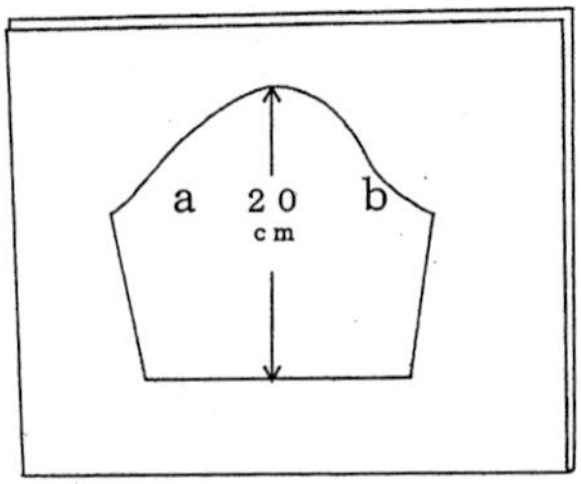

(1)　a，bのうち，前はどちらか記号で答えなさい。

(2) 裁ち切り線を実線で書きなさい。また，袖つけの際，いせこみを入れる箇所を破線で図示しなさい。

問2 次の図は襟のつけ方を表したものである。下の(1)(2)に答えなさい。

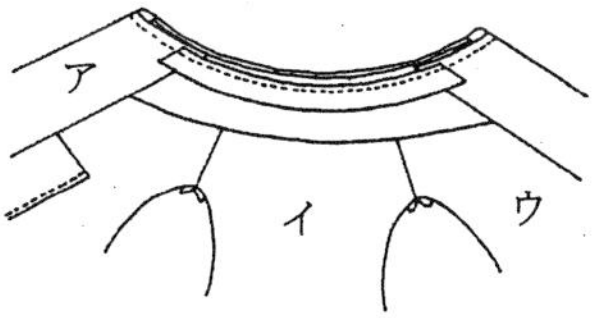

(1) ア～ウにあてはまる各部の名称を書きなさい。

(2) 襟ぐりの縫い代に切り込みを入れる理由を書きなさい。

(☆☆☆◎◎◎)

【6】次のサイズ表示について，下の問いに答えなさい。

a 92A4	b 9ABP	c 92Y6	d 11BT	e 7AR
f 92B7				

問1 成人男子の表示を全て選び，身長の高いものから順に，記号で答えなさい。

問2 成人男子の表示のうち，最も体型(チェストとウエストの寸法差)が小さいものを選び，記号で答えなさい。

問3 成人女子の表示のうち，最も身長が高いものを選び，記号で答えなさい。

(☆☆☆◎◎◎)

【7】食生活について，次の問いに答えなさい。

問1 会席料理の献立で供される順について，次の(ア)～(オ)にあてはまるものをあとの語群から選び，記号で答えなさい。

前菜 → (ア) → (イ) → 煮物 → (ウ) → (エ) → 小鉢 → 止め椀 → (オ) → 香の物

語群

a 飯	b 向付	c 鉢肴	d 吸物	e 口取

問2　和室の場合の座席の決め方について，主客の位置はどこか。また，主人の位置はどこか，それぞれ次の図から選び，記号で答えなさい。

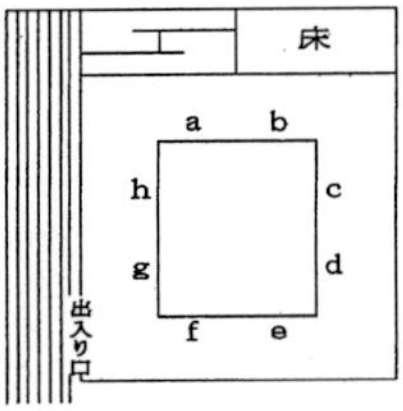

問3　西洋料理の食卓作法で，食事の途中と食べ終わりのナイフとフォークの置き方がわかるように，図示しなさい。ただし，右利きの場合とする。

問4　次の中国料理の特徴はどの料理を説明したものか，下の語群から選び，記号で書きなさい。

(1)　油を多く用いた濃厚な料理が発達した。宮廷を中心とした洗練された料理も多い。

(2)　味はやや淡泊で，魚介類の料理が多い。

(3)　材料や調理法が多彩で，欧風化した料理が多い。

(4)　食品の加工法や貯蔵法が発達している。唐辛子や山椒を用いた刺激の強い料理が多い。

語群

a 北京料理	b 広東料理	c 四川料理	d 上海料理

問5　次の表は，太郎さんの家族の1日の食品群別摂取量のめやすである。ア～オにあてはまる語句や数字を書きなさい。

（1人1日あたり、身体活動レベルⅡの場合、単位g、香川芳子案）

食品群／家族	1群		2群		3群			4群		
	乳・乳製品	卵	魚介・肉	豆・豆製品	野　菜	いも類	くだもの	穀　類	砂　糖	ア
父　48歳	300	イ	140	ウ	350	エ	オ	400	10	30
母　45歳	250	イ	100	ウ	350	エ	オ	270	10	15
太郎16歳	400	イ	160	100	350	エ	オ	380	10	30
妹　13歳	400	イ	120	ウ	350	エ	オ	320	10	20

問6　高等学校の普通教科「家庭」において，調理実習を行いたい。題材を設定するにあたり，考慮すべきことを2つ書きなさい。

(☆☆☆◎◎◎)

解答・解説

【中高共通】

【1】問1　(1)　住居と生計を共にする者の集まり又は独立して住居を維持し，若しくは独立して生計を営む独身者　(2)　記号　ウ　拡大家族世帯　(3)　記号　ア　単独世帯　問2　(1)　商品流通の国際化に伴い，世界共通の規格などを設定することを目的に設置された機関である。　(2)　認知症の高齢者などが介護スタッフなどからの援助を受けながら，共同生活を営む施設である。　問3　(1)　集団への帰属をあらわす。　(2)　耐久性がある。　(3)　ペットボトル　(4)　軽く，吸水性が高いから。

〈解説〉問1　(1)　世帯とは，一家を構えて独立した生計を営むこと。また，そのくらし向き。住居や生計を同じくする人たちの集合体である。(2)　恵子さんの世帯は拡大家族世帯であり，ウで，年々減ってきている。また，イは核家族世帯で一番多い。　(3)　兄は一人暮らしなので，単独世帯で，アである。こちらは年々増えてきている。

問2　(1)　ISOは，工業標準の策定を目的とする国際機関で，各国の標準化機関の連合体である。1947年に設立され，現在では147カ国が参加している。本部はスイスのジュネーブにある。　(2)　グループホームは，高齢者や障害者などが介護スタッフとともに地域の中で自立的な共同生活をする施設である。スウェーデンで生まれたしくみである。定員5人から9人の少人数で，家庭的な雰囲気を持って共同生活を営み，各人の能力に応じて食事の支度や掃除・洗濯などの役割をになっている。　問3　(1)　制服の社会的機能には，規律正しさ，団結心・集団への忠誠心，社会階層を目立たなくする，経済的軽減，などがある。

(2)　毛100％よりはポリエステルが入っている方が，耐久性に優れている。　(3)　ポリエステルはペットボトルの再生品である。

(4)　多孔質中空繊維は，多数の細孔をもち，かつ，中が空洞なので，軽く，吸水性が高くなる。

【2】問1　ア　人　　イ　社会の一員　　ウ　よい環境　　問2　18歳未満　問3　(1)　a　身体的虐待　　b　ネグレスト　　(2)　福祉事務所又は児童相談所への通告義務

〈解説〉問1　児童憲章前文は頻出なのでしっかり頭に入れておくこと。

問2　児童福祉法より抜粋

第4条　この法律で，児童とは，満18歳に満たない者をいい，児童を左のように分ける。

1．乳児

満1歳に満たない者

2．幼児

満1歳から，小学校就学の始期に達するまでのもの

3．少年

小学校就学の始期から，満18歳に達するまでの者

問3　(1)　児童虐待の相談の第一位は，身体的虐待によるもので，それについで多いのがネグレスト(育児放棄)である。

(2)　児童虐待の防止等に関する法律より抜粋

第6条　児童虐待を受けたと思われる児童を発見した者は，速やかに，これを市町村，都道府県の設置する福祉事務所若しくは児童相談所又は児童委員を介して市町村，都道府県の設置する福祉事務所若しくは児童相談所に通告しなければならない。

【3】問1　共同生活空間　　個人生活空間　　問2　住居の中を人や物が移動するときの軌跡。　問3　・手すりの設置　　・段差をなくすなど　　問4　1つの住棟や住宅団地内に，それぞれ独立した複数の住

戸と日常生活の一部を共同化するための共用空間や設備が組み込まれている集合住宅の形態。

〈解説〉問1 住空間には，生理衛生空間，家事労働空間，共同生活空間，個人生活空間がある。 問2 動線は，建物の中で，何かの行為をするときに人が動いた軌跡のことである。行ったり来たりする線的な動きなので動線という。大きく分けると生活動線と家事動線がある。
問3 他に，車椅子対応として，廊下の幅を広げる，家庭用エレベーターの設置，などがある。 問4 コレクティブハウスは，私生活の領域とは別に共用空間を設け，食事・育児などを共にすることを可能にした集合住宅である。

【4】ア プリペイド イ デビット ウ 販売信用 エ 消費者金融 オ 消費者信用 カ 多重債務

〈解説〉代金の支払い方法としては，後払い方式のクレジットカード，前払い方式のプリペイドカード，その場で銀行口座から決済されるデビットカードが多くなってきている。また，後払いする取引のことは，販売信用といっている。消費者信用は，消費者の信用力をもとにして貸付を行う金融サービスで，商品やサービスを後払いで販売する販売信用と，金銭を直接貸し付ける消費者金融から成っている。多重債務の解決方法の1つとして，自己破産という手段がある。自己破産とは，支払い不能の状態にあると認められる場合に，借金の全額を免除してもらうことができる制度である。ただし，車や住宅などの財産を持っている場合(20万円以上の財産)はそれを処分しなくてはならない。処分した際のお金は，債権者に分配されることになる。

【5】問1　(1)　b

(2)

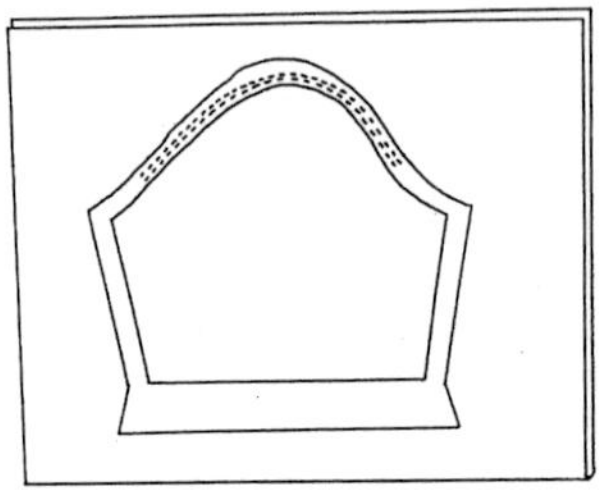

問2　(1)　ア　見返し　　イ　後ろ身ごろ　　ウ　前身ごろ

(2)　理由：切り込みを入れないと，出来上がり線どおりに折れないから。

〈解説〉問1(1)　前と後ろの違いは，前が少しくぼみ，後ろは丸みをおびているところである。　(2)　裁ち切り線は裁断する線なので，縫い代分を取り，袖先部分は解答欄のようにひく。また，いせこみは肩の部分，図でいうと上の部分に入れる。　問2　(1)　前身ごろと後ろ身ごろを間違えないようにすること。　(2)　カーブになっているので，切り込みを入れないと汚くなり，出来上がり線どおりに折れなくなる。

【6】問1　f，c，a　　問2　c　　問3　d

〈解説〉問1　成人男性は，チェスト－体型－身長が表示されており，身長は2＝155cm，3＝160cm，　4＝165cm，5＝170cm，6＝175cm，7＝180cm，8＝185cm，9＝190cm　となっている。　問2　チェストとウエストの差は，少ないほうからE体型，BE体型，BB体型，B体型，AB体型，A体型，YA体型，Y体型，JY体型，J体型となっている。

問3　成人女子は，バストサイズ－体型－身長が表示されており，身長は，PP＝142cm，P＝150cm，R＝158cm，T＝166cmとなっている。

【7】問1　ア　b　　イ　d　　ウ　e　　エ　c　　オ　a

問2　主客　b　　主人　f

問3

問4　(1)　a　　(2)　d　　(3)　b　　(4)　c　　問5　ア　油脂
イ　50　　ウ　80　　エ　100　　オ　200　　問6　・様式や調理法，食品が重ならないようにする。　・学校及び生徒の実態に応じて基礎的な調理技術の習得ができるようにする。

〈解説〉問1　会席料理の基本は，前菜・お吸い物・刺身，焼き物，煮物，揚げ物，蒸し物，酢の物，ご飯・香の物，果物の順番である。

問2　和室の場合は，床の間の前中心に主客が，その右となりに順序2が，次に主客の左隣には3が，そして2の隣に4，3の隣に5，次の6は5の隣に。これで終わりの場合は6の隣に招いた主人が，その隣に順に家族が着席する。　問3　ナイフとフォークは，食事途中はハの字に，食べ終わりには揃えておいておく。　問4　(1)　北京料理：麦や雑穀が主食であったことから小麦を原料とする餃子や包子，麺類が発達，また魚よりも肉料理が発達している。宮廷料理の流れを汲んで，歯ざわりの良さ，やわらかさ，新鮮さと香りに重点を置いている。

(2)　広東料理：亜熱帯の新鮮な食材を生かし，淡白な味付けで日本人にも圧倒的な人気がある。海産物を中心にフカヒレ，ツバメの巣など材料はバラエティに富み，料理の種類もとても多く，蛇料理などのゲテモノ料理も特色の一つである。　(3)　上海料理：麺などの簡単な食事から発達した，コクがあって甘く，油けが多く，色が濃いうえ，ふっくらと煮込んだ柔らかさを持つ料理である。コトコトと煮込んだ家庭料理が多いが，早くから国際都市として栄え，外国の調理法の影響を受け，洗練された味が完成している。　(4)　四川料理：四川料理の味を決めるのは何と言っても豆板醤である。それから椒麻醤や魚醤など，各種の調味料が奥深い複雑な辛さを生み出している。シロキクラゲ，キヌガサダケは珍味で，またザーサイなどの漬物も美味しい。
問5　ア　4群は穀類，砂糖，油脂である。イ～オの数値に関しては年代別に覚えておくとよい。　問6　学習指導要領解説P93参照のこと。

2008年度　実施問題

【中高共通】

【1】女物ひとえ長着について，下の問いに答えなさい。

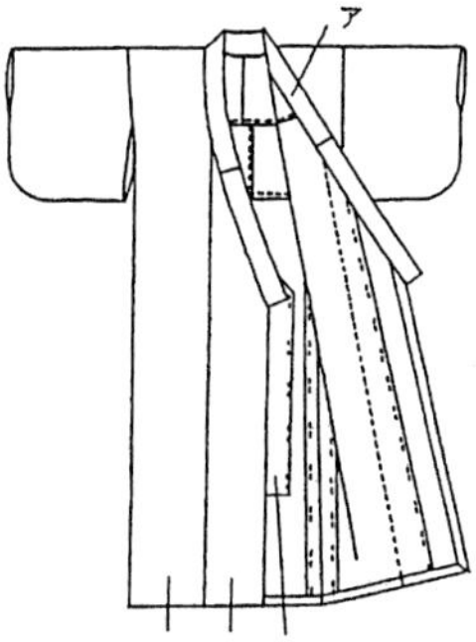

問1　上の図のア～エの名称を書きなさい。

問2　女物ひとえ長着では，着用したときのたけ(着たけ)より25～30cm長く身たけをとって仕立て，その分は腰のところで折って着装するが，そのことを何というか，書きなさい。

(☆☆◎◎◎◎)

【2】石川県指定無形文化財である能登上布と牛首紬の原料となる繊維は何か，それぞれ書きなさい。

(☆☆☆☆☆◎)

【3】被服の立体構成に関して，次の問いに答えなさい。

問1　ふくらみをもたせたい部分の布端を，しつけ糸などで細かく縫い縮めて立体化させる技法を何というか，書きなさい。

問2　立体的な人体を平面の布で包んだときにできるたるみをつまんで，縫い消したつまみの部分を何というか，書きなさい。

(☆☆☆☆◎◎)

【4】住生活について，下の問いに答えなさい。

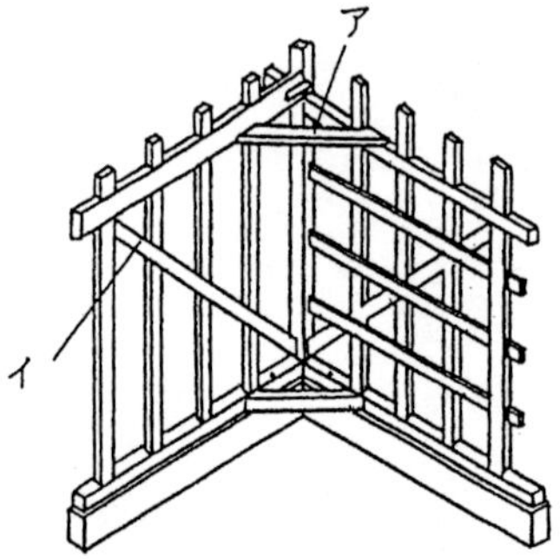

問1　耐震性を高めるために上の図のような補強方法が用いられている。上の図のア，イをそれぞれ何というか，書きなさい。

問2　地震に備えての室内における対策を2つ書きなさい。

問3　次の(　ア　)～(　エ　)にあてはまる語句を書きなさい。

(1)　建物に関する安全性は，(　ア　)という法律によって定められている。この法律は，建築物の構造耐性や防火などの安全条件に関する規定と，地域による制限や建ぺい率と容積率，敷地と道路との関係など，建築物の秩序に関する規定からなる。

(2)　住まいにとって太陽光は欠かせない要素である。太陽光線は明るさと熱を与えるだけでなく，(　イ　)作用もあるので，健康を維持するためにも不可欠である。

(3)　健康で暮らすために，よい居住環境であることが欠かせない。問題のある住宅で暮らすことでみられる健康障害の総称を(　ウ　)という。要因としては，住宅や日常生活で発生する化学物質や換気性能の不良によって増えるかびやダニなどがある。

(4)　室外と室内の温度差のために，押入の壁や外壁に面した窓ガラスなどには，水滴がつくことが多い。これを(　エ　)という。

(☆☆☆☆◎◎◎)

【5】次の表はアミノ酸評点パターンと精白米，薄力粉，大豆のアミノ酸組成を示したものである。下の問いに答えなさい。

アミノ酸	※アミノ酸評点パターン(mg/窒素1g)	アミノ酸組成(mg/窒素1g)		
		精白米	薄力粉	大豆
ヒスチジン	120	160	140	170
(　ア　)	180	250	220	290
ロイシン	410	500	430	470
リジン	360	220	150	390
含硫アミノ酸	160	290	260	190
芳香族アミノ酸	390	580	470	540
スレオニン	210	210	160	230
トリプトファン	70	87	66	79
バリン	220	380	250	300

※FAO／WHOによる

問1　表中の(　ア　)にあてはまる必須アミノ酸名を書きなさい。

問2　精白米の第1制限アミノ酸とアミノ酸価を求めなさい。なお，アミノ酸価は，小数第1位を四捨五入し，整数で答えること。

問3　精白米，薄力粉，大豆をアミノ酸価の高い順に書きなさい。

問4　栄養価の低い植物性のたんぱく質でも，不足している必須アミノ酸を多く含む別のたんぱく質と組み合わせることによって，栄養価を高めることができる。このことを何というか書きなさい。

(☆☆☆◎◎◎)

【6】食品と調理について，次の問いに答えなさい。

問1　うるち米のでんぷんともち米のでんぷんとの違いを書きなさい。

問2　小豆を長い間水に漬けずに煮る理由を書きなさい。

問3　黒大豆に鉄くぎを入れて煮ると美しい色に仕上がる理由を書きなさい。

問4　こんぶでだしをとる場合，水からこんぶを入れて沸騰直前に取り出す理由を書きなさい。

(☆☆◎◎◎◎◎)

【7】次の文を読んで，あとの問いに答えなさい。

石川さんは25歳，独身で，会社に勤めている。石川さんの姉は結婚しており，2歳の子どもがいる。久しぶりに姉を訪ねた石川さんは，将来のために，①妊娠中の休暇や②子どもの生活について話を聞いている。

問1　次の表は，石川さんの給与表である。これをもとに(1)～(4)に答えなさい。

番号	123456	氏名	石川花子		差引支給額	220,738 円	
基本給	扶養手当	住居手当	通勤手当	時間外手当		その他の手当	支給額合計
226,420	0	0	10,566	30,227		0	267,213
健康保険料	（　ア　）	厚生年金保険	雇用保険料	所得税	住民税	組合費	控除額合計
6,679	0	14,574	1,242	9,380	11,000	3,600	46,475

(1)　給与表のうち消費支出はいくらか書きなさい。

(2)　給与表のうち非消費支出はいくらか書きなさい。

(3)　給与表のうち可処分所得はいくらか書きなさい。

(4)　40歳以上になったら支払わなければならない(　ア　)にあてはまる社会保険料は何か書きなさい。

問2　下線部①に関して，産前産後休暇の期間について規定している法律名を書きなさい。

問3　下線部②に関して，次の(　イ　)(　ウ　)にあてはまる語句を書きなさい。

子どもの病気や異常を早く発見するために，1歳半・3歳児(　イ　)があるので活用する。また，感染症にかからないように免疫をつくる目的で(　ウ　)がある。

(☆☆☆◎◎◎)

【8】次の文を読んで，あとの問いに答えなさい。

「食をめぐる現状」としては，近年，健全な食生活が失われつつあり，①我が国の食をめぐる現状は危機的な状況にあること，このため，地域や社会をあげた子どもの食育をはじめ，②生活習慣病等の予防，高齢者の健全な食生活や楽しく食卓を囲む機会の確保，③食品の安全性の確保と④国民の理解の増進，⑤食料自給率の向上，伝統ある食文化の継承等が必要である，との認識が示されている。

PFC比国際比較

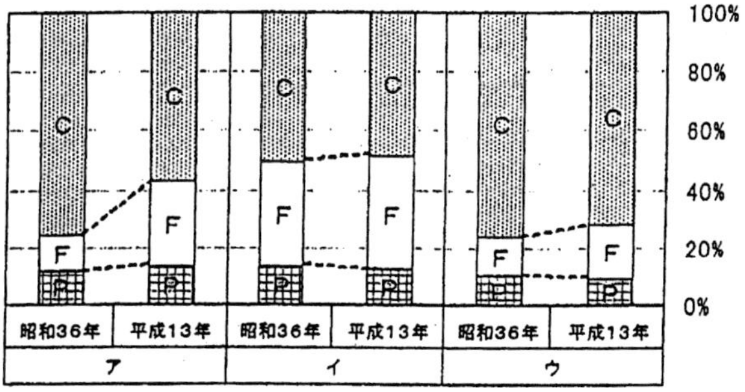

(FAOSTAT "FAO Statistical Databases", 2001年)

(平成18年版食育白書　内閣府　より)

問1　下線部①に関して，上のグラフは食生活の変化を表すPFCエネルギー比の国際比較を示したものである。P，F，Cとはそれぞれ何か書きなさい。また，グラフ中のア～ウにあてはまる国を次のa～cより選び，それぞれ記号で答えなさい。

a　アメリカ　　b　日本　　c　インド

問2　下線部②に関して，摂取することによって「血圧や血中のコレステロールを正常に保つことを助ける」，「お腹の調子を整えるのに役立つ」など，健康の維持・増進に役立つと表示することを厚生労働大臣が許可した食品を何というか，書きなさい。

問3　下線部③に関する次の(1)～(3)の語句について，説明しなさい。

(1)　ハサップ

(2)　トレーサビリティ

(3)　ポストハーベスト

問4　下線部④に関して，内閣府は平成18年に作成した食育基本計画において食育の推進にあたっての目標値を示している。「食育に関心を持っている国民の割合」について，平成17年度において何％のものを平成22年度までに何％以上にする目標を掲げているか，書きなさい。

問5　下線部⑤に関して，次のア～エの食品を，平成16年度，我が国における品目別自給率が高い順に並べ，記号で答えなさい。

ア　米　　イ　魚介類　　ウ　野菜　　エ　豆類

(☆☆☆☆◎◎◎)

【9】生徒が食生活に関するホームプロジェクトを実施しようとしている。あなたなら，どのようなテーマと実施計画を例示し，指導を行うか，具体的に書きなさい。

(☆☆☆☆◎◎)

解答・解説

【中高共通】

【1】問1　ア　かけえり　　イ　いしきあて　　ウ　おくみ　エ　前身ごろ　　問2　おはしょり

〈解説〉問1　女物ひとえ長着の名称はよく出るので覚えておきたい。かけえりは，その部分だけ取りはずし，洗えるようにしてある。居敷当は，腰の摩擦の多い部分を補強するためにある。　問2　着物を着たとき，帯の下に出ている部分。ここで着物の長さを調節する。着物の裾の長さを短くすれば，おはしょりは長くなる。

【2】能登上布：麻　　牛首紬：絹

〈解説〉能登上布は能登縮とも言われる。紺地または白地の絣(かすり)が多いのが特徴で，涼しげな風合いである。1960年に石川県指定無形文化財に指定された。牛首紬は，素朴な味わいとすぐれた耐久性が特徴である。石川県指定無形文化財であると同時に，国の伝統工芸品にも認定されている。

【3】問1　いせこみ　　問2　ダーツ

〈解説〉問1　平面の布を立体的に仕上げるために，表面には見えないようにこまかく縫い縮める方法。袖山や，たびの爪先などに用いる。
問2　装飾的に，また体型に合わせて立体化させるため，衣服の必要な箇所をつまんで縫ったものである。

【4】問1　ア　火打ち　　イ　筋かい　　問2　解説参照
問3　ア　建築基準法　　イ　殺菌　　ウ　シックハウス症候群
エ　結露

〈解説〉問1　火打ちは壁体の中に斜めに材を取りつけて，補強するものである。木造の軸組みは地震や台風による横からの力に対してゆがみやすいため，取りつけられる。　筋かいは，柱と柱の間の長方形の部分に，斜めに取り付けられ横からの力に対して補強をするものである。
問2　家具を固定したり，家具や物の置き場所を工夫したりする。また，人の動線についても考える。　問3　イ　その他にも，太陽光のはたらきには，ビタミンDを体内につくったり，生活リズムを調えたりするものもある。また，色あせや皮膚の損傷の原因になることもある。　ウ　シックハウス症候群とは，住宅に使われている建材に含まれるホルムアルデヒド，塩化ビニル樹脂，トルエン，クレオソートなどの有害化学物質が住宅内に放散されることで，めまいや頭痛などの症状を引き起こすものである。最近の住宅は機密性が高いため換気に十分注意することが必要である。　エ　結露は，高湿度の空気が低温の物体に触れることによって，水蒸気が凝縮して水滴となることで発生する。風通しをよくすることが必要である。

【5】問1　イソロイシン　　問2　第一制限アミノ酸，リジン　　アミノ酸価，61　　問3　大豆→精白米→薄力粉　　問4　たんぱく質の補足効果

〈解説〉問1　アミノ酸のうち必須アミノ酸は9種類である。これらは，体内でつくることができない。　問2　ア　アミノ酸評点パターンに満たしていないもののうち，一番不足しているものを第一制限アミノ酸という。　アミノ酸価は，第一制限アミノ酸の値を下の計算式で計算する。　各必須アミノ酸の量／アミノ酸評点パターンの値×100　精白米のアミノ酸価は61なので覚えておくとよい。　問4　一般に動物性食品のアミノ酸価は高く，植物性食品のアミノ酸価は低い。不足しているアミノ酸価を多く含む食品と同時に摂取することで，アミノ酸価を高めることをたんぱく質の補足効果という。

【6】問1　うるち米のでんぷんはアミロースとアミロペクチンをおよそ2：8の割合で含み，もち米のでんぷんはアミロペクチンがほぼ100％である。　問2　小豆は水につけても吸水がきわめておそく，皮が破れやすいから。　問3　黒大豆の色は，アントシアン系の色素なので鉄のイオンと結合すると安定し，美しい色が保たれるから。

問4　長時間の加熱によってねばりが出るのを防ぐため。

〈解説〉問1　アミロペクチンが多いほどねばりが強くなる。　問2　小豆は浸漬直後から吸水はしてこない。数時間は，吸水速度がきわめて遅い。ある程度浸水すると，胚座のところで横に切れ，それ以後吸水が早くなる。　問3　アントシアン系のクリサンテミンという色素が入っている。鉄によって緑色または暗緑色になる。　問4　加熱すると組織くずれや炭水化物の溶出，こんぶ臭が強く粘り出がてくるので，85℃くらいまででとり出すのがよい。

【7】問1　(1)　3,600円　　(2)　42,875円　　(3)　224,338円
(4)　介護保険料　　問2　労働基準法　　問3　イ　健康診査
ウ　予防接種

〈解説〉問1　(1)　表から読みとれるものは，組合費3600円のみである。
(2)　健康保険料，厚生年金保険，雇用保険料，所得税，住民税を合計する。　(3)　支給額合計から，非消費支出を除いたものである。
(4)　介護保険料は40歳以上の国民が被保険者として保険料を納め，それに公費を加えて介護にかかる費用を確保している。　問2　労働基準法では，産前6週間(多胎妊娠の場合は14週間)以内の休暇と産後8週間の原則就業禁止を定めている。その他にも，生理休暇や，妊娠中の軽易な業務への配置転換の保障，妊産婦の有害危険業務への就業禁止，深夜業の禁止などを定めている。　問3　健康診断とともに，育児相談が行われる。　予防接種は，感染症にならないようにワクチンを接種して免疫をつくる目的で行われる。国が推奨するBCG，ポリオ，三種混合，MRワクチン(はしか，風疹)，などがある。

【8】問1　D：たんぱく質　　F：脂質　　C：炭水化物　　ア：b
イ：a　　ウ：c　　問2　特定保健用食品　　問3　(1)　食品の安全性を高めるために危害が発生しそうな点を分析し，重点的に管理すること。　(2)　食品が，いつ，どこで，どのように生産，流通されたかを知るため，生産記録を保存し，活用するシステムのこと。　(3)　穀物や果実，じゃがいもなどを長時間保管するための収穫後に使用する農薬のこと。　問4　平成17年度：70%，平成22年度：90%以上
問5　ア→ウ→イ→エ

〈解説〉問1　炭水化物が減り，脂質が増加しているのが日本である。
元々，脂質が多いのがアメリカとわかる。また，炭水化物が一番多く，少しずつ脂質が増加しているのがインドである。　問2　特定保健用食品は，特別用途食品の1つである。　問3　(1)　ハサップ(HACCP)は，食中毒を予防するために，温度と時間に配慮した管理をすることである。　(2)　食品にバーコードなどをつけ，消費者が情報を得ることが

できるようになっている。　(3)　ポストハーベストは，収穫後に使用される農薬で，長期貯蔵や長距離輸送などのときに生じる品質劣化や病虫害を防ぐために使用される。　問4　食育基本法の成立を受け，食育基本計画が平成18年～22年を対象として作られた。7つの方針とともに具体的な目標が記されている。問題の他にも，朝食欠食の子どもを0％にする，大人を15％以下にする，学校給食における地場産物使用を21％から30％にするなどがある。　問5　米は95％，魚介類60％，野菜80％，豆類6％である。

【9】解説参照のこと

〈解説〉ホームプロジェクトは，家庭科での学習を元に，各自の家庭生活を対象とし，生徒が主体的に生活課題を発見し，計画を立てて実践し，評価するものである。「高等学校学習指導要領解説家庭編」を参照。

2007年度　実施問題

【中高共通】

【1】被服製作の手順を次に示した。これについて，下の問いに答えなさい。

手順

①デザイン・材料の決定→②採寸→③型紙作製→④裁断・しるしつけ→⑤仮縫い→⑥(　a　)→⑦本縫い→⑧仕上げ→⑨着装

問1　手順①でブロードの布を使用することに決めた。ブロードの織物構造を図1のア～ウから選び，記号で答えなさい。また，ブロードの布にミシンをかけるときに適する針と糸の番号を書きなさい。

図1　ア　イ　ウ

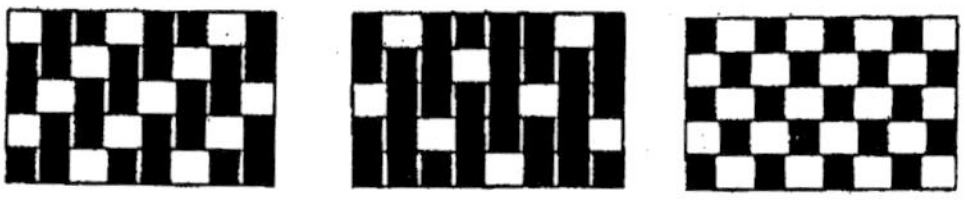

問2　手順②で腰囲を測りたい。図2のア～ウから腰囲の位置を選び，記号で答えなさい。また，腰囲の測り方を書きなさい。

図2

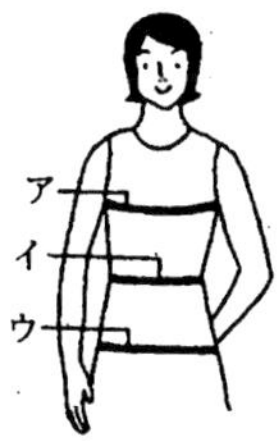

問3　手順④について，次の(1)～(3)に答えなさい。

(1)　布に型紙を配置するときの布と型紙の向きについて書きなさい。

(2)　裁ち切り線のしるしをつけるときの縫い代の分量について書きなさい。

(3)　裁断をするときのはさみの使い方を書きなさい。

問4　手順⑥の(a)にあてはまる語句を書きなさい。

問5　手順⑦で用いるまつり縫いと千鳥がけを図示し，縫う順番を例にしたがって書きなさい。

例

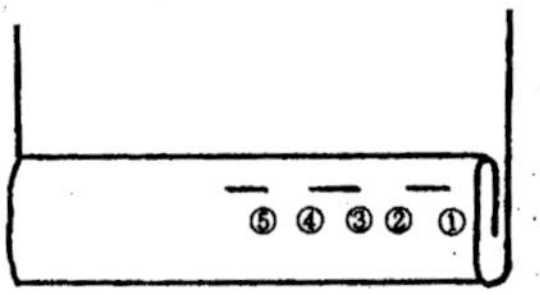

(☆☆☆◎◎◎)

【2】次の文章は，乳幼児の保育・福祉，高齢者の福祉について述べたものである。下の問いに答えなさい。

保育所における保育は厚生労働省の示す(　ア　)に基づいて行われている。一方，幼稚園における保育は文部科学省が定める(　イ　)に基づいて行われる。幼稚園の保育者は(　ウ　)であり，対象児は現行では(　エ　)歳以上の未就学児であるが，現在，特区における年齢の緩和が行われており，今後の全国展開が検討されている。また，家庭や社会の要請に応じて，幼保一元化も検討されている。

さらに高齢者の増加に伴って，需要の多い①デイケアセンターなどの高齢者施設を保育所に併設しているところもある。

近年，子どもの数が少なくなり，親は我が子を熱心に育てようとするあまり，かえって，育児に不安やストレスを感じ，子育てを楽しむ精神的な余裕を失いやすくなっている。また，②児童虐待も増加している。家庭や親のストレスを解消するためには，③地域や社会による支援など，児童福祉体制の充実が求められる。

問1　(　ア　)～(　エ　)にあてはまる語句や数字を書きなさい。

問2　下線部①のデイケアセンターで受けられるサービス以外にどのような在宅福祉サービスがあるか，2つ書きなさい。

問3　下線部②の児童虐待の1つであるネグレクトとは何か，書きなさい。

問4　下線部③の子育て支援策として，地域はどのようなことができるか，書きなさい。

問5　高校生に高齢者の生活と福祉を指導するにあたって，どのような学習活動を取り入れるとよいか，書きなさい。

(☆☆☆◎◎◎)

【3】住生活について，次の問いに答えなさい。

問1　住宅の平面図における次の(1)～(3)の平面表示記号はそれぞれ何を表しているか，書きなさい。

(1)
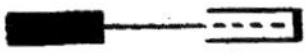
(2)

(3)

問2　床座の長所を3つ書きなさい。

問3　住宅の室構成を「3DK」「4LDKS」などと，記号で表すことがある。数字とD，Sの意味をそれぞれ書きなさい。

(☆☆☆◎◎◎)

【4】食生活について，次の問いに答えなさい。

問1　(　ア　)～(　ケ　)にあてはまる語句や数字を書きなさい。

(1)　炭水化物は，(　ア　)，水素，酸素の3元素からなり，エネルギー源として重要な栄養素である。(　イ　)などの単糖類を基本単位とし，消化されやすい糖質と，消化されにくい(　ウ　)に分けられる。

(2)　脂質には(　エ　)，リン脂質，コレステロールなどがある。(　エ　)は脂肪酸とグリセリンが結合したもので，食用油脂の主成分である。脂肪酸はその構造から2種類に分類できる。そのうち，(　オ　)脂肪酸には体内では合成できない必須脂肪酸がある。脂質は1gあたり約(　カ　)kcalと高い熱量を発生するエネルギー源である。

(3)　たんぱく質は体細胞の構成成分として重要な栄養素であるとともに，1gあたり約(　キ　)kcalの熱量を発生するエネルギー源でもある。(　ク　)が多数結合してできており，魚類・肉類と穀類とで，それぞれ多く含む(　ク　)が異なるので，両者を組み合わせて摂取するとよい。これをたんぱく質の(　ケ　)効果という。

問2　次の(1)～(4)について答えなさい。

(1)　不足すると貧血になりやすくなる無機質を書きなさい。

(2)　不足すると子どものくる病，成人の骨軟化症の原因となるビタミンを書きなさい。

(3)　カロテンが体内で一部変換され何というビタミンになるか，書きなさい。

(4)　酸化防止剤として食品に添加される場合があるビタミンを2つ書きなさい。

問3　厚生労働省が平成17年度から5年間使用するために，国民の健康の維持・増進，エネルギー・栄養素欠乏症の予防，生活習慣病の予防，過剰摂取による健康障害の予防を目的とし，エネルギー及び各栄養素の摂取量を示したものを何というか，書きなさい。

問4　平成17年7月に施行された食育基本法の目的を書きなさい。

(☆☆☆◎◎◎)

【5】高等学校の「家庭総合」で衣食住にかかわる生活文化の背景について，具体例をあげて指導したい。石川県の生活文化の中から1つ取り上げ，指導する内容を書きなさい。

(☆☆☆◎◎◎)

【6】次の文は中学校学習指導要領(平成10年文部省告示)の一部である。あとの問いに答えなさい。

(4)　家庭生活と消費について，次の事項を指導する。

ア　販売方法の特徴や(　a　)について知り，生活に必要な物資・(　b　)の適切な選択，購入及び(　c　)ができること。

イ　自分の生活が環境に与える影響について考え，環境に配慮した消費生活を工夫すること。

問1　(a)~(c)にあてはまる語句を書きなさい。

問2　アの項目について，無店舗販売の例を1つあげ，その利点と問題点を1つずつ書きなさい。

問3　イの項目について，具体的にどのような事例を用いて指導するとよいか，書きなさい。

(☆☆☆◎◎◎)

解答・解説

【中高共通】

【1】問1　織物構造：ウ　　針：11番　　糸：50番または60番　問2　位置：ウ　　測り方：腰囲のいちばん突出した部分の回りを水平に測る。　問3　(1)　型紙の縦方向を布の縦方向に合わせて，型紙を配置する。　(2)　カーブしているところは，ほつれないように少なめに，ほつれやすい布地は多めにする。　(3)　はさみの下側を台につけて，そのまま布を裁つ。　問4　補正　問5　図略　解説参照。

〈解説〉問1　ブロードは平織である。針と糸は適性を頭に入れておくこと。　問2　腰囲＝ヒップは，腰回りの一番大きい部分をはかる。問3　(1)　型紙と布の方向は同じにすること。　(2)　カーブ部分は少なめに，ほつれやすい布地は多めに。　(3)　裁断の際ははさみを台につけて裁つとよい。　問4　仮縫いの後一度体に合わせて補正するとよい。　問5　まつり縫いとは，袖口や裾などの布端が解れないように始末する方法で，地布の織り糸1本をすくうように，表に糸を極力出さなように縫う。千鳥がけとは，たち目のきわをすくい，折しろ側は折しろだけをすくって左から右に縫う方法のこと。

【2】問1　(ア)　保育所保育指針　　(イ)　幼稚園教育要領　　(ウ)　教諭　(エ)　3　　問2　訪問介護　　舗装具の給付　　問3　食事を与えないなどの怠慢，放棄のこと　　問4　子育て相談や子育て講座を開く。　問5　高齢者介護施設の訪問。

〈解説〉問1　保育所は厚生労働省管轄，保育所保育指針にのっとり，保育士が担当，満1歳に満たない乳児から小学校就学の年(満6歳)を保育する。幼稚園は文部科学省管轄，幼稚園教育要領にのっとり，幼稚園教諭が担当，原則満3歳から小学校就学の年(満6歳)を保育する。
問2　在宅福祉サービスは，地域の暮らしの助け合いの中から生まれた，住民参加型の有料・会員方式の相互援助サービスである。　・食事の支度や後片付け　・衣類の洗濯や干し物の取り込み　・住居等の掃除，整理整頓　・生活必需品の買物　・通院及び外出介助　・話し相手，介護者外出時の留守番　等を行っている。　問3　ネグレクトとは，保護の怠慢と訳される。親の養育義務を果たさず，子どもを放任する行為である。学齢になっても就学させない，衣食住に配慮しない，病気でも世話をしないなどがその内容とされる。　問4　他に，親子のふれあいスペースと遊びの提供，子育て情報の提供，園庭遊び，など。　問5　直接高齢者と触れ合える機会を与え，前後でしっかり知識を深めるとよい。

【3】問1　(1)　引き込み戸　　(2)　片開きとびら　　(3)　格子付き窓　問2・家具費がかからない。・部屋の広さを必要としない。・様々な姿勢がとれ，変動性が高い。　問3　数字：寝室数(居室数)　　D：食事室　　S：余裕室

〈解説〉問1　平面表示記号は頻出なので頭に入れておくこと。　問2　床座の短所には，活動性，作業能率の悪さ，保健衛生面で劣る。などがある。　問3　Lはリビング，Kはキッチンをさす。

【4】問1 (ア) 炭素 (イ) ぶどう糖 (ウ) 食物繊維 (エ) 中性脂肪 (オ) 不飽和 (カ) 9 (キ) 4 (ク) アミノ酸 (ケ) 補足 問2 (1) 鉄 (2) ビタミンD (3) ビタミンA (4) ビタミンC ビタミンE 問3 食事摂取基準

問4 国民が健全な心身を培い，豊かな人間性を育む食育を推進するため，施策を総合的かつ計画的に推進すること等を目的とする。

〈解説〉問1 (1) 炭水化物とは，単糖を構成成分とする有機化合物の総称であり，その多くは分子式が CmH2nOn で表される。Cm(H2O)n と表すと炭素に水が結合した物質のように見えるため炭水化物と呼ばれる(かつては含水炭素とも呼ばれた)。また，糖質とも呼ばれる。消化されやすい糖質と消化されにくい食物繊維に分けられる。 (2) 食物の中の脂肪の多くは中性脂肪(トリグリセライド)の形で体内に取り込まれる。脂肪は1gで9kcalのエネルギーを発生し糖質より効率のよいエネルギー源となる。脂肪酸は飽和脂肪酸(S)・不飽和脂肪酸(M)・多価不飽和脂肪酸(P)に分けられ，脂肪酸の中でも，体内で合成できないために，食品からとりいれなくてはならない必須脂肪酸があり，これにはリノール酸・α－リノレン酸・アラキドン酸があり欠乏すると皮膚炎・腎障害・小腸繊毛の形成障害など，障害が起こる。 (3) 人間の体は14～19％がたんぱく質でできている。これは水分に次いで多い量である。たんぱく質は1gあたり約4kcalのエネルギーをつくる。また，たんぱく質は約20種類のアミノ酸という基本単位から成り立っており，アミノ酸の中でも体内では合成されないために食品から取り込まなければいけないものがありこれを必須アミノ酸と呼ぶ。

問2 (1) 鉄は血液との関係が深く鉄不足による貧血がよく知られている。 (2) ビタミンDが不足することは大人で「骨軟化症」子供では「くる病」の原因となり，また，歯を支える骨が弱ったり閉経後の女性・高齢者には「骨粗鬆症」の心配もでてくる。 (3) ビタミンAには動物性食品に含まれる「レチノール」と緑黄色野菜に含まれ体内でビタミンAに変わる「β－カロチン」がある。 (4) ビタミンCとビタミンEは酸化防止剤として使われている。 問3 平成17年度から平成21年度の5年間使用する「日本人の食事摂取基準(2005年版)」は，平成16年10月25日(月)に「日本人の栄養所要量－食事摂取基準－策定検討会」(座長：田中平三　独立行政法人国立健康・栄養研究所理事長)においてとりまとめられた。　問4　食育基本法は，平成17年6月10日に第162回国会で成立し，同年7月15日に施行された。この法律の目的は，国民が生涯にわたって健全な心身を培い，豊かな人間性を育むことができるよう，食育を総合的かつ計画的に推進することにある。

【5】取り上げる生活文化：郷土料理『治部煮』　指導する内容：石川の特産である『治部煮』について，その由来や調理方法など掘り下げて学習する。

〈解説〉治部煮とは鴨または鶏肉を，治部煮専用のすだれ麩や野菜と煮た金沢を代表する郷土料理のひとつである。郷土料理を通して生活文化を知る。

【6】問1　(a)　消費者保護　(b)　サービス　(c)　活用
問2　販売方法：インターネットショッピング　利点：出向いて行かなくても商品の購入ができるため，時間の短縮，便利さという利点がある。　問題点：同種の商品の比較がしにくい。　問3　3Rの取組。

〈解説〉問1　学習指導要領より抜粋　(4) 家庭生活と消費について，次の事項を指導する。　ア　販売方法の特徴や消費者保護について知り,生活に必要な物資・サービスの適切な選択，購入及び活用ができること，イ　自分の生活が環境に与える影響について考え，環境に配慮した消費生活を工夫すること。　問2　無店舗販売とは，小売業の販売形態の一つで，店舗を持たずに商品を販売する販売方法。訪問販売，通信販売，テレホン・ショッピング，自動販売機による販売，産地直送，移動販売，インターネットショッピングなどがある。　問3　ごみを減らし，循環型社会を構築していくためのキーワードが「3R」で，3Rとは，Reduce(リデュース：減らす)，Reuse(リユース：再使用)，Recycle(リサイクル：再資源化)の頭文字をとったものである。

2006年度　実施問題

【中高共通】

【1】次の表1は親子どんぶり，すまし汁，ほうれん草のお浸し，さつまいものレモン煮の材料と分量(可食部)を表している。下の問いに答えなさい。

表1

材料と分量（1人分）							
親子どんぶり		すまし汁		ほうれん草のお浸し		さつまいものレモン煮	
(ア)米	100g	煮出し汁	150mℓ	(エ)ほうれん草	50g	(オ)さつまいも	100g
水	(a) mℓ	(ウ)とうふ	50g	かつおぶし	1g	水	適量
とり肉	40g	みつば	10g	煮出し汁	5mℓ	砂糖	10g
たまねぎ	50g	塩	1g	しょうゆ	5mℓ	塩	0.5g
みつば	10g	しょうゆ	2mℓ	塩	少量	レモン汁	3mℓ
(イ)卵	60g						
煮出し汁	60mℓ						
しょうゆ	15mℓ						
みりん	15mℓ						
焼きのり	1g						

問1　表1中の(a)にあてはまる数字を書きなさい。

問2　ほうれん草をゆでるとき，塩を少量使う理由を書きなさい。

問3　調理実習で親子どんぶりを作る際，とり肉を感染源として起こる細菌性食中毒を防ぐために，生徒に気をつけさせなければならないことを2つ書きなさい。

問4　次の表2はとり肉と表1の(ア)～(オ)の各食品の可食部100gあたりの食品成分表である。下の(1)(2)に答えなさい。

表2

食品名	ｴﾈﾙｷﾞｰ(kcal)	たんぱく質(g)	脂質(g)	炭水化物(g)	ｶﾙｼｳﾑ(mg)	鉄(mg)	ﾚﾁﾉｰﾙ当量(μg)	ﾋﾞﾀﾐﾝB_1(mg)	ﾋﾞﾀﾐﾝB_2(mg)	ﾋﾞﾀﾐﾝC(mg)
とり肉	121	24.4	1.9	0	5	0.4	50	0.06	0.10	1
①	132	1.2	0.2	31.5	40	0.7	4	0.11	0.03	29
②	151	12.3	10.3	0.3	51	1.8	150	0.06	0.43	0
③	20	2.2	0.4	3.1	49	2.0	700	0.11	0.20	35
④	56	4.9	3.0	2.0	43	0.8	(0)	0.10	0.04	Tr
⑤	356	6.1	0.9	77.1	5	0.8	(0)	0.08	0.02	(0)

科学技術庁：「五訂日本食品標準成分表」より

(1) 表2中の①～⑤にあてはまる食品名を記号で答えなさい。

(2) 親子どんぶり1人分のとり肉に含まれるたんぱく質は何gか求めなさい。ただし，小数第2位を四捨五入すること。

(☆☆☆◎◎◎)

【2】乳幼児の発達と保育について，次の問いに答えなさい。

問1　次の文の(　ア　)～(　ウ　)にあてはまる語句を語群から選び，記号で答えなさい。

(1)　子どもの(　ア　)は，大人の目には「いたずら」として映ることもあるが，構成的な試行能力や自立心などの基礎となる。

(2)　ままごとなどの(　イ　)は，記憶や予想をもとに，目の前に存在しないものごとを思い描くなど，頭の中でイメージすることができるようになるとはじまる。

(3)　(　ウ　)は，特定の大人との密接なかかわりが深まり，自分とのいつもの関係と，そうでない場合との区別が付くようになったということである。

語群

a　喃語	b　自我	c　受容遊び	d　ごっこ遊び
e　人見知り	f　運動	g　探索行動	

問2　乳幼児期に身に付けさせたい基本的生活習慣を5つ答えなさい。

(☆☆☆◎◎◎)

【3】被服整理と衣生活の管理について，次の問いに答えなさい。

問1　次の表は洗剤の種類，液性等を表したものである。(a)～(d)にあてはまる語句を書きなさい。

<table>
<tr><th>種　類</th><th>洗剤の組織</th><th colspan="2">特　徴</th><th>液　性</th></tr>
<tr><td>石けん</td><td>純石けん分100%</td><td colspan="2">高い洗浄力がある。冷水や硬水に溶けにくい。</td><td rowspan="3">（c）性</td></tr>
<tr><td>（a）</td><td>純石けん分70%以上
その他の界面活性剤30%未満</td><td colspan="2">石けんよりも冷水や硬水の影響を受けにくい。</td></tr>
<tr><td rowspan="2">（b）</td><td rowspan="2">純石けん分70%未満
その他の界面活性剤30%以上</td><td rowspan="2">冷水や硬水にも溶けやすい。</td><td>汚れ落ちはよい。</td></tr>
<tr><td>汚れ落ちはやや劣るが、繊維の持つ風合いを損なうことが少ない。</td><td>（d）性</td></tr>
</table>

問2　界面活性剤のはたらきを確かめるため，Aのビーカーには水を入れ，Bのビーカーには水と洗剤を入れ実験をした。次の(1)～(4)の実験はそれぞれどのような作用を確かめるためのものか書きなさい。

(1)　AとBのそれぞれに油を少し入れ，かくはんして観察する。

(2)　AとBのそれぞれに毛糸を束ねたものを浮かべ，液面から落下を始めるまでの時間を計る。

(3)　AとBのそれぞれにすすを入れて，すすの様子を見て，かくはんして観察する。

(4)　(3)の実験で使用したAとBそれぞれに白布を入れ，汚れの付き方を観察する。

問3　次のア～オは防虫剤の説明文である。正しいものを2つ選び，記号で答えなさい。

ア　ナフタリンは持続性があり，人形や書画，昆虫標本などにも使用できる。

イ　パラジクロルベンゼンは金糸や銀糸，スチール製のボタンなどにも安心して使用できる。

ウ　防虫剤は，その昇華ガスが空気よりも軽いので被服の下部に置く。

エ　しょうのうとパラジクロルベンゼンを一緒に入れると液化する。

オ　ピレスロイド系は，臭いは弱いが持続性は低い。

(☆☆☆◎◎◎)

【4】住生活について，次の問いに答えなさい。

問1　政府は，国民の住生活の目標としてすべての世帯が確保すべき住宅の水準を決めている。この水準を何というか書きなさい。

問2　敷地面積に対する建物の建築面積が占める割合を何というか書きなさい。また，建築基準法でこの上限が決められているのはなぜか説明しなさい。

問3　「環境共生住宅」について説明しなさい。

(☆☆☆◎◎◎)

【5】次の文は，高等学校学習指導要領解説(平成12年3月)の「内容の取り扱いについての配慮事項」の一部である。(　ア　)～(　キ　)にあてはまる語句を書きなさい。

「家庭基礎」,「家庭総合」及び「生活技術」のいずれの科目にも,「(　ア　)と(　イ　)活動」が内容として示されている。これらは,各科目の学習を生かして,生徒が各自の家庭生活や(　ウ　)の生活と結び付けて生活上の(　エ　)を見いだし,解決方法を考え,(　オ　)を立てて実践できるようにし,問題解決能力の育成を図ろうとするものである。 各項目の指導と「(　ア　)と(　イ　)活動」との関連を図り,学習効果を上げるようにするとともに,計画的,系統的に取り扱うよう,(　カ　)に位置付けておくことが必要である。また,生徒に常に各自の生活に目を向け(　キ　)をもたせるようにし,問題解決的な学習の充実に努める必要がある。

(☆☆☆◎◎◎)

【6】高齢者の介護について,次の問いに答えなさい。

問1　高齢者の日常生活の介助を体験的に学ぶために,高校生が2人1組になって右半身にまひがある高齢者の介助を想定した実習を行いたい。どのような活動が考えられるか,具体的に2つ書きなさい。

問2　問1の実習を通して,高校生に認識させたいことを2つ書きなさい。

(☆☆☆◎◎◎)

【7】家庭生活について,次の問いに答えなさい。

問1　家事労働の社会化について,プラス面とマイナス面を1つずつ書きなさい。

問2　近年,ライフスタイルの多様性を考慮した労働形態が増えているが,次の(1),(2)をそれぞれ何というか書きなさい。

(1)　出勤と退社の時刻を固定しない勤務形態

(2)　自宅や小さな事務所を拠点とし,コンピュータネットワークなどを利用した在宅勤務の労働形態

(☆☆☆◎◎◎)

【8】消費生活について，次の問いに答えなさい。

問1　次の図は，クレジットカードのしくみを表したものである。次の(1)，(2)に答えなさい。

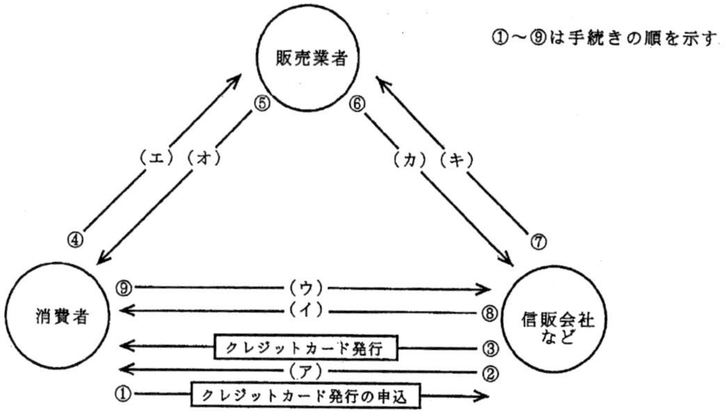

(1)　(ア)の手続きはどのようなものか，答えなさい。

(2)　(イ)～(キ)にあてはまるものを語群から選び，記号で答えなさい。

語群

a　売上票	b　立て替え払い	c　利用明細書	d　返済
e　クレジットカードの提示		f　商品の受け取り	

問2　クレジットカードを利用する場合，多重債務などに陥る危険性があるということについて，次の(1)，(2)に答えなさい。

(1)　その理由をクレジットカードの特性という観点から具体的に説明しなさい。

(2)　高校生に卒業後に身近に起こりうる問題であるということを認識させるために，体験的に指導するにはどのような方法が考えられるか書きなさい。

(☆☆☆◎◎◎)

解答・解説

【中高共通】

【1】問1　140　　問2　ゆであがりの色を鮮やかにするため。

問3　・生肉などは早めに調理し，十分加熱する。　・生肉と調理済食品は別々に保管する。　問4　(1)　①　オ　　②　イ　　③　エ　④　ウ　　⑤　ア　　(2)　9.8g

〈解説〉問1　水の加水量

		普通米	無洗米
電気釜	お米の量×	1.4倍	1.43倍
IH釜	お米の量×	1.43倍	1.46倍
ガス釜	お米の量×	1.5倍	1.53倍

問2　沸点が上がるためでもある。　問3　食中毒はカンピロバクターである。　[予防方法など]　・生肉などは早めに調理し，十分加熱する。　・生肉と調理済食品は別々に保管する。　・調理器具などは十分乾燥させる。　・井戸や貯水槽では滅菌などの衛生管理に注意する。　・生水は飲まない。　問4　(1)　100gに24.4gのたんぱく質が含まれている。　(2)　一人分の鶏肉の量は40gであるから，式 $24.4 \times 0.4 = 9.76$

【2】問1　(ア)　g　　(イ)　d　　(ウ)　e　　問2　食事，排泄，睡眠，清潔，着脱衣

〈解説〉問1　(1)　探索行動により親が触ってほしくないものを触ったり，口に入れたりするので「いたずら」と捕らえがちである。

(2)　ごっこ遊びは一人で始められるが，次第に他者との「家族ごっこ」のように，他の人とも遊び，かかわりを持つことが出来る遊びである。

(3)　人見知りは子どもによって大差があるが，普段から多くの人とかかわりがある子どもは，さほど人見知りは激しくないといわれている。

問2　基本的生活習慣とは，生活習慣のうちで，食事，排泄，睡眠，

清潔，着脱衣に関するものをこのように呼び，幼児期に正しい習慣を身に付けることが必要とされている。

【3】問1　(a)　複合石けん　(b)　合成洗剤　(c)　弱アルカリ(性)　(d)　中(性)　問2　(1)　乳化作用　(2)　吸着作用　(3)　分散作用　(4)　可溶化作用　問3　エ・オ

〈解説〉問1　洗濯用洗剤には3種類ある。

1．洗濯用石けん(純石けん分100%)

2．洗濯用複合石けん(純石けん分70%以上，その他の界面活性剤30%未満)

3．洗濯用合成洗剤(純石けん分70%未満，その他の界面活性剤30%以上)

弱アルカリ性の洗剤は洗浄力が強く，ふだん着の洗濯にぴったりである。ただ，デリケートな繊維，特に毛や絹などの動物性繊維には不向き。毛や絹などはもともと弱酸性を帯びており，それに近い液性の洗濯液でないと傷んでしまうためである。その点，中性洗剤は繊維を傷めることが少なく，繊維にやさしいのが特徴。毛や絹などの動物性繊維のほか，薄い生地や凝った縫製などのおしゃれ着を洗うのに適している。一般的に「おしゃれ着洗い」などをうたった洗剤のほとんどが中性洗剤だ。

問2　(1)　界面活性剤は，油と水をなじませる力がある。これは界面活性剤の親水基が水分子と，親油基が油分子とひきつけあうことによって，油と水の接面に発生していたエネルギーを抑える役割を果たしているからである。　(2)　界面活性剤は，水と空気の境目や，水と固体の境目，水と油の境目のような界面に吸着するという性質がある。界面への吸着の結果，界面の性質がいろいろに変化する。　(3)　乳化と似た現象で，分散というのがある。すすなどの固体の粒子を水に入れて振ると，油と同様に，粒子同士が集まって水と分かれようとするが，界面活性剤を入れて振ると，粒子の周りに界面活性剤の分子が吸着して，水の中に散らばって安定する。この現象を分散という。

(4)　水から逃げようとする疎水基は，もう吸着できる界面がないので，疎水基同士で集まって水を避けるしかない。こうして，界面活性剤分子は，疎水基を内側に，親水基を外側(水のある側)に向けて，集まりはじめる。この界面活性剤の集合体をミセルと呼ぶ。ミセルは，中心部が疎水性，つまり油となじみやすい性質であるので，水に溶けにくい油性の物質を，ミセルの内部に取り込むことができる。この現象を可溶化と呼ぶ。可溶化は，洗浄に寄与する界面活性剤のはたらきの一つである。　問3　ア　パラジクロルベンゼンが適する。　イ　金糸や銀糸にはナフタリンが適する。　ウ　重いので上部に置いたほうがよい。

【4】問1　住宅基本法　　問2　建ぺい率：敷地いっぱい，なおかつ5階建，10階建といった家が建て放題，ということになってしまう。
問3　地球環境を保全する観点から，エネルギー・資源・廃棄物などの面で充分な配慮がなされ，環境と親密に美しく調和し，住み手が主体的にかかわりながら健康で快適に生活できるように工夫された「住宅」およびその「地域環境」のこと。
〈解説〉問1　住宅の資産性と社会性をベースに「国民の住生活価値を最大化すること」を目指し，国民・事業者・行政の一体となった取り組みを可能とする実効性のある法律を求めている。　問2　建ぺい率は，敷地面積に対する「建築面積」の割合のこと。建築基準法でこの規定がないと，敷地いっぱい，なおかつ5階建，10階建といった家が建て放題，ということになってしまう。住居系地域の中でも，特に第1種低層住居専用地域がもっとも建ぺい率・容積率が小さくなる。これは建ぺい率を小さくする事で建物同士の間隔を広げ，容積率を小さくすることで大きすぎる建物が建たないようにして，ゆとりある町並みを造ろうという目的がある。　問3　環境共生住宅とは，地球環境を保全する観点から，エネルギー・資源・廃棄物などの面で充分な配慮がなされ，環境と親密に美しく調和し，住み手が主体的に関わりながら健康で快適に生活できるように工夫された「住宅」およびその「地域環境」のことをいう。

【5】(ア)　ホームプロジェクト　(イ)　学校家庭クラブ活動
(ウ)　地域　(エ)　課題　(オ)　計画　(カ)　指導計画
(キ)　課題意識

〈解説〉学習指導要領解説より抜粋

「家庭基礎」,「家庭総合」及び「生活技術」のいずれの科目にも「ホームプロジェクトと学校家庭クラブ活動」が内容として示されている。これらは，各科目の学習を生かして，生徒が各自の家庭生活や地域の生活と結び付けて生活上の課題を見い出し，解決方法を考え，計画を立てて実践できるようにし，問題解決能力の育成を図ろうとするものである。

各項目の指導と「ホームプロジェクトと学校家庭クラブ活動」との関連を図り，学習効果を上げるようにするとともに，計画的，系統的に取り扱うよう，指導計画に位置付けておくことが必要である。また，生徒に常に各自の生活に目を向け課題意識を持たせるようにし，問題解決的な学習の充実に努める必要がある。

【6】問1　食事の介助・歩行の介助　問2　高齢者であり，さらに体が不自由なことによる，生活の困難さ，高齢者とかかわる際の注意。

〈解説〉問1　他に，着衣の介助や排泄の介助などがある。いずれにしても介助するに当たって，その人と介助する側双方に，注意を払うことが重要である。　問2　高齢者であり，身体が不自由であるということは生活する上で非常に困難なことが多い。実習を通じて自分とは生活する上でどれほどの相違があり，さらに，それを改善するために自分に出来ることなどを学ばせる必要がある。

【7】問1　プラス面：女性の家事労働の負担の軽減。　マイナス面：家庭における子どもの生活体験が乏しくなる。　問2　(1)　フレックスタイム　(2)　SOHO

〈解説〉問1　家事労働の社会化が経済的負担・家庭の画一化につながる。また，家事労働の社会化や機械化に伴い，家庭における生活体験が乏しくなっている。　問2　(1)　フレックスタイムとは，始業・終業の時刻を労働者自身が決定できる制度のこと。　(2)　SOHOとは，Small Office Home Officeの頭文字を取って出来た言葉で，一般的には在宅でパソコンを使って仕事を行うスタイルのこと。

【8】問1　(1)　クレジット会社の審査　(2)　(イ)　c　(ウ)　d　(エ)　e　(オ)　f　(カ)　a　(キ)　b　問2　(1)　現金を直接扱わないという特性から使いすぎになることが多い。　(2)　模擬カードを作って消費者と販売業者，信販会社に別れ模擬体験させる。

〈解説〉問1　(1)　クレジットを利用するためには，クレジット会社(2者間契約では販売会社)の審査を経なければならない。クレジットの代金は後払いなので，この審査は消費者の「支払いをする能力＝後日，クレジットの代金を支払ってくれるかどうか」を見極めるために行われる。個品方式のクレジットでも，クレジットカードでも同様。

(2)　クレジットカードのしくみについては問題の図のような形式の出題が多いので頭に入れておく必要がある。　問2　(1)　クレジットカードは現金を直接扱わないため，管理には十分注意する必要がある。

(2)　模擬体験を通じて実際にカードを作った際，多重債務などに陥ることがないよう，カードの取り扱いの注意について，十分理解させる必要がある。

2005年度　実施問題

【中高共通】

【1】人の発達と保育について，次の問いに答えなさい。

問1　次の文の(　ア　)~(　ウ　)にあてはまる語句を書きなさい。

一人ひとりの人生はそれぞれ全く異なっているけれども，人間には共通した発達の過程がある。乳幼児期，(　ア　)期，青年期，(　イ　)期，老年期などは(　ウ　)ともよばれ，共通の発達の段階を表している。

問2　乳幼児と保育者の間には，生理的欲求を満たしてもらう，満たしてあげる関係を形成するなかで，お互いを必要とし，喜びと満足感を共有する心理的な一体感が生まれる。この心の絆を何というか，書きなさい。

問3　次の文は，中学校学習指導要領解説(平成11年9月)の一部である。(　ア　)~(　オ　)にあてはまる語句を書きなさい。

幼児にとって遊びは(　ア　)そのものであり，(　イ　)の発育や(　ウ　)の機能，言語，情緒，(　エ　)性などの発達を助け，(　オ　)形成にも影響する。

問4　「幼児にとっての遊びのもつ意義」を中学生に考えさせるためには，どのような実践的・体験的な学習活動を取り入れればよいか，2つ書きなさい。

問5　少子化対策の具体的実施計画として政府が平成11年に策定した施策を何というか，書きなさい。

(☆☆☆☆◎◎◎)

【2】食生活の管理と健康について，次の問いに答えなさい。

問1　日本料理の配膳の仕方として最も適当なものを，次の図ア～エから1つ選び，記号で答えなさい。

① 主食

② 主菜

③ 副菜

④ 汁物

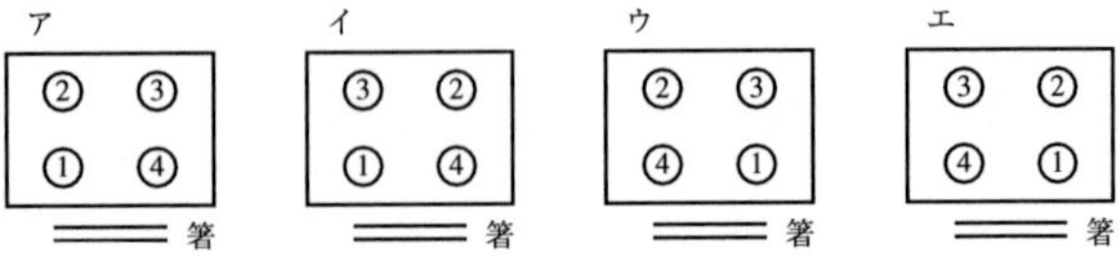

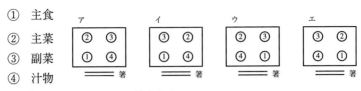

問2　次の(1)～(3)について答えなさい。

(1)　「蒸す」という調理法の特徴として正しいものを，次のア～ウから1つ選び，記号で答えなさい。

ア　食品をやわらかくし，あくなどの不要成分が除去できる。

イ　幅広い材料が使えるが，栄養素やうまみは流出しやすい。

ウ　食品の形や風味が保たれ，栄養素の損失が少ない。

(2)　煮だし汁の取り方として正しいものを，次のア～ウから1つ選び，記号で答えなさい。

ア　こんぶを沸騰直前のお湯の中に入れる。

イ　かつおぶしを沸騰直前のお湯の中に入れる。

ウ　煮干しを沸騰直前のお湯の中に入れる。

(3)　温泉卵は卵のどんな調理性を利用したものか。具体的な温度をあげて生徒に説明する文を40字以内で書きなさい。

(☆☆☆◎◎◎)

【3】次の文は，中学校学習指導要領解説(平成11年9月)の「室内環境の整備と住まい方」についての一部である。(　ア　)～(　エ　)にあてはまる語句をあとの語群から選び，記号で答えなさい。

ここでは，家族が住まう(　ア　)としての住居の機能を知り，安全で快適な室内環境の条件を理解するとともに，具体的な方法を考えて，よりよい住まい方の工夫ができるようにすることをねらいとしている。

小学校における身の回りを整える学習を発展させ，室内の空気調節，通風，(　イ　)，汚れに応じた清掃と(　ウ　)の方法，室内の(　エ　)などのいずれかに重点を置いて取り扱うようにする。

語群

a 安全　b 空間　c 衛生　d 明るさ　e 快適さ
f 洗濯　g 換気　h 手入れ　i 暖かさ　j 身支度
k 居間　l 間取り

(☆☆☆◎◎◎)

【4】次の表は，繊維の種類と特徴を表したものである。下の問いに答えなさい。

分類		繊維名	特徴
天然繊維	植物繊維	綿	側面によじれがあり，断面は扁平で中空がある。肌ざわりがよい。
		麻	（　ウ　）
	動物繊維	絹	断面は丸みをおびた三角形で，光沢がある。
		毛	（　エ　）
化学繊維	（　ア　）	レーヨン	吸湿・吸水性がよく，肌ざわりがよい。
	（　イ　）	アセテート	光沢があり，熱で変形を固定できる。
	合成繊維	ナイロン	（　オ　）
		ポリエステル	こしがあり，比較的熱に強い。
		アクリル	弾力性があり，保温性がよい。
		ポリウレタン	（　カ　）

問1　表中の(　ア　)(　イ　)にあてはまる語句を書きなさい。

問2　表中の(　ウ　)～(　カ　)にあてはまる特徴を，次のa～eからそれぞれ1つずつ選び，記号で答えなさい。

a　こしがなく，紫外線で黄変する。

b　側面にうろこ状のものがあり，保温性が大きい。

c　ゴムのように，伸縮性が大きい。

d　絹に似た風合いをもち，紫外線に強い。

e　冷感があり，しわになりやすい。

問3　カッターシャツは綿とポリエステルの混紡糸で作られた生地を使用したものが多い。その理由を，布地の性能の改善という点から説明しなさい。

問4　セーター(毛100％)の湿式洗濯の方法を，液温，洗剤の種類，洗い方の3点から説明しなさい。

(☆☆☆◎◎◎)

【5】次の図は，家計収支の構成を表したものである。下の問いに答えなさい。

- 収入
  - 実収入
    - ①経常収入
    - ②特別収入
  - ③実収入以外の収入
- 支出
  - 実支出
    - ④消費支出
    - ⑤非消費支出
  - ⑥実支出以外の支出

（総務省「家計調査年報」による分類に基づく）

問1　次のa～hは，図中の①～⑥のどれに分類されるか，番号で答えなさい。

a　所得税　　b　土地・家屋借金返済　　c　保険掛け金
d　教育費　　e　光熱・水道費　　f　受贈金
g　勤め先収入
h　社会保険料

問2　可処分所得を，図中の語句を使用して説明しなさい。

問3　次の文の(　ア　)～(　エ　)にあてはまる語句を書きなさい。

変動する経済社会の中では，家計も複雑になっている。家計の複雑化の要因として，給与収入や年金など，複数の家族員が収入源をもち，個人の収入を個人単位で支出するなど，個計化が進んでいること，賃金の自動振り込み，公共料金の自動引き落とし，カードでの支払いなど，現金でやりとりしない(　ア　)化が進んだこと，クレジットやローンの利用で支払いが(　イ　)化したこと，消費支出割合が，商品の中でも「もの」から「(　ウ　)」に移行し，支出が形のあるものとして残らない(　ウ　)化が進んだこと，などがあげられる。

お金の流れがとらえにくく，複雑になり，全体像の把握が難しくなった家計を適切に管理するためには，(　エ　)の記録が有効であり，その記録は生活設計の基礎資料にもなる。

(☆☆☆☆◎◎◎)

解答・解説

【中高共通】

【1】問1　ア　児童　　イ　成人　　ウ　ライフステージ(ライフサイクル)　　問2　母子相互作用　　問3　ア　生活　　イ　身体　ウ　運動　　エ　社会　　オ　人格　　問4　①　幼児の遊びを観察させる。　②　幼児と一緒に遊びながら，幼児にとっての遊びの意義を考えさせる。　③　幼児の遊び道具を製作させながら遊びの意義を考えさせる。①～③の内，2つを記入する。また，①～③を融合して学習させてもよい。実習や観察，ロールプレイングなどの学習活動を主とする。　問5　新エンゼルプラン

〈解説〉問1　人の一生を発達段階別にとらえ，各段階を「人生のステージ」として考えた。人の一生が乳児期～老年期と変化することをライフサイクルという。　問2　母子の相互関係で，母子相互理解を得られる。　問3　解答の通り。　問4「幼児の発達と家族について指導する。」として「ア，幼児の観察や遊び道具の製作を通して，幼児の遊びの意義について考えること。」とあり，「(内容の取扱い)」では，「相互に関連を図り，実習や観察，ロールプレイングなどの学習活動を中心とするよう留意すること。」と中学校学習指導要領解説書にある。問5　平成10年，政府は前年の出生率が史上最低の1.39を記録したことを受け「少子化への対応を考える有識者会議」を設置し，提言をまとめ「エンゼルプラン」を出した。翌年(平成11年)より子育て支援計画「新エンゼルプラン」を推進してきたが，少子化に歯止めはかかっていない。厚生労働省は，「少子化社会を考える懇談会」で，平成14年9月に中間報告を発表し，育児休業制度取得目標として男性は10％女性は80％を提案している。

【2】問1　イ　　問2　(1)　ウ　　(2)　イ　　(3)　卵の熱凝固性を利用し，だし汁と調味料を加え，凝固湿度直前の65℃位で加熱し半熟にしたもの。

〈解説〉問1　日本料理の一汁三菜の配膳例は下図の通りである。

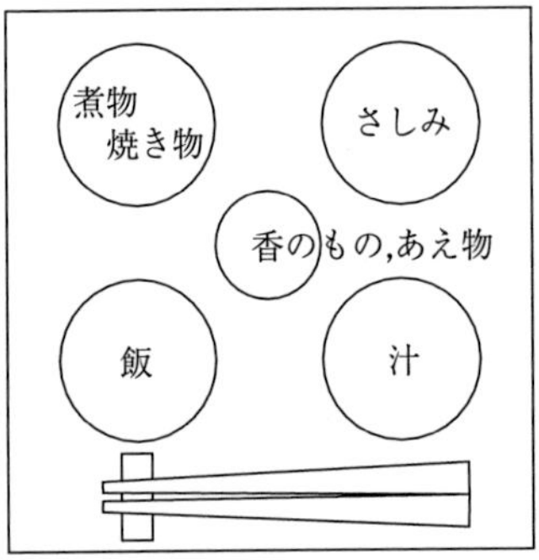

問2　(1)「蒸す」調理の特徴は，次の3点である。①食品の形がくずれない。②栄養素の流失が少ない。③味がつけにくく，加熱に時間がかかる。　(2)　煮だし汁の取り方は，昆布は水から入れ沸騰直前に取り出す。かつお節は，湯が80℃のとき入れ，沸騰したら火を止め上澄み液をとる。煮干しは水から入れ煮て，沸騰後3～5分煮てこす。

(3)　温泉卵は，温泉の湯の中に入れ，ゆっくり半熟状態にしたものという意味であるので，卵黄の凝固温度の68℃，卵白の凝固温度の73℃以下で加熱し，半熟状態にして作る。卵黄は中にあるので，70℃位で加熱しても中心に行く迄冷えるので，60℃位になる。

【3】ア　空間　　イ　換気　　ウ　手入れ　　エ　安全

〈解説〉学習指導要領の次の文の全体的な解説として，「住居」で学習していることをあげている。

(4)　室内環境の整備と住まい方について，次の事項を指導する。

ア　家族が住まう空間としての住居の機能を知ること。

イ　安全で快適な室内環境の整え方を知り，よりよい住まい方の工夫ができること。

【4】問1 (ア) 再生繊維 (イ) 半合繊維 問2 (ウ) e (エ) b (オ) a (カ) c 問3 綿をポリエステルの長所を生かし，短所を補い，性能を向上させている。つまり，綿の長所の「適度に湿気を吸い丈夫で」ポリエステルの長所の「かわきが早く，しわになりにくい」繊維となっている。 問4 毛100％のセーターの湿式洗濯法は，次の通りである。中性洗剤を用い，浴比濃度は0.3～0.5％で，洗浄温度の水温は，40℃以下で，手洗いの押し洗いをし，手早く40℃以下の温水ですすぎ，軽く押し絞りをする。更に，タオルなどで巻き脱水する。風通しのよい所で陰干しし，低温で(120～160℃)で当て布をしてアイロンをかけ，形を整える。なお，干す時は，平らにし，網状の平らな干し器かすのこに広げて干す。半がわきになったら，ハンガーにかけ形を整え日陰に干してもよい。

〈解説〉問1 化学繊維には，天然の繊維分子で形は人工的に作る「再生繊維」と天然の分子に人工の分子を化学反応によって合成させ繊維の形を作る「半合成繊維」，石油や石炭を原料にして化学反応により繊維の分子を作ると共に繊維の形も人工的に作る「合成繊維」の3つがある。 問2 麻の特徴は，顕微鏡で見ると縦にすじが走り，ふしがあるので，繊維の太さが均一でなく通気性のある織物ができる。水を吸いやすく，洗濯に耐える。熱の伝導がよく夏服に適する。毛の特徴は，表面がうろこ状をしているので，つむぎやすく，毛糸のように甘よりの糸ができ，含気量に富み，保温性が大きく，弾力性に富み軽くて厚い布地ができる。染色性が高く，色もさめない。アルカリに弱い。ナイロンの特徴は，弾力性があり，しわになりにくく，摩擦や折り曲げに対しても丈夫で耐久力に富むが吸湿性が少なく，かわきが早い。白地は紫外線により黄変する。ポリウレタンの特徴は，ゴムのように5～8倍に伸び，ゴムより丈夫で軽く染色性もよく，細い糸が作れることである。 問3 綿の特徴は，「湿気をよく吸収する。かわきが遅い。しわになりやすい。丈夫である。」で，ポリエステルの特徴は，「湿気を吸わない。かわきが早い。しわになりにくい。」である。混紡・交織などの混用にすると，それぞれの長所「適度に湿気を吸い，かわきが早く，しわになりにくい丈夫」な繊維や布に変わる。　問4　毛の場合，水で洗うと縮みやすく，風合いも変わりやすいので，洗剤・洗浄濃度・洗い方などには十分注意する。毛糸編み物の場合は，押し洗いにして，もまないことが肝要である。

【5】問1　a　⑤　　b　⑥　　c　⑥　　d　④　　e　④　　f　②　　g　①　　h　⑤　　問2　個人の所得の実収入から直接税・社会保険料などの⑤の非消費支出を控除したものである。③の実収入以外の収入は，預貯金の引き出し土地や家などの売却金なので，これには入らない。　問3　ア　電子マネー　　イ　増大　　ウ　サービス　　エ　家計簿　(家庭の収入と支出)

〈解説〉問1　家庭の収入は，「実収入」と「実収入以外の収入」に分けられ，「実収入」とは，勤め先収入や事業によって得られた収入で，実質的に財産高の増加となった収入をいう。「実収入以外の収入とは，貯金引き出しや借入金，財産売却代など現金収入がある代りに財産高の減少あるいは借金(負債)の増加となるものである。家庭の支出は，収入と同様に，「実支出」と「実支出以外の支出」に分けられる。実支出は更に「消費支出」と「非消費支出」に分けられ，消費支出は，食料費・教養娯楽費・教育費などの費目に分けられる。これがふつう「生活費」といわれるものである。「実支出以外の支出」とは，貯蓄や借金返済(例えば住宅ローンの返済)など現金は支出されるが家計の純財産高には変化のない支出のことである。広い意味での生活費は，これらの家庭の支出を合計したものである。　問2　実収入から税金や社会保険料などの非消費支出をさし引いたものが消費や貯蓄に自由に使える分で，これを「可処分所得」という。　問3　家計管理は，過去の家計データに基づき，ライフサイクルの変化，物価の変動，資産価値の変化などを加味し計画を立て実行することが大切である。そのためには，まず家計簿を記帳し家計の実態を把握し，これを基に予算を立て，実行方法を検討することが生活設計上大切である。

2004年度 実施問題

【中高共通】

【1】次の文を読んで，下の問いに答えなさい。

夫の太郎さんは32歳，妻の花子さんは33歳，①結婚5年目で，②1歳3ヶ月の子どもが1人いる③共働き夫婦である。現在，花子さんは2人目を④妊娠中であり，出産後育児休業を取得するつもりでいる。また，将来，自宅を購入したいと考えているが，ローンの返済金や子どもの養育費，夫婦それぞれ2人の親の老後の生活の心配もあり，⑤三世代住居にしようかと迷っている。太郎さんの両親は介護の必要な祖母と3人で暮らしており，花子さんの方は母親と2人の未婚の妹がいる。1人は⑥都会で会社勤めをし，1人はまだ学生である。

問1　次の表は，下線部①に関しての旧民法と現行民法との比較である。(　ア　)～(　ウ　)にあてはまる語句を，下の語群から選び，記号で答えなさい。

旧　民　法	現　行　民　法
・子ハ父母ノ許諾ヲ受クルニ非サレハ婚姻ヲ為スコトヲ得ス(38条①) ・家族ハ婚姻又ハ養子縁組ヲ為サントスルトキハ年齢ニ拘ハラス(　ア　)ノ許諾ヲ受ク可シ(246条) ・(　ア　)及ヒ家族ハ其家ノ氏ヲ称ス(243条②)	・未成年の子が婚姻をするには、父母の同意を得なければならない。(737条) ・夫婦は、婚姻の際に定めるところに従い、(　イ　)又は(　ウ　)の氏を称する。(750条)

語群

a　戸主　　b　戸長　　c　父親　　d　両親　　e　夫　　f　妻

問2　下線部②の頃の子どもの発達のめやすとなることを，次のa～jから3つ選び，記号で答えなさい。

a　夜のおむつが不要になる

b　ルールのある遊びを楽しむ

c　横向きになり寝返りをする

d　思うようにならないとかんしゃくをおこす

e　「見て」「聞いて」と言葉で自己主張する

f　はしやはさみを使う

g　親の後を追う　　h　1人で歩く　　i　2語文を話す

j　ほしいものがあっても我慢できる

問3　下線部③について，共に働き，子育てもする夫婦を何というか書きなさい。

問4　下線部④の健康管理について，次の(1)(2)に答えなさい。

(1)　次の(　ア　)～(　エ　)にあてはまる語句を書きなさい。

胎児の血液をつくるために母体の(　ア　)が多く使われる。そのため(　イ　)になりやすいので，(　ア　)を補給するとともに，たんぱく質，(　ウ　)，(　エ　)なども不足しないように気をつける。

(2)　太り過ぎや塩分の摂りすぎなどによって誘発され，妊産婦の死亡や未熟児出産の原因となる病気を何というか，書きなさい。また，その症状を3つ書きなさい。

問5　下線部⑤について，加齢による身体機能の低下に配慮したバリアフリー住宅を考えたい。バリアフリー住宅について，次の(1)(2)に答えなさい。

(1)　次の表の(　ア　)～(　ウ　)にあてはまる必要な配慮点を書きなさい。

ただし，車イスは考慮に入れないものとする。

場　所	高齢者の身体的機能	必要な配慮点
居室の出入口	・足腰が弱くなって、つまずきやすい	・段差をつけない
玄　関	・靴を履いたり脱いだりする時、身体のバランスを崩しやすい	・手すりをつける ・上がりかまちの段差を低くする ・(　ア　)
階　段	・身体のバランスが崩れやすい	・手すりをつける
	・視力が低下する	・(　イ　)
浴　室	・身体のバランスが崩れやすい	・手すりをつける ・(　ウ　)

(2)　授業で生徒に高齢者と同じような身体的負荷を擬似体験させたい。その際，次のa～cに負荷をかけるために，どのような工夫をすればよいか，書きなさい。

a　目(視野狭窄，白内障)　　b　耳(高音域を遮断，耳が遠い)

c　手(握力，手指の感覚機能の弱さ)

問6　下線部⑥の妹(成人)が，アポイントメントセールスで英会話教材購入の契約をしてしまった。次の(1)～(3)に答えなさい。

(1)　アポイントメントセールスの販売方法を簡潔に書きなさい。

(2)　この契約の解約制度を何というか，書きなさい。

(3)　授業でこのような商法を取り上げる場合，自分たちで演じて，学習する方法を何というか，書きなさい。

【2】栄養素の特徴による食品群の分類方法には次の3つの方法がある。下の問いに答えなさい。

○3色食品群　　○4つの食品群　　○6つの基礎食品群

問1　次の表のように食品を分類するとき，①～⑦にあてはまる食品群およびその働きを書きなさい。

食品	分類方法	食品群	働き
牛乳	4つの食品群	1群	⑤
淡色野菜	6つの基礎食品群	①	⑥
じゃがいも	4つの食品群	②	⑦
海藻	6つの基礎食品群	③	体の各機能を調節する
米	3色食品群	④	エネルギー源となる

問2　4つの食品群別摂取量のめやす(1人1日当たり　単位g　香川芳子案)では，次の(1)(2)の摂取量のめやすは何gか，書きなさい。ただし，16歳男子生活活動強度Ⅲの場合とする。

(1)　乳・乳製品　　(2)　魚介・肉類

【3】次のグラフは，1999年の原因物質別食中毒発生状況を表し，細菌性食中毒は87.4%であった。あとの問いに答えなさい。

原因物質別食中毒発生状況（１９９９年）

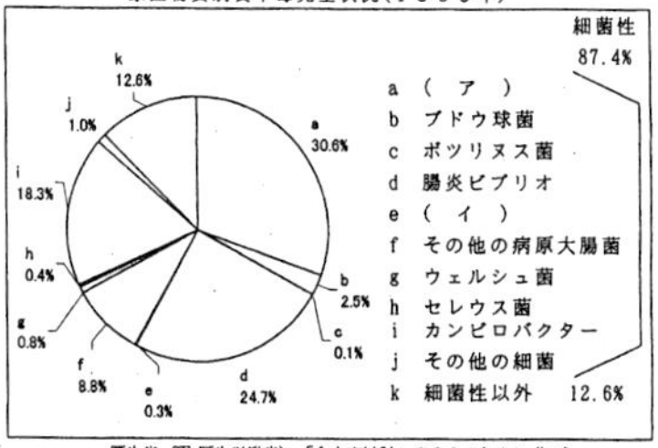

厚生省（現・厚生労働省）「食中毒統計」２００１年より作成

問1　グラフ中の(ア)(イ)は，感染型の原因物質であり，(イ)は毒素により出血性腸炎を起こす細菌である。(ア)(イ)にあてはまる細菌名を書きなさい。

問2　細菌性食中毒を防ぐための方法を3つ簡潔に書きなさい。

【4】被服の構成と製作について，次の問いに答えなさい。

問1　手づくりで被服製作をする場合，次のa～hの工程を正しい手順になるように並びかえ，記号で答えなさい。

a　仕上げ　　b　裁断　　c　しるしつけ　　d　本縫い
e　採寸　　f　型紙作製　　g　仮縫い・補正
h　デザイン・素材の選定

問2　次の文の(　ア　)～(　オ　)にあてはまる語句を書きなさい。

(1)　人体の曲面にあわせて，(　ア　)的な布を(　イ　)的に裁断・縫製することを(　ウ　)という。

(2)　両面複写紙でしるしつけをする場合は，布を(　エ　)にして型紙を置き，適当な縫い代をつけて裁断後，2枚の布の間に両面複写紙を挟み，(　オ　)などでしるしをつける。

問3　「着心地のよい被服」というテーマで被服製作をする場合，留意すべき点を2つ書きなさい。

【5】配付されたフロッピーディスクに保存してあるExcelデータ「食料農水産物の自給率の推移」を利用して，次の(1)～(5)の操作を行い，資料を作成しなさい。

(1)　表計算ソフト(Excel 2000)を用い，図1のグラフを作成しなさい。作成したグラフは「データ1」とファイル名を付けてフロッピーディスクに保存しなさい。

(2)　表計算ソフト(Excel 2000)を用い，図2のグラフを作成しなさい。作成したグラフは「データ2」とファイル名を付けてフロッピーディスクに保存しなさい。

(3)　ワープロソフト(Word 2000，書式：A4タテとし，その他の書式は不問)を用い，(1)(2)で作成したグラフを貼り付けて下の資料と同じように作りなさい。

(4)　(3)で作成した資料の右下に，受験番号と氏名を入力しなさい。

(5)　(3)(4)で作成したWordデータに自分の受験番号のファイル名を付けてフロッピーディスクに保存しなさい。印刷はしないこと。

食料農水産物の自給率の推移

図１　主要農水産物の品目別自給率

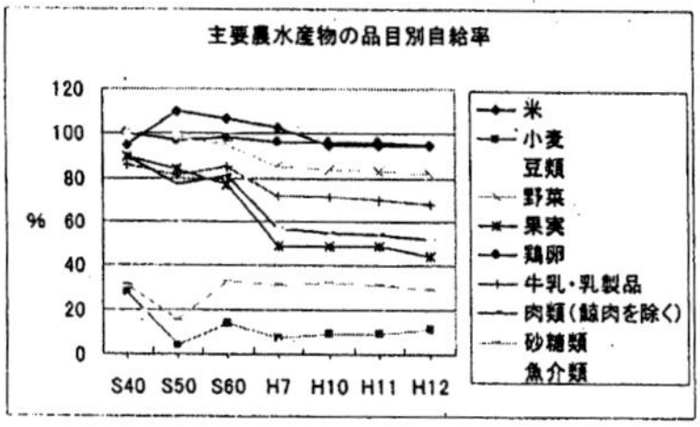

図２　食糧自給率の推移

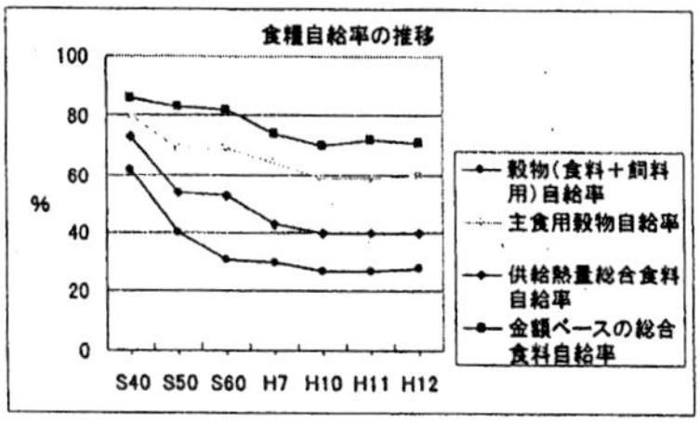

資料：農林水産省「食料需給表」
受験番号：○○○○
氏名：○○○○○○

【注意】コンピュータ操作中，使用している機器等にトラブルがあった時は，手を挙げて監督者に知らせること。

(ア)　「始め」の合図で表計算ソフト(Excel 2000)，ワープロソフト(Word 2000)を起動させること。

(イ)　「やめ」の合図で全ての作業を止め，ソフトを終了させ，初期画面に戻すこと。

【6】1　調理実習で「かきたま汁」を次の要領で作るとき，次の文の(　ア　)～(　エ　)にあてはまる数を書きなさい。

〈要領〉

・だし汁は2人分(1人分を150cc)とする。

・味付けは塩味とする。

塩味を(　ア　)％とすると，この場合，必要な食塩の量は(　イ　)gであり，小さじ1杯の概量を(　ウ　)gとすると，このときの食塩は小さじ(　エ　)杯である。

・作ったかきたま汁を椀に盛り付け，使用した用具を洗う。

準備してあるもの

温めただし汁，洗った卵，だしで溶いた片栗粉，食塩，

計量スプーン，計量カップ(200cc)，鍋，お玉，

穴しゃくし，椀2個

2　上の要領で「かきたま汁」を作りなさい。

解答・解説

【中高共通】

【1】問1　ア　a　　イ　e　　ウ　f　　問2　d，g，i　　問3　DEWKS

問4　(1)　ア　酸素　　イ　貧血　　ウ　無機質　　エ　ビタミン

(2)　妊娠中毒症，浮腫，高血圧たんぱく尿　　問5　(1)　ア　イスを用意する　　イ　2ヶ所以上の照明を設ける　　ウ　ベンチを用意する

(2)　a　眼鏡　　b　耳栓　　c　手袋　　問6　(1)　電話で「選ばれた」などと喫茶店や営業所に呼び出して商品などを買わせる。　(2)　クーリングオフ制度　　(3)　ロールプレーニング

〈解説〉問3　DEWKS (Double Employed With KidS)は，共働きをしながら子どもを育てている夫婦のことである。仕事と育児を両立させていくためには，夫の家事・育児への積極的な参加や社会制度や施設(育児

休業や保育所等)などの上手な利用も必要になってくる。関連語で，DINKS (double income no kids)というのがあり，これは共働きで子どもをもたない夫婦のこと。夫婦がそれぞれ仕事をもち，自分たちの意志で子どもをもたない。経済的にゆとりを持ち，生活を楽しむことを重視したライフスタイル。日本においては，生涯を通じてディンクスというのは少数派で，実際には，デュークスへと移行していくケースが多くみられる。　問6　アポイントメントセールスは，わかりやすく言えば「呼出販売」のこと。販売目的を告げずに呼び出され，突然勧誘を受けて契約を迫られるため，後から契約を撤回できるよう，クーリング・オフ制度が適用される。

【2】問1　①　4類　②　3群　③　2類　④　黄群　⑤　栄養を完全にする　⑥　体の各機能を調節　⑦　体の調子をよくする
問2　(1)　400g　(2)　140g

〈解説〉食事の基本は，「身体に必要な栄養素を必要なだけとる」ことであり，「バランス」が大切である。食品を選ぶ時は栄養素を考え，調理の祭はその栄養素を損なわないよう，しかも味覚を満足させる必要がある。食べる時は，性別・年齢・仕事の内容などに応じて量や質を考え，生活リズムに合わせて楽しく食べる。栄養素をバランスよく取るには栄養成分の異なるものを組み合わせてとる必要がある。参考になるのが，「3色食品群」と「6つの基礎食品群」の組み合わせである。

〈3色食品群〉

○赤色の食品：肉・魚・卵・豆腐・牛乳など身体をつくる蛋白質を主とした食品

○黄色の食品：穀類・いも類・砂糖・油脂類などエネルギー源となる食品(糖質・脂質)

○緑色の食品：野菜・果物・海草・きのこなど身体の調子を整える食品(ビタミン・ミネラル)

〈4つの食品群〉

○第1群：乳・乳製品，卵

○第2群：魚介，肉，豆・豆製品
○第3群：野菜・きのこ・海藻，芋，果物
○第4群：穀物，砂糖，油脂

〈6つの基礎食品群〉
○1群：魚，肉，大豆製品［主として，良質のたんぱく質の供給源］
○2群：牛乳，乳製品，骨ごと食べられる魚［カルシウムの供給源］
○3群：緑黄色野菜［カロチンの供給源］
○4群：その他の野菜，果物など［ビタミンCとミネラルの供給源］
○5群：米，パン，めん，芋［糖質系エネルギーの供給源］
○6群：油脂など［脂肪系エネルギーの供給源］

【3】問1　ア　サルモネラ菌　　イ　毒素原性大腸菌　　問2　・十分加熱する　・低温で保存する　・化膿した手で食品を扱わない

〈解説〉細菌性食中毒は細菌の性質に基づく方法でいくつかのキーポイントを押さえることによって防ぐことができる。それは「細菌は付けない，増やさない，死滅させる」の合言葉でいわれている三大原則である．つまり，

① 食品を衛生的に扱い食中毒の原因となる細菌を食品に付着させないこと
② たとえ食品に細菌がついたとしても，それを食品の中で増殖させないこと
③ たとえ菌が増えてしまったとして，加熱などの処置で死滅させること

の3点を表している。

【4】問1　h→e→f→b→c→g→d→a　問2　ア　平面
イ　曲線　ウ　立体構成　エ　外表　オ　ルレット
問3　採寸の際のゆとりやカーブ線

【5】省略
〈解説〉IT教育という観点から，パソコンの基本的な使用法，ワード・エクセルによるドキュメント作成などが実技試験で取り入られている。基本的な操作法，簡単な文章作成はマスターしておこう。

【6】1　ア　1　イ　3　ウ　5　エ　$\frac{3}{5}$(0.6)
2　温めただし汁を鍋に300cc(計量カップ使用)＋蒸発分を少々入れ火にかけ，食塩で調味し，だしで溶いた片栗粉を沸騰した湯の中に入れとろみをつける。さらに卵をよく溶き穴じゃくしを通して鍋全体に流し入れる。火を止め器に盛る。

2003年度　実施問題

【1】教育課程審議会答申(平成10年7月)の中で示された小学校の家庭科，中学校の技術・家庭科，高等学校の家庭科の改善の基本方針に関して，次の問いに答えなさい。

問1　次の文は改善の基本方針の一部である。文中の(　ア　)～(　エ　)に適する語句を語群から選び，記号で答えなさい。

男女共同参画社会の推進，(　ア　)への対応を考慮し，家庭の在り方や家族の人間関係，(　イ　)の意義などの内容を一層充実する。また，(　ウ　)や科学技術の進展等に対応し，生活と技術とのかかわり，(　エ　)の活用などの内容の充実を図る。

語群

a　生きる力　b　産業構造　c　情報手段　d　地域人材
e　子育て　f　情報化　g　生涯学習　h　少子高齢化

問2　次の(1)(2)は，それぞれ中学校の技術・家庭科と高等学校普通教科「家庭」の改善の具体的事項の一部である。(　ア　)～(　オ　)に適する語句を書きなさい。(文中の「現行」とは答申された年である。)

(1)　各学校が創意工夫を生かして教育課程を編成できるようにするとともに，地域や学校，生徒の実態に応じて弾力的な指導が行われるようにするため，例えば，現行の「食物」分野における日常食の調理について，魚や肉などの(　ア　)と焼く・煮るなどの(　イ　)を示している扱いを止め，扱う(　ウ　)を大綱化して示すこととする。

(2)　学習した知識と技術を生かして，生活を見直し，課題を見いだしてその解決を図るなど，問題解決能力の育成や地域に対するボランティア活動を一層重視する観点から(　エ　)の実践と(　オ　)を充実する。

(☆☆☆◎◎◎◎◎)

【2】次の文は，1989年に国際連合で採択された条約の一部である。これに関して，下の問いに答えなさい。

第12条1　締約国は，自己の意見を形成する能力のある児童がその児童に影響を及ぼすすべての事項について自由に自己の意見を表明する権利を確保する。この場合において，児童の意見は，その児童の年齢及び成熟度に従って相応に考慮されるものとする。　(外務省訳)

問1　この条約名は何か書きなさい。

問2　この条文は，子どもをどのようにとらえていると考えられるか説明しなさい。

問3　児童福祉法や児童憲章などがあるにもかかわらず，我が国でも子どもへの人権侵害が後を絶たない。このような中で，2000年5月成立し，11月施行された法律は何か。また，その中で定められた，教員や医師など子どもにかかわる人の職務上の守秘義務に優先する義務は何か，書きなさい。

(☆☆☆☆◎◎◎◎)

【3】次の文を読み，下の問いに答えなさい。

既製服を選ぶときには品質表示をみるが，組成線維の名称とその組成重量百分率(混用の場合は混用率)を示す(　　)をその品質表示には表示するように義務付けられている。また，ほとんどの既製服には，洗い方，アイロンのかけ方などの取り扱い絵表示が定められている。

問1　(　　)に適する語句を書きなさい。

問2　次の取り扱い絵表示①～③の意味を説明しなさい。

①

②

③

(☆☆☆◎◎◎◎◎)

【4】次の文を読み，下の問いに答えなさい。

高齢社会を迎え，政府は1999年に長期計画「(　ア　)」を固め，高齢者福祉の基盤整備に努めている。高齢者は，この計画にあるサービスを自分の希望と健康状態，経済状態などに合わせて上手に組み合わせて利用していくことが必要となる。また，今後も予想される介護を必要とする高齢者の増加に対応して，2000年4月から(　イ　)が開始された。

住まいに関しては，①高齢者の日常生活能力を後退させることなく，自立した生活のできる設備を備えた住宅が必要となり，生活しやすい住宅をデザインしたり，リフォームすることが望まれる。

②障害のある人々も同様に地域で普通の生活をする権利があり，行政や社会はそれを実現する責任がある。また，健常者・障害者の隔てなく同じように利用できる環境や商品のデザインを(　ウ　)という。

問1　(　ア　)～(　ウ　)に適する語句を書きなさい。

問2　下線部①のような配慮のある住宅を何というか，書きなさい。

問3　下線部②のような理念を何というか，書きなさい。

(☆☆☆◎◎◎)

【5】次の図は，高等学校必修科目の一つ『家庭総合』での調理実習の流れを示したものである。これに関して，下の問い答えなさい。

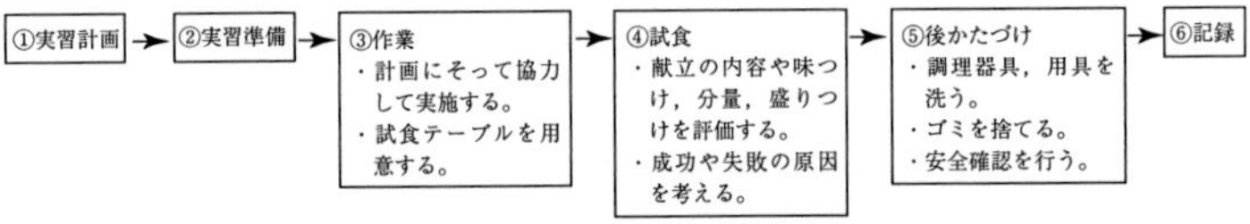

問1　次の文は，①の題材選定にあたって留意すべき事項を述べたものである。(　ア　)～(　エ　)に適する語句を書きなさい。

題材については，様式，(　ア　)，(　イ　)が重ならないようにするとともに，(　ウ　)及び(　エ　)の実態に応じて基礎的な調理技術の習得ができるように配慮して設定する。

問2　③④において，その他に考えられる学習内容をそれぞれ書きなさい。

問3　⑤において，教師が確認すべき事項をそれぞれ書きなさい。

問4　指導にあたっては「資源・エネルギーに配慮した購入や調理などにも触れる」ことが大切であるが，②③⑤における留意点を，それぞれ2つずつ書きなさい。

(☆☆☆◎◎◎◎)

【6】中学校「技術・家庭科」家庭分野において，次の題材でロールプレイングの学習活動を行うとき，下の問いに答えなさい。

2歳と5歳の兄弟がおもちゃの取り合いをした。それをみていた両親はどのように対処したらよいだろうか。

問1　ロールプレイングとは何か，説明しなさい。

問2　この題材において中心となる学習内容は何か，書きなさい。

問3　ロールプレイングで，この題材を学習する利点は何か，書きなさい。

(☆☆☆☆◎◎◎)

【7】1　次の「表1」は，平成12年の「男女共同参画社会に関する世論調査」より「男は仕事，女は家庭という考え方について」のデータである。この数値をもとに下の問いに答えなさい。

(単位％)

表1　男は仕事，女は家庭という考え方について

	同感する方	どちらともいえない	同感しない方	わからない
昭和62年	43.1	28.0	26.9	2.0
平成2年	29.3	29.4	39.1	2.2
平成7年	26.8	24.3	48.0	0.9
平成12年	25.0	25.6	48.3	1.0

資料出所：内閣府「男女共同参画社会に関する世論調査」(平成12年)

問1　表計算ソフト(Excel 2000)を使い，指示に従ってExcelデータを作成しなさい。

(ア)　D30のセルに受験番号をD31のセルに氏名を書きなさい。

(イ)　次の処理条件に従って，「表1」を作成しなさい。(A4のセルに「表1」と書く。)

1．C2のセルに表題「男は仕事，女は家庭という考え方について」を書く。(14ポイント，太字)

2．表の左上端をB4のセルとする。

3．「昭和62年」などの項目は右詰め，「同感する方」などの項目は中央揃えとする。

4．罫線は，太線・細線・二重線の3種類を用い，「表1」にならって作成する。

5．B～Fの列幅は“15”とする。

6．B10のセルに「資料出所：内閣府……」，G8のセルに「単位％」を記入する。

(ウ)　作成した「表1」を利用し，次の(エ)「グラフ1」が作成できるように，年代の新しい順に並び替えた「表1’」をH～M列の間に作成しなさい。

(エ)　「表1」の下に，次の処理条件に従って，「表1’」のデータを使った「グラフ1」を作成しなさい。(C12に「グラフ1」と書く。)

1．グラフは〈100％積み上げ横棒グラフ〉を選択する。

2．X軸は「昭和62年」などの項目とする。

3．タイトルは「男は仕事，女は家庭という考え方について」とする。

4．Y軸／数値軸ラベルに「資料出所：内閣府……」と書く。

5．「同感する方」などの凡例は上につける。

6．データラベルの数値を表示する。

7．グラフはB13からG28のセルの間に作成する。

8．プロットエリアの輪郭は黒，領域の色は白とし，タイトルは14ポイント，太字とする。

問2　ワープロソフト(Word 2000，書式不問)を使い，指示に従って説明文を作成し，問1で作成したExcelデータのB32のセルに貼り付けなさい。

(ア) 問1(エ)の「グラフ1」と下の「グラフ2」を資料として使い，我が国の家事労働の現状と，その主な要因について生徒に説明する簡単な文章(80字程度)を作り，罫線で囲みなさい。

「グラフ2」
「男性の仕事は収入を得ること，女性の仕事は家庭と家族の面倒をみることだ」
という考えに賛成する割合(%)

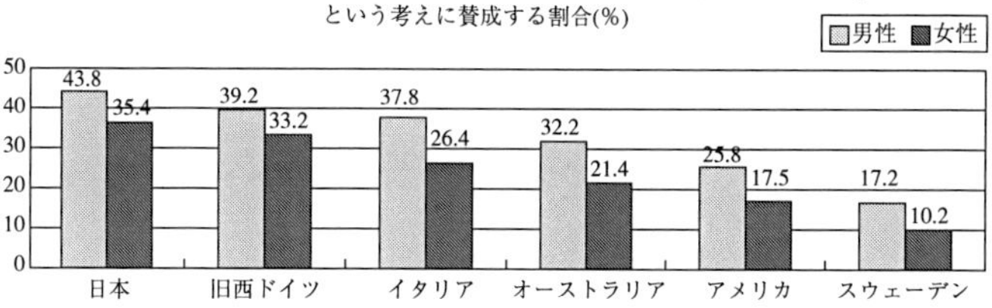

資料出所：経済企画庁「国民生活白書」1996年

(イ) (ア)の文章をExcelデータのB32のセルに貼り付けなさい。

【注意】 コンピュータ操作中，使用している機器等にトラブルがあった時は，手を挙げて監督者に知らせること。

(ア) 「始め」の合図で表計算ソフト(Excel 2000)を起動させること。

(イ) 表，グラフを作成し，説明文が書けたら，Excelデータをフロッピーディスクに保存すること。保存の時のファイル名は受験番号の数字を用いること。(Wordデータは保存しない。)

(ウ) フロッピーディスクのラベルに受験番号を大きく書くこと。

(エ) 「やめ」の合図で全ての作業を止め，ソフトを終了させ，初期画面に戻すこと。

2 次の問題を読み，合図に従って実技を行いなさい。

(ア) 小麦粉1カップを計量し，約何gか答えなさい。このとき上皿自動ばかりを使わず，概量を答えなさい。

＊何gか解答用紙に記入し，計った小麦粉は別に用意された容器に入れること。

(イ) 中学校，高等学校の調理実習に使う材料分けとして，上皿自動ばかりを使って，大根を約30gずつ4班分に切り分けなさい。ただし，大根は実習で約4cmのせん切りにするものとし，廃棄率も考慮に入れること。

(ウ)　(イ)の大根1片を約4cmのせん切り，1片を5mmのさいの目切りにしなさい。

＊切った大根は用意された皿に置くこと。

メモ等

【注意】

(ア)　試験開始前に，服装を整え，手洗いをしておくこと。

(イ)　まな板，包丁，ふきんの扱いも採点基準に入るので注意すること。

(ウ)　試験は，監督の「はじめ」の合図で実技を開始し，3問続けて行い，「止め」の合図で止めること。

(エ)　実技終了後，解答用紙を大根の皿の上に置くこと。

解答・解説

【1】問1　ア　h　イ　e　ウ　f　エ　c　問2　(1)　ア　食品　イ　調理方法　ウ　題材　(2)　エ　ホームプロジェクト　オ　学校家庭クラブ活動　問1　中学校学習指導要領第1章2ア改善の基本方針の(イ)を参照のこと。　問2　(1)　中学校学習指導要領第1章2イ改善の具体的事項の(カ)を参照のこと。2についてはよく出題されるので，しっかり学習しておくように。　(2)　高等学校学習指導要領解説第2章第2節イ改善の具体的事項の(F)を参照のこと。

【2】問1　子どもの権利条約　　問2　子どもは保護の対象としてではなく，権利を行使する主体であり，その権利を行使するために援助が与えられる存在としてとらえている。　問3　児童虐待の防止等に関す

る法律，通告義務

〈解説〉問1　人間である以上，当然保障されるべき自由・平等などの権利。子どもの人権について，国連は第14回総会(1959年)で「子どもの権利宣言」を，また第44回総会(1989年)で，「子どもの権利条約を採択した。この条約は，わが国では1994年4月に批准された。子どもの権利条約における子どもとは，18歳未満の子どもをさす。　問2　従来は，ともすれば子どもは保護と管理の対象と考えられがちであったが，近年の国際動向では，子どもはさまざまな権利をもつ主体的な存在であると考えられている。　問3　児童虐待に係る通告として，刑法の秘密漏示罪の規定その他の守秘義務に関する法律の規定は，児童虐待を受けた児童を発見した場合における通告の義務の遵守を妨げるものと解釈してはならないとある。

【3】問1　組成表示　　問2　①　30度以下の液温で洗たく機の弱水流で中性洗剤を使用する。　②　210度を限度とし当て布を利用して高い温度でかける。　③　水洗いはできない。

〈解説〉問1　既製服には，他に日本工業規格(JIS)で決められたサイズの表示がなされている。　問2　取り扱い絵表示には，洗い方・塩素漂白・絞り方・干し方・アイロンのかけ方・ドライクリーニングに関するものがある。大変よく出題されるので，それぞれの項目ごとにしっかりと理解しておくようにすると覚えやすい。

【4】問1　(ア)　ゴールドプラン21　　(イ)　介護保険制度
(ウ)　ユニバーサルデザイン　　問2　バリアフリー住宅
問3　ノーマライゼーション

〈解説〉問1　(ア)　高齢者の尊厳の確保および自立支援をはかり，できるかぎり多くの高齢者が，健康で生きがいをもって社会参加できる社会をつくっていこうという目的で策定された。　(イ)　介護保険料は40歳以上のすべての者から徴収され，保険料は各自治体によって異なる。　問2　高齢者の心身の変化に対応した住まいの例として，段差の解消，手すりの設置，車椅子の走行，回転が可能なスペースの確保，照明スイッチやコンセントの位置などが挙げられる。　問3　その背景には，高齢者になっても心身ともにすこやかに豊かに暮らしていけるような社会を築いていくための基本となる考え方である高齢者福祉がある。

【5】問1　ア　調理法　　イ　食品　　ウ　学校　　エ　生徒
問2　③　盛りつけ・配ぜんをする　　④　食事のマナーを学ぶ
問3　・調理器具・用具が所定の場所に清潔な状態で収納されているか。　・ゴミは分別して処理されているか。　・火元・電源の安全確認
問4　②　・服装については活動がしやすく安全性に配慮する。
・手指を十分洗うなど衛生面に配慮する。　③　・調理実習に用いる用具の正しい使い方を知り，安全にとり扱うことができるようにする。
・調理台の整理，整とん，用具の配置などを工夫することで能率的に作業ができるようにする。　⑤　・食器，調理用具の洗い方を工夫できるようにする。　・洗剤類の誤用がないようにする。
〈解説〉問1　高等学校学習指導要領解説第2章第2節(4)　生活の科学と文化(ウ)を参照のこと。　問2　①では献立を調べる，作業計画を立てる，②では服装を整える，手を洗う，⑤では材料・分量，栄養面での検討，調理の要点，経費，試食後の感想を学習ノートに記録するなどの学習内容が考えられる。　問3　調理実習においては，教師の生徒への安全指導は大きなポイントとなる。その観点から確認すべき事項と，環境に配慮するという点からの確認が必要になる。

【6】問1　現実に似せた場面で，ある役割を模擬的に演じること。
問2　情緒や社会性の発達には，親やそれにかわる人が愛情をもって接し，幼児との基本的な信頼関係を形成することが大切であることに気付く。　問3　生徒の身近に幼児がほとんどいない実態を考え，ロールプレイングという具体的な学習活動を通すことで，自らのこととして考えさせることができる。

〈解説〉問2 「幼児の心身の発達の特徴」の取扱いでは，従来の「K保育」領域の「(1)　幼児の心身の発達」では詳細に扱われているが，ここでは，幼児の身体の発達や運動の機能・言語・情緒・社会性など発達の概要を理解させることをねらいとしている。　問3　子育ての意義，親や周りの人への感謝につながっていくことが期待される。

【7】省略

第３部

チェックテスト

過去の全国各県の教員採用試験において出題された問題を分析し作成しています。実力診断のためのチェックテストとしてご使用ください。

家庭科

／100点

【1】次の(1)～(5)の文は，それぞれ繊維の特徴を述べたものである。繊維の名称をそれぞれ答えよ。

（各2点　計10点）

(1)　紫外線で黄変・劣化し，しなやかで，光沢がある。

(2)　吸湿性が小さく，静電気をおびやすい。紫外線で黄変する。

(3)　ゴムのように，伸縮性が大きい。塩素系漂白剤に弱い。

(4)　半合成繊維で，熱で変形を固定することができる。

(5)　吸湿性・吸水性が大きく，水にぬれても弱くならない。肌着やタオルに用いられる。

【2】洗剤について，文中の各空欄に適する語句を答えよ。

（各1点　計7点）

・　家庭用洗剤は，(　①　)の種類と配合割合により，石けん，複合石けん，(　②　)に分けられる。そして，(　②　)には，弱アルカリ性洗剤と(　③　)がある。

・　洗剤の主要成分である(　①　)は，親水基と(　④　)からなり，2つの物質の境界面に吸着し，表面張力を減少させる。そして，浸透，(　⑤　)・分散，(　⑥　)防止作用により，洗浄効果をもたらす。

・　洗剤には洗浄効果を高めたり，仕上がりをよくしたりするために，水軟化剤やアルカリ剤，(　⑦　)増白剤，酵素などが配合されている。

【3】被服に関する次の(1)～(5)の語句の説明文として正しいものはどれか。あとのア～カから1つずつ選び，記号で答えよ。

（各1点　計5点）

(1)　カットソー　　(2)　オートクチュール　　(3)　ボトム

(4) プルオーバー　(5) プレタポルテ

ア　高級既製服のこと。

イ　高級注文服のこと。

ウ　前後にボタンなどの開きがなく，頭からかぶって着る上衣のこと。

エ　丸えりのセーターやTシャツのこと。

オ　トップに対して，パンツなど下半身に身につけるもののこと。

カ　綿ジャージー生地を型紙に合わせて裁断し，縫製した衣類の総称。

【4】ミシンについて，次の各問いに答えよ。

((2) 各2点，他 各1点　計12点)

(1) 次の図の①～⑤の名称を答えよ。

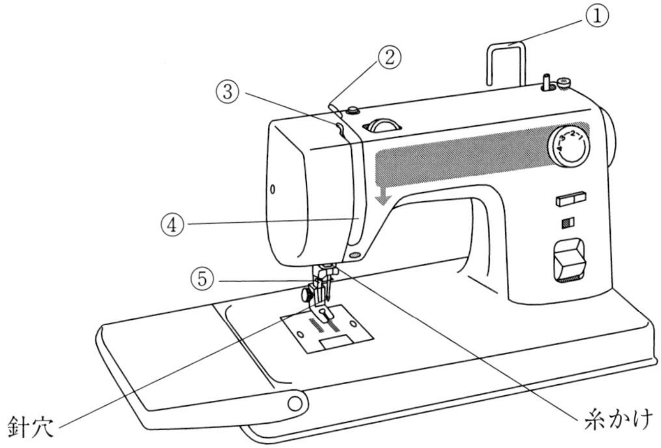

(2) ミシンで縫っていたら，針が折れてしまった。原因として考えられることを，3つ簡潔に答えよ。

(3) サテンなど薄い布地を縫うのに，最も適したミシン針と縫い糸の組合せを，次のア～エから1つ選び，記号で答えよ。

ア　ミシン針9番，縫い糸80番　　イ　ミシン針11番，縫い糸60番

ウ　ミシン針14番，縫い糸50番　　エ　ミシン針16番，縫い糸30番

【5】料理に関する次の(1)～(5)の用語の説明として適切なものを，下のア～ケから1つずつ選び，記号で答えよ。

（各1点　計5点）

(1)　吸い口　(2)　天じめ　(3)　テリーヌ　(4)　呼び塩
(5)　登り串

ア　吸い物や味噌汁などの汁物に添える香りのもの。
イ　吸い物や椀盛りの主体となる材料のこと。
ウ　寒天で寄せた料理，あるいは，材料を寒天でまとめたり固めたりすること。
エ　本来はふたつきの焼き物用の器のことだが，これに詰め物を入れて焼いたもの。
オ　鯛・鮎などの魚を姿のまま塩焼きにする際，焼き上がりを美しく見せるためにふる塩のこと。
カ　緑色の野菜をゆでる際，美しく鮮やかな色にゆであがるように入れる少量の塩のこと。
キ　塩分の多い塩魚をうすい塩水につけて塩ぬきすること。
ク　鮎などの川魚を生きた姿のように美しく焼き上げる場合に使われる串の打ち方。
ケ　エビをまっすぐな形に仕上げたいときに用いる串の打ち方。

【6】ビタミンと無機質に関する次の文を読んで，あとの各問いに答えよ。

（各1点　計13点）

ビタミンは，現在約25種知られているが，人が必要とするのは(　①　)種である。ビタミンB_1は，豚肉に多く含まれており，欠乏すると(　②　)になる。貝やえび・かに・山菜などには，$_A$ビタミンB_1を分解する酵素が含まれているが，(　③　)して食べれば分解する酵素ははたらかなくなる。

(　④　)は体内で合成されないので，食べ物から摂取しなければならない。日本人が不足しやすい(　④　)はカルシウムと鉄である。$_B$りんやマグネシウムの過剰摂取はカルシウムの吸収を妨げるので，食品添加物としてりんを多く使用している加工食品の多用は注意しなければならない。鉄の機能としては，赤血球中に含まれる(　⑤　)として，体内の各組織へ(　⑥　)を運搬する大切なはたらきがある。鉄が欠乏すると，からだへの(　⑥　)の供給量が減り，動悸や息切れがする，全身がだるくなる，皮膚や粘膜が白っぽくなるなどの，(　⑦　)になる。動物性食品に含まれている(　⑧　)鉄は，吸収がよい。

(1)　文中の(　①　)～(　⑧　)に最も適する数字または語句を答えよ。

(2)　下記のビタミンの化学物質名を答えよ。

①　ビタミンA　　②　ビタミンD

(3)　下線部Aの酵素名を答えよ。

(4)　下線部Bについて，カルシウムの吸収を妨げる物質をりん，マグネシウム以外に2つ答えよ。

【7】次の文を読んで，下線部の内容が正しいものには○を付け，誤っているものは正しく書き直せ。

（各2点　計10点）

(1)　あじとかつおの旬は秋である。

(2)　小麦粉に水を加えて練るとグルテンを形成し，粘りと弾力性を生じる。

(3)　砂糖の原料はさとうきびやさとうだいこんなどで，主成分は二糖類のショ糖である。

(4)　「トクホ」と呼ばれている特定保健用食品には，消費者庁が認可した食品であることを示すマークが付けられている。

(5)　食品の中で，アレルギーを起こしやすいため表示が義務付けられている7品目は，らっかせい，大豆，卵，乳，うどん，さば，かにである。

【8】食生活の管理と健康について，次の各問いに答えよ。

（各1点　計11点）

(1)　食の安全への取組として行われている生産歴の追跡ができる仕組みを何というか，答えよ。

(2)　次の10項目について，下のア・イの各問いに答えよ。

・食事を楽しみましょう ・１日の食事のリズムから，健やかな生活リズムを。 ・適度な運動とバランスのよい食事で，(　①　)の維持を。 ・主食，主菜，(　②　)を基本に，食事のバランスを。 ・ごはんなどの(　③　)をしっかりと。 ・野菜・果物，牛乳・乳製品，豆類，(　④　)なども組み合わせて。 ・食塩は控えめに，(　⑤　)は質と量を考えて。 ・日本の食文化や(　⑥　)を活かし，郷土の味の継承を。 ・食料資源を大切に，無駄や(　⑦　)の少ない食生活を。 ・「食」に関する理解を深め，食生活を見直してみましょう。

ア　この10項目は何といわれるものか答えよ。

イ　上の空欄①～⑦に入る適切な語句を答えよ。

(3)　近年の食生活について，次のア・イの各問いに答えよ。

ア　生活習慣病に影響を及ぼし，摂取量が不足しがちな難消化成分を総称して何というか答えよ。

イ　摂取した効果等について，科学的根拠が認められるものにのみ，消費者庁から表示を許可されている食品を何というか答えよ。

【9】消費生活について，次の各問いに答えよ。

（各1点　計7点）

(1)　個人の信用を担保にお金を借りる消費者信用のシステムのうち，現金・所持金がなくても商品を受け取り，代金を後払いする取引は何と呼ばれるか。その名称を答えよ。

(2)　図書カードのように代金前払いの形でカードを購入しておき，商品購入時に現金の代わりに使うカードは何と呼ばれるか。その名称を答えよ。

(3) 消費者を守るためにさまざまな法律や制度が整備されてきた。その中の一つの法律が，2004年，それまでの事業者規制による消費者保護から，消費者が権利の主体として自立できることを支援する内容に改正された。その法律は何と呼ばれるか。その名称を答えよ。

(4) 1960年に設立された世界の消費者運動団体の連合体で，世界消費者大会の開催など多岐にわたる活動を行い，国際連合の諮問機関にもなっている，現在，「CI」とも呼ばれる組織は何か，正式名称を漢字で答えよ。

(5) 問題のある販売方法によって商品を購入してしまい，クーリングオフ制度を利用して解約しようと考えている。解約可能となる条件を3つ答えよ。

【10】次の各文中の空欄に適するものを，それぞれ下のア～オから1つずつ選び，記号で答えよ。

（各1点　計5点）

(1) 1分間の呼吸数は，新生児では約(　　　)である。

ア　10～20　　イ　40～50　　ウ　60～70　　エ　80～90
オ　100～110

(2) 1分間の脈拍数は，乳児期では約(　　　)回である。

ア　20　　イ　60　　ウ　80　　エ　100　　オ　120

(3) 新生児の身長に対する頭長の割合は，約(　　　)である。

ア　2分の1　　イ　3分の1　　ウ　4分の1　　エ　5分の1
オ　6分の1

(4) 離乳開始時期は生後(　　　)頃が適当である。

ア　3～4カ月　　イ　4～5カ月　　ウ　5～6カ月
エ　6～7カ月　　オ　8～9カ月

(5) パーテンが示した乳幼児の遊びの分類には，①合同(連合)遊び，②ひとり遊び，③傍観遊び，④並行遊び，⑤協同遊びがある。これらを発達段階で出現する順に並べると(　　　)となる。

ア　③→②→④→⑤→①　　イ　②→③→④→⑤→①
ウ　②→③→④→①→⑤　　エ　③→④→②→①→⑤
オ　②→①→⑤→④→③

【11】次の文の各空欄に最も適する語句または数字を答えよ。

（各1点　計8点）

日本は，平均寿命が延び，出生率の低下により急激に高齢化が進んでいる。一般的に，全人口に対し65歳以上の人口が占める割合が(　①　)%を超えた社会を高齢化社会，(　②　)%を超えると高齢社会と呼ぶ。また寿命が延びたため65～74歳までを(　③　)と呼び，75歳以上を(　④　)と呼んで区分している。高齢者人口の増加に伴い介護や支援を必要とする家族や高齢者も増え，介護サービスを充実させるために2000年から(　⑤　)が導入され(　⑥　)歳以上の国民は保険料を支払うようになった。保険給付による介護サービスを利用したい場合には(　⑦　)に申請を行い要介護認定を受けなければならない。判定の結果，その人に適したサービスを効率的に利用できる事や家族の希望などを考慮し，介護サービス計画(ケアプラン)を作成する。ケアプランは自分で作成してもよいが(　⑧　)に作成してもらうこともできる。

【12】次の文の各空欄に当てはまる語句または数字を答えよ。

（各1点　計7点）

日照には，様々な作用があり生活に欠かすことができない。適度な(　①　)は，人体の新陳代謝やビタミンDの生成を促進し，強い殺菌作用は，細菌やバクテリアなどの(　②　)を死滅させる保健衛生上の効果がある。

1950年に制定された建築基準法では，日照や通風を確保するための(　③　)や容積率が定められていて，部屋の採光のために有効な開口部の面積は，その居室の床面積の(　④　)分の1以上となっている。

最近は，東日本大震災に端を発した原発の事故により，電力の供給が見直されており，住宅の屋根に集熱パネルを並べて自家発電を行う

(⑤)エネルギーが注目されている。このように，地球温暖化防止のために，資源・エネルギーの有効利用をはかり，廃棄物に対して配慮し，(⑥)の排出量を減らすなど，周辺の自然環境と調和し，健康で快適に生活できるよう工夫された住宅及びその地域環境のことを，(⑦)住宅という。

解答・解説

【1】(1) 絹　(2) ナイロン　(3) ポリウレタン　(4) アセテート　(5) 綿

解説 紫外線で黄変することで知られているのは，絹，ナイロン。吸湿性が少ない繊維は，アクリル，ナイロン，ポリウレタン，ポリエステルが該当する。静電気を帯びやすい繊維として ナイロンやウールなどプラスに帯電する繊維，ポリエステルやアクリルなどマイナスに帯電する繊維が該当する。以上のことから総合判断し(1)＝絹，(2)＝ナイロン。 (3) ポリウレタン ・ゴムのように伸縮性，弾力性がある ・時間経過で劣化する(約3年) ・塩素系漂白剤に弱い (4) 半合成繊維に該当するのはアセテート・プロミックス。説明の後半の「熱で変形を固定」は熱可塑性を意味し，プリーツ加工に適する繊維である。この特徴に合致するのはアセテート。アセテートには「撥水性が高く水を弾く」性質もあり，安価であるため子供用のレインコートに使用されることも多い。の特徴である。 (5) 綿 ・汗や水を吸いやすく，濡れても丈夫 ・洗濯や漂白が容易にできる ・乾きにくく，シワになりやすい

【2】① 界面活性剤　② 合成洗剤　③ 中性洗剤　④ 親油基　⑤ 乳化　⑥ 再汚染　⑦ 蛍光

解説 洗剤の主成分は界面活性剤で，水だけでは落とせない衣類や食器の油汚れなどを界面活性剤の“油になじみやすい性質(親油基)”が包

み込み，それを一方の“水になじみやすい性質(親水基)”の作用によって洗い落とす。洗剤のその他の成分を助剤と言い，次のようなものがある。炭酸塩は水軟化剤とアルカリ剤の働きがある。アルミ珪酸塩は水軟化剤，酵素は汚れなどを分解する働きがある。蛍光増白剤とは，染料の一種で，紫外線を吸収し白さが増したようにみせかけて黄ばみや黒ずみを目立たなくする働きがある。

【3】(1) カ　(2) イ　(3) オ　(4) ウ　(5) ア

解説 (1) カットソー：ニット素材(編物)を裁断(cut)し，縫製(sew)するが語源である。Tシャツ，ポロシャツがある。これに対し，布地(織物)を縫製したものは，シャツと呼ばれる。 (2) オートクチュール：オート(仏語で高級な)，クチュール(仏語で仕立て，縫製)が語源である。パリのクチュール組合加盟店により縫製される一点物の高級注文服をさす。 (4) プルオーバー：セーターの代表的な形状として，プルオーバーとカーディガンがある。 (5) プレタポルテ：プレ(仏語で用意されている)，ポルテ(仏語で着る)の意味から，プレタポルテとは，そのまま着られるという意味である。1970年以降，プレタポルテが台頭してきたことにより，オートクチュールの割合が減ってきた。

【4】(1) ①　糸立て棒　②　上糸糸案内　③　天びん　④　糸案内板　⑤　針棒糸かけ　(2)　・針止めねじがゆるんでいる。　・押さえがゆるんでいる。　・針のつけ方が浅い。　(3)　ア

解説 (1) ミシンの各部の名称は頻出，基本なのでしっかり頭に入れておくこと。 (2) 他に，・針の太さが布の厚さに合っていない。・針が曲がっている。 など。 (3) 薄地を縫う場合は，針は9番，糸は80番がよい。ミシン針は番号が大きいほど太い。糸は番号が大きいほど細い。ブロードのような普通の厚さの生地の場合，ミシン針が11番，ミシン糸は60番の組合せがよい。フラノのような厚地の場合は，針が14番，ミシン糸は50番が適している。

【5】(1) ア　(2) ウ　(3) エ　(4) キ　(5) ク

解説 (1) 吸い口は吸い物や煮物に添えるもので，香気と風味を加える役割があり，ゆずや葉山椒がよく使用される。 (2) 天じめは，寒天で寄せたり，固める手法。寄せ固めることから「寒天寄せ」，小豆を寄せ固めた羊羹(ようかん)のように「○○羹」と呼ぶこともある。
(3) テリーヌはフランス料理。焼いたあと冷やすことが多い。
(4) 呼び塩はかずのこや塩鮭，むきえびなどの塩抜きで行われる。
(5) 登り串は口から中骨に沿って串を入れ，尾を曲げて串先を出す。

【6】(1) ① 13　② 脚気　③ 加熱　④ 無機質　⑤ ヘモグロビン　⑥ 酸素　⑦ (鉄欠乏性)貧血　⑧ ヘム
(2) ① レチノール　② カルシフェロール　(3) アノイリナーゼ　(4) フィチン酸・しゅう酸

解説 (1) 現在確認されているビタミンは，約25種類(ビタミン用作用物質を含む)あり，ヒトの食物の成分として必要なビタミンであると確認されているのは，13種類となっている。ビタミンB_1は，玄米，豆腐，納豆，たまご，豚肉，豚・牛のレバー，にんにくなどに多く含まれている。欠乏症としては脚気がある。生体においての鉄の役割として，赤血球の中に含まれるヘモグロビンは，鉄のイオンを利用して酸素を運搬している。そのため，体内の鉄分が不足すると，酸素の運搬量が十分でなくなり鉄欠乏性貧血を起こすことがあるため，鉄分を十分に補充する必要がある。一般に動物性食品の「ヘム鉄」のほうが吸収は良い。 (2) ② コレカルシフェロール，エルゴカルシフェロールでも可。 (3) 貝，鯉，鮒，山菜類にはアノイリナーゼというビタミンB_1を分解する酵素が入っている。 (4) カルシウムとリンの比が1：1～1：2の場合吸収が促進される(牛乳がこの範囲である)が，食品加工によりリンを含んだ食品を摂取していることから，結果としてリン・マグネシウムの過剰摂取となる。吸収を阻害するものには，他に，塩分，アルコール，たばこ，過剰の食物繊維がある。

【7】(1) 夏　(2) ○　(3) ○　(4) ○　(5) らっかせい，小麦，卵，乳，そば，えび，かに

解説 (1) 鯵の旬は6～8月。かつおの旬は2回あり5・6月と9～10月である。鯵とかつおの旬で共通する月は６月で「初夏」。 (5) 2023年3月9日，消費者庁より，食品表示基準の一部を改正する内閣府令が公表され，食物アレルギーの義務表示対象品目に「くるみ」が追加された。従って，現時点では8品目。

【8】(1) 食品トレーサビリティ　(2) ① 適性体重　② 副菜　③ 穀類　④ 魚　⑤ 脂肪　⑥ 地域の産物　⑦ 廃棄　(3) ア 食物繊維　イ 特定保健用食品

解説 (1) 食品トレーサビリティとは，食品の生産，加工，流通について各段階で記録をとり管理することによって，食品がたどってきた過程を追跡可能にすることである。 (2) ア 食生活指針とは，食料生産・流通から食卓，健康へと幅広く食生活全体を視野に入れた指針である。2000(平成12)年3月に，文部省(現文部科学省)，農林水産省，厚生省(現厚生労働省)の3省が連携して策定した。策定から16年が経過し，その間に食育基本法の制定，「健康日本21(第二次)」の開始，食育基本法に基づく第3次食育推進基本計画などが作成されるなど，幅広い分野での動きを踏まえて，平成28年6月に食生活指針を改定した。 (3) ア 日本人の食生活の変化が，生活習慣病の増加の原因になっているといわれ，特に，脂肪の増加や食塩の過剰摂取に加えて食物繊維の減少も大きな原因として指摘されている。 イ 特定保健用食品とは，食物繊維入り飲料など従来の機能性食品のうち，「食生活において特定の保健の目的で摂取するものに対し，その摂取により当該保健の目的が期待できる旨の表示をする」食品とされている。

【9】(1) 販売信用(クレジット)　(2) プリペイドカード　(3) 消費者基本法　(4) 国際消費者機構　(5) ①業者の営業所以外であること，②購入価格が3000円以上であること，③契約書面の受理日から

8日以内であること

解説 (1) 販売信用は，信販会社などが信用を供与した会員等の買い物代金を，立て替えて支払うことである。 (2) あらかじめお金をチャージ・入金して，その額面内の商品やサービスを購入することができるカード。先払いなので，買いすぎが少ない。 (3) 消費者基本法は，消費者の権利の尊重と自立支援を目的とした法律で，平成16(2004)年6月，消費者保護基本法の改正に伴い，現在の法律名に変更された。 (4) 世界中の消費者団体が加盟する団体。本部はロンドン。 (5) 他に，政令で指定された商品またはサービスの契約であること，消費者であること等がある。クーリングオフの出題は頻出なので，しっかり頭に入れておくこと。

【10】(1) イ (2) オ (3) ウ (4) ウ (5) ウ

解説 (1)(2) 新生児，乳児，2歳児，成人の［呼吸数…脈拍数］は，それぞれ順に［40～50…120～160］，［30～45…120～140］，［20～30…100～120］，［16～18…70～80］である。 (3) 身長と頭長の割合は，おおむね新生児では4：1，2～4歳児では5：1，15歳以上では7～8：1である。 (4) 離乳食は，生後5～6カ月頃からつぶしたおかゆを1日1サジから始め，慣れてきたらすりつぶしたカボチャなどの野菜や豆腐・白身魚などを与えていく。 (5) 遊びの分類には，ビューラーによる「感覚遊び(機能遊び)・運動遊び・模倣遊び(想像遊び・ごっこ遊び)・構成遊び(想像遊び)・受容遊び」も知られている。本問のパーテンによる遊びの分類は，子ども同士の関わり方に主眼を置いた分類である。「ビューラー」「パーテン」の名前も覚えておこう。並行遊び…何人かで同じ遊びをしているけれど，協力しあうことはない。連合遊び…コミュニケーションをとりながら同じ遊びをする。協同遊び…役割分担，ルール，テーマを共有し，組織的な遊びである。

【11】① 7 ② 14 ③ 前期高齢者 ④ 後期高齢者 ⑤ 介護保険法 ⑥ 40 ⑦ 市町村 ⑧ ケアマネージャー(介護支

援専門員)

解説 日本の高齢化の特徴は，①寿命の伸びと少子化が同時に進行し，生産年齢人口の割合が増加しない，②高齢化の進行が，他に例をみないほど急速である，③高齢者の中でも後期高齢者が増加している，の3つである。これらの特徴は，日本の高齢者福祉の方向性に大きく影響する。2016年には高齢者人口の割合が27.3％に達し，国民の2.7人に1人が高齢者になる社会の到来が予測されている。

【12】 ① **紫外線** ② **病原体** ③ **建ぺい率** ④ **7**
⑤ **太陽光** ⑥ **二酸化炭素** ⑦ **環境共生**

解説 「建ぺい率(％)＝(建築面積(m^2)÷敷地面積(m^2))×100」「容積率(％)＝(延べ床面積(m^2)÷敷地面積(m^2))×100」。

第4部

家庭科マスター

家庭科マスター 衣生活

被服材料では繊維の種類・織り方・性質など，被服整理・管理ではサイズ表示，取扱い表示，洗剤・漂白剤・防虫剤などが出題される。また，透湿防水加工，ウオッシュ・アンド・ウェア加工などの布の加工や，異形断面繊維や多孔質繊維，極細繊維など繊維の改質の出題も頻出である。被服製作では，教科書にもよく掲載されている，ハーフパンツ，Tシャツ，はんてん，和服などの事例をあげて，布地の性質，型紙，裁断，ミシン各部の名称，布と針・糸の関連，縫い代の始末，縫い方などについて問われる。実習の経験がないと解答することが難しいことから，自分で体験する時間を確保し，実際の体験を通して理解を深める必要がある。近年，持続可能な社会の形成を見据えて，環境問題と衣生活とを関連させた出題が増えている。また，消費者問題と関連させて，輸入衣料品の増加に伴い，購入および管理に必要な国際的な表示であるISO表示記号に変更された。伝統的な衣生活の重要性から，和服や手芸民族服などの出題も増えている。

問題演習

【1】次の文は，被服の素材について述べたものである。文中の各空欄に適する語句を答えよ。

織物は，たて糸とよこ糸が，ほぼ(　①　)に交錯されてつくられている。織り糸が1本ずつ交錯する(　②　)や織物面に斜めの方向にうねが浮き出て見える(　③　)などがある。このような交錯のしかたのちがいは，(　④　)や柔らかさ，じょうぶさ，(　⑤　)などに影響を及ぼす。

【2】次の表は繊維の性能を比較したものである。表のア～オに適する繊維名として最も適当な組合せを，下の①～⑤から1つ選べ。

性能＼繊維名	ア	イ	ウ	エ	オ
水分率(%)	16	0.4～0.5	7.0	3.5～5.0	12～14
比重	1.32	1.38	1.54	1.14	1.5～1.52
伸長弾性率(%)	99	90～100	74	95～100	55～80
乾湿強力比(%)	76～96	100	102～110	83～92	45～65

(日本化学繊維協会による)

① ア 毛 イ ポリエステル ウ 綿
エ ナイロン オ レーヨン

② ア レーヨン イ ポリエステル ウ 綿
エ ナイロン オ 毛

③ ア 綿 イ ナイロン ウ 毛
エ ポリエステル オ レーヨン

④ ア 毛 イ ポリエステル ウ レーヨン
エ ナイロン オ 綿

⑤ ア レーヨン イ ナイロン ウ 毛
エ ポリエステル オ 綿

【3】次の文は，糸について説明したものである。文中の各空欄に適する語句を答えよ。

繊維をひきそろえてよりをかけたものが糸である。短い繊維を集めて平行に伸ばしながらよりをかけて糸にしたものを紡績糸といい，絹や化学繊維など長い繊維に適当なよりをかけたものを(　①　)糸という。長い繊維は，短い繊維に切断して紡績糸としても利用される。糸を構成するために必要なよりには，方向によって右よりと左よりがあり，右よりのことを(　②　)ともいう。

糸は変形しやすく断面の形も一様でないので，その太さを直径で表すことは難しい。そこで糸の太さの表示には重さを基準にした(　③　)と，長さを基準にした(　④　)が使用されている。(　③　)は紡績糸に用いられ，数が大きいほど糸の太さは(　⑤　)なる。

【4】衣生活に関する(1)～(9)の各文の空欄に当てはまる最も適当な語句を，それぞれア～オから1つ選び，記号で答えよ。

(1)　「9BR」は，婦人服のJIS規格に基づくサイズ表示の例である。Bは(　　)を意味している。

ア　普通の体型よりヒップが8cm大きい体型

イ　普通の体型よりヒップが4cm大きい体型

ウ　普通の体型

エ　普通の体型よりヒップが4cm小さい体型

オ　普通の体型よりヒップが8cm小さい体型

(2)　(　　)は，斜文織りで織られた布である。

ア　ビロード　　イ　デニム　　ウ　ブロード　　エ　ドスキン

オ　シーチング

(3)　合成繊維でないものは，(　　)である。

ア　アクリル　　イ　ポリウレタン　　ウ　ポリノジック

エ　ビニロン　　オ　ポリエステル

(4)　フリースは，(　　)を起毛してつくった素材である。

ア　アクリル　　イ　ポリウレタン　　ウ　ポリノジック

エ　ビニロン　　オ　ポリエステル

(5)　ゴムに似た伸縮性をもつ繊維は，(　　)である。

ア　アクリル　　イ　ポリウレタン　　ウ　ポリノジック

エ　ビニロン　　オ　ポリエステル

(6)　白色の毛100%のセーターを漂白するときには，(　　)を用いる。

ア　ハイドロサルファイト　　イ　次亜塩素酸ナトリウム

ウ　過炭酸ナトリウム　　エ　CMC

オ　ピレスロイド

(7)　SR加工とは，布に加工をして(　　)ものである。

ア　静電気の発生を防ぐ

イ　細菌の繁殖と悪臭を防ぐ

ウ　洗った後，アイロン仕上げの必要がないようにする

エ　洗濯後の収縮・型くずれを防ぐ

オ　汚れにくく，ついた汚れを洗い落としやすくする

(8)　糸と針の太さについて説明した次の文の空欄(　ア　)，(　イ　)に当てはまる語句の組合せとして正しいものは，(　　)である。

カタン糸は，番手数が大きくなるほど(　ア　)なる。ミシン針は，番号が小さくなるほど(　イ　)なる。

ア　ア—太く　イ—太く
イ　ア—太く　イ—細く
ウ　ア—細く　イ—太く
エ　ア—細く　イ—細く
オ　ア—太く　イ—短く

(9)　日常着に用いられる服飾のひとつである「パイピング」は，(　　)ことである。

ア　布を細くつまんでひだをつくる
イ　平面的な布に丸みをつけて立体的にする
ウ　布の端をバイヤステープや他の布でくるみ，始末をする
エ　布をたたんで折り山をはっきりつける
オ　何段かにミシンをかけ，下糸を引き締めて縮ませる

【5】次の文は，刺しゅうの技法の特徴について述べたものである。それぞれの刺しゅうの名称を答えよ。

(1)　布地に図案を描き，図案の周囲にブランケットステッチを刺し，切り取って穴をあけ模様を作り出したもの。
(2)　布地の幅を一定に縫い縮めてひだを作り，ひだ山を刺しゅう糸ですくいながら模様を作り出したもの。
(3)　布地にいろいろなひも(ジャバラ，ブレードなど)を置き，糸でとめ，模様を作り出したもの。

【6】ブラウスの製作について，次の各問いに答えよ。

(1) 次のブラウスのえりの名称を答えよ

① ② ③ ④

(2) 仮縫いをして試着したところ，図のようなしわが出てしまいました。型紙の補正のしかたを図示せよ。

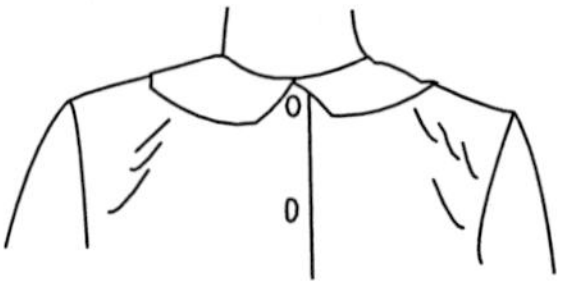

(3) えりの始末をするため，バイアステープを1枚ずつはぐ方法でつくる。裁ち方とはぎ方を図示し説明せよ。

(4) 次のボタンホールのa，bの長さを答えよ。ただし，ボタンの直径は1.5cm，厚みは0.2cm，前中心2cmとする。

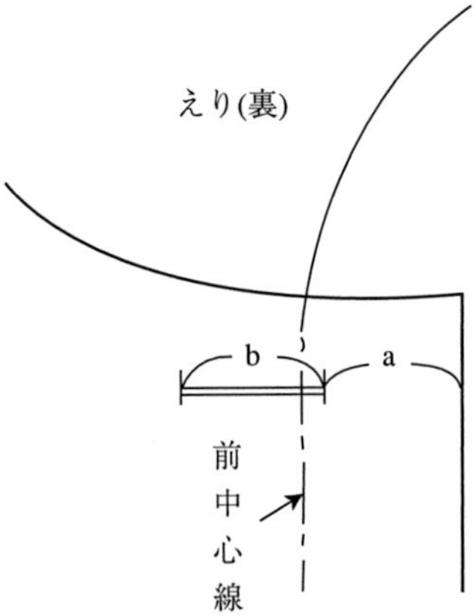

(5) 実習でスチームアイロンを使用する際に，安全に使用させるための留意点を2つ答えよ。

【7】スカートの製作について，次の各問いに答えよ。

(1) 次の原型に基づいてフレアースカートの型紙をつくり図示せよ。

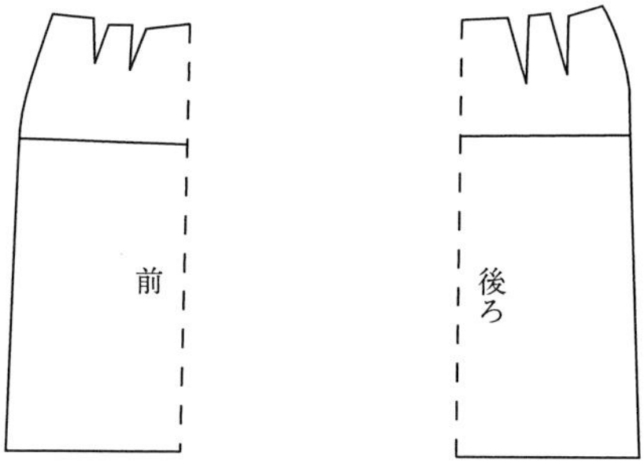

(2) 表スカートと裏スカートを手縫いで縫い合わせ，裏スカートが浮かないようにすることを何というか答えよ。

(3) 次にあげるミシンの故障の原因を答えよ。

① 針が折れる　② 上糸が切れる　③ 前に進まない

(4) 生徒が布地を「裁断」する際に留意させる点を2つ答えよ。

【8】被服製作に関して，次の各問いに答えよ。

(1) 図Aのようなポケットをつける場合，①～⑤の内容を最も製作しやすい手順に並べたとき，3番目にくるものは何か，1つ選べ。

図A

① ポケット口を三つ折りにして，しつけをかける。

② 力布を当てながら，周囲をミシンで縫いつける。

③ ポケット口にミシンをかける。

④ ポケット口の縫い代に接着芯を貼る。

⑤ 周囲をできあがり線で折って，しつけをかける。

(2)　図Bは袖山の高さと袖幅の関係を示したものである。図の①〜③のうちから，運動量の多い衣服として最も適当な袖を1つ選べ。

図B

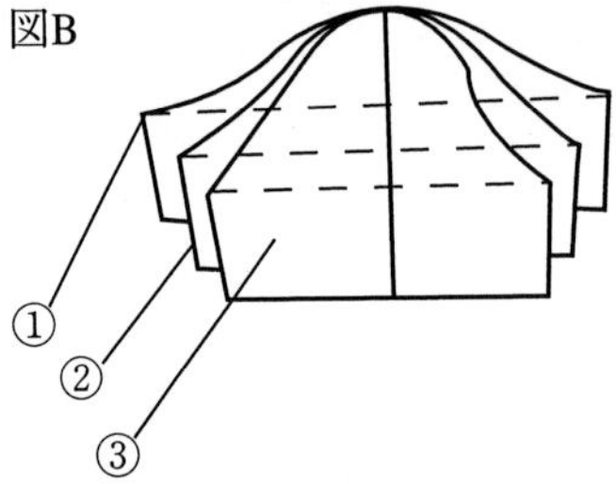

(3)　型紙や縫製技術について述べた次の文で適当でないものはどれか，次の①〜⑦から2つ選べ。

①　身ごろの原型の幅は胸囲を基準にして構成される。

②　袖の原型は身ごろの原型の袖ぐりの長さを基準にして作られるため，胸囲寸法が影響する。

③　スカートの原型は胴囲を基準にして構成される。

④　本来，型紙には縫い代はついていないので，適切な縫い代をつけて裁断しなければならない。

⑤　布地を細かく縫い縮め，平面的な布を曲面化する技法を「いせこみ」という。後ろ肩や袖のひじ部分などに用いられる。

⑥　布を，人体のくぼみやくびれた部分をアイロンで伸ばして，立体感をつける手法を「地直し」という。

⑦　平面的な布を立体化するために布地の一部分をつまんで縫い消す技法を「ダーツ」という。

【9】次の文は，衣服の洗濯と環境について述べたものである。あとの(1)，(2)の問いに答えよ。

Ⅰ　洗剤の主成分は(　ア　)で，その分子は水と結びつきやすい(　イ　)と，油分と結びつきやすい(　ウ　)をもつ。

Ⅱ　漂白剤には，酸化型と(　エ　)型とがある。酸化型の漂白剤のうち塩素系漂白剤については，液性が(　オ　)の洗剤といっしょに使うと，有害なガスが発生し，呼吸困難による死亡などの事故につながるおそれがあるので，表示を確かめて使う。

Ⅲ　洗濯による排水は，A生活排水のひとつである。環境に与える影響も考え，必要以上に洗剤を使わないことなどが大切である。洗剤の容器には，(　カ　)法に基づいて使用量の目安が記載されている。

(1)　文中の(　ア　)～(　カ　)にあてはまる語句を答えよ。

(2)　下線部Aのデータの中に，「BOD：43g/人・日」という値があった。次の文はBODの意味を述べたものである。文中の(　キ　)，(　ク　)にあてはまる語句を答えよ。

水の(　キ　)の度合いを表す指標のひとつで，微生物が水の(　キ　)を分解するときに使う(　ク　)の量をあらわしている。

【10】衣服の素材についての文を読み，以下の各問いに答えなさい。

繊維にはその繊維特有の断面があり，合成繊維の断面は通常(　①　)であるが，これを種々の形に変えたものを［　A　］という。絹のような美しい光沢を持たせるために，絹の断面を真似た(　②　)断面の繊維や，汗を吸う合成繊維としてより吸水性を向上させた(　③　)断面の繊維などがつくられている。繊維の中に空洞を持たせ，さらに繊維を薬剤で処理して表面や内部に微細な加工をした［　B　］はスポーツ衣料素材として利用されている。通常使用されている合成繊維の直径は約20μmであるが，1本の繊維をさらに分割して細くした極細繊維を使用した布は柔らかくしなやかな風合いとなる。

(1)　空欄の①～③に適する語句を語群から選び答えなさい。

【語群】

三角　　L字　　円形　　四角

(2)　A，Bの改質された繊維の名称を答えなさい。

【11】次の(1)～(4)は日本工業規格で規定されているかぎ針編みの編み目記号である。編み目記号の名称を下の①～⑦から1つずつ選べ。

(1)　(2)　(3)　(4)

① 長々編み目　② 引き抜き編み目　③ 中長編み目
④ 鎖編み目　⑤ 長編み目　⑥ 三つ巻き長編み目
⑦ 細編み目

【12】次の図のミシンについて，下の各問いに答えよ。

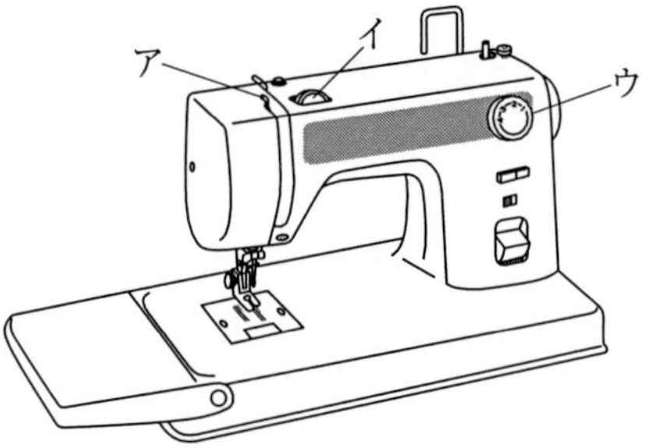

(1) 図中のア～ウの名称を書け。また，それぞれの働きを次のA～Eから1つずつ選び，記号で答えよ。

A できた縫い目を引き締める。　B 布への圧力を調節する。
C 送り歯の高さを調節する。　D 縫い目の大きさを決める。
E 上糸の張力を決める。

(2) ミシン縫いをしようとしたところ，針棒が動かなかった。この原因として考えられるものを次のA～Fから2つ選び，記号で答えよ。

A 針の平らな部分が針棒の溝に当たっていない。
B 針止め止めねじが緩んでいる。
C かまの中にほこりや糸くずが詰まっている。
D 送り歯が針板より低くなっている。
E はずみ車のつまみが引き出されている。
F 針の太さが布の厚さに合っていない。

(3) 次は，ミシンで調子よく縫えない場合の主な原因として考えられることの説明である。説明内容として適当でないものを，次の①～⑤から1つ選べ。

① 上糸の調子が強いのは，上糸調節ダイヤルの数字が小さい数字になっている。

② 上糸が切れるのは，上糸のかけ方が間違っている。

③ 布が進まないのは，送り調節ダイヤルの目盛りが0になっている。

④ 縫い目がとぶのは，針のつけ方が正しくない。

⑤ 針棒が動かないのは，かまの中にほこりや糸がつまっている。

【13】次の各文は，衣生活と環境について述べたものである。(ア)～(エ)に当てはまる語句の正しい組合せを選びなさい。

○ 日本の衣類はほとんどが輸入品である。繊維製品・主要国別輸入の推移をみると，2006年，2018年ともに第1位は中国であったが，2006年輸入国第2位は(ア)であり，2018年輸入国第2位は(イ)である。

○ (ウ)とは，最新の流行商品を短期間に大量生産し，低価格で販売するブランドや業態のことである。

○ (エ)は，とうもろこしのでんぷんを原料とする新しい合成繊維である。土に埋めると，微生物の働きで分解される性質をもつ。

	ア	イ	ウ	エ
①	米国	韓国	フェアトレード	ポリ乳酸繊維
②	米国	ベトナム	ファストファッション	複合新合繊
③	イタリア	韓国	ファストファッション	複合新合繊
④	イタリア	ベトナム	フェアトレード	複合新合繊
⑤	イタリア	ベトナム	ファストファッション	ポリ乳酸繊維

解答・解説

【1】① 直角　② 平織り　③ 斜文織り　④ 光沢　⑤ 通気性

解説 平織り，斜文織り，朱子織りを三原組織という。織物に対して，編み物は，1本の糸を曲げて，ループを作り，ループをからみ合わせて平面状にしたものである。編み物の基本的組織はよこ編み(よこメリヤス)とたて編み(たてメリヤス)である。

【2】①

解説 まず，毛は水分率が高いのでアとなる。さらに，ポリエステルは水分率が低いのでイとなる。綿は比重が大きく，乾湿強力比が高い。また，ナイロンは比重が小さく，レーヨンは伸長弾性率が比較的低い。

【3】① フィラメント　② Sより　③ 番手　④ デニール　⑤ 細く

解説 化学繊維は連続的に作られ，長い繊維ができる。これをフィラメントといい，数センチから10数センチに切断した繊維をステープルという。天然繊維では，絹以外は短繊維である。絹は1000メートル程度の長さにもなる。

【4】(1) ア　(2) イ　(3) ウ　(4) オ　(5) イ　(6) ア　(7) オ　(8) エ　(9) ウ

解説 (1) 成人女性のサイズ表示では数字がバスト，真ん中の英字が体型，右の英字は身長を表している。 (2) 斜文織りには他に，ツイル，サージ，ギャバジンなどがある。また平織りにはタフタ，ポンジー，ポプリン，デシン，パレス，ジョーゼット，金巾などがあり，朱子織りにはサテン，ドスキンなどがある。 (3) ポリノジックは，再生繊維の一種で高級レーヨン(再生セルロース繊維)である。 (4) フリース(fleece)の英語での原義は，羊一頭から刈り取られた一つながりの羊毛のことである。そこから転じて，現在では毛布のように厚く起毛した布地をフリースと呼ぶようになっている。 (5) ポリウレタンは伸縮性がきわめて大きく，繊維自体がゴムのように5～8倍も伸びる。繊維の特徴は頻出なので表などにして，他の繊維と合わせて覚えておくとよい。 (6) ハイドロサルファイトは，家庭用の漂白剤にも使われている物質である。 (7) SRとはSoil Releaseの略で「Soil(汚れ)をrelease(離す・放つ)する」，つまり，家庭での洗濯時に汚れを落ちやすくする加工のことをいう。 (9) パイピングは，バイアステープで布端がほつれないようにくるみ始末すること，または二つ折りにした皮や布を，切り替えの縫い目に挟んでとめ，装飾とすることである。

【5】(1) カットワーク (2) スモッキング (3) コード刺しゅう

解説 (1) カットワークは，布を模様の形に切り抜きその部分をレース糸などを使い結び目を作りながら埋めていくなどの西洋刺繍の技法。カットワークの中には美術館で保管されているものもある。 (2) スモッキングは，スモックとも呼ばれ，平らな布にギャザー(ひだ)を寄せ，そのひだを揃いながら刺繍を施していく技法である。 (3) コード刺しゅうは，コードのような細い紐をいろいろな形に縫い付けて模様を作り，装飾する技法である。

【6】(1) ① ウイングカラー ② スタンドカラー ③ オープンカラー ④ 台えり付きボタンダウンカラー (2) ＊図略 ・前・後ろ身頃の肩と脇で同寸法を下げる。 (3) ＊図略 裁ち方→布地の角からたてと横の同寸法の位置で，45度の角度で裁つ。はぎ方→たて地同士布目をあわせ，伸ばさないようにはぎあわせる。縫いしろは割り，余分な縫いしろは裁ち落とす。 (4) a 1.8cm b 1.7cm (5) (例) 蒸気にふれない。 (例) 冷めてから中の水を捨てる。

解説 (1) ブラウスのえりの各名称は頭に入れておくこと。 (2) 肩と脇で下げることがポイントである。 (3) 45度の角度で裁つことと，たて地同士布目をあわせることがポイントである。 (4) a 前中心－ボタンの厚み b ボタンの直径＋ボタンの厚み (5) 他に，蒸気の吹き出しに注意する。など。

【7】(1)　解答略　　(2)　中とじ　　(3)　①　針が正しくセットされていない。針が曲がっている。　②　上糸のかけ方がまちがっている。上糸調子がきつい。　③　送り歯が下がっている。縫い目の長さが0になっている。　(4)　・机上を整理させ，布地を平らな場所に置かせる。・裁ちばさみを机上に接しながら布地を裁断させる。

解説 (1)　2本のダーツどまりから，すそを3等分した点とそれぞれ結び，切り込みを入れる。ダーツをたたみすそを開く。　(2)　中とじは，表布と裏布の縫い代を手縫いで縫い合わせることで，裏布が浮かないようにする作業である。　(3)　ミシンの故障に関する出題例は限られているので，故障の状態，原因，対応策を表などにしてまとめて憶えておこう。

【8】(1)　③　　(2)　①　　(3)　③　⑥

解説 (1)　最も製作しやすい順序は④→①→③→⑤→②である。
(2)　袖幅が狭く，袖山が高いほど人体への圧力(被服圧)は高くなる。
(3)　スカートの原型は腰囲を基準に構成される。地直しは布のたてよこの布目のゆがみを裁断前に直しておくことである。

【9】(1)　ア　界面活性剤　　イ　親水基　　ウ　親油基(疎水基)
エ　還元　　オ　酸性　　カ　家庭用品品質表示(法)
(2)　キ　汚れ(汚染，汚濁)　　ク　酸素

解説 BODとはBiochemical Oxygen Demandの略称で，河川水や工場および生活排水中の汚染物質(有機物)が微生物によって，無機化あるいはガス化されるときに必要とされる酸素量のことである。

【10】(1)　①　円形　　②　三角　　③　L字　　(2)　A 異形断面繊維
B 多孔質中空繊維

解説 異形断面繊維について，化学繊維の断面は通常円形だが，紡出口金の孔の形状を三角形やY字形，星形に変えるなどして非円形の断面の形状を作る。これによって吸湿速乾，軽量，保温，高通気，透け防止，静電気防止などの多彩な機能を持ち，用途によって使い分けることができる。多孔質中空繊維は，繊維の中を空洞にしたもので，軽くて水に浮き，保温性が高く感触がよくなる。繊維内部への吸水性能が高まり，吸汗性・速乾性に優れた繊維になるので，スポーツ衣料素材として利用される。

【11】(1) ④　(2) ②　(3) ⑦　(4) ⑤

解説 基本的なかぎ針編みの編み目記号である。出題は稀であるが基礎知識として頭に入れておくこと。

【12】(1) (名称，働きの順) ア　てんびん，A　イ　上糸調節ダイヤル，E　ウ　送り調節ダイヤル，D　(2) C，E　(3) ①

解説 ミシンについては，特に(2)のような不具合の現象と原因が頻出問題なので注意したい。針棒が動かない原因として，かまの中にほこりや糸がつまっている，ストップモーション大ネジがゆるんでいる，クラッチつまみが引き出されたままになっている等も考えられる。(3)　上糸が切れるときの②以外の原因としては，針のつけ方が正しくない，上糸調節装置のダイヤルを締めすぎている場合がある。また，縫い目がとぶ場合は，④以外に，針が曲っていないか確認するなどが考えられる。

【13】⑤

解説 日本の衣料の国内生産比率は，2017年でわずか2.4%台である。輸入先の第1位は中国で，2位以降は年度によって変化している。2018年の輸入先は2位ベトナム，3位インドネシア，4位バングラデシュで，イタリアはわずか2.9%になっており，近年はほとんどが東アジア及び東南アジアからの輸入である。ファストファッションの問題点についての出題は頻出なので学習しておくこと。衣生活のなかで環境について問われることも多い。リサイクルや，環境に優しい繊維について学習しておきたい。

家庭科マスター

食生活①〈栄養・献立〉

▼栄養

五大栄養素の種類と基本的性質，体内での働きは特に大切なので理解しておきたい。炭水化物では単糖類・二糖類・多糖類の種類，食物繊維の働き，たんぱく質では，必須アミノ酸，第一制限アミノ酸，アミノ酸価，脂肪では脂肪酸の分類，必須脂肪酸(リノール酸，リノレン酸)，コレステロールの働き，脂肪の酸化，無機質ではカルシウム・リン・ナトリウム・カリウム・鉄・ヨウ素の働き，ビタミンでは，脂溶性ビタミン(A，D，E)，水溶性ビタミン(B_1・B_2・ナイアシン・C)の性質と生理作用が重要である。

○PFCバランス：たんぱく質，脂肪，炭水化物のバランスは，P：F：C＝1：2：5が理想とされ，日本型食生活はこれに近く国際的にも注目されている。

○食事摂取基準，6群分類・4群分類による食品別摂取量，食事バランスガイドは頻出項目である。

▼献立

○献立の条件：栄養・嗜好・食物費・季節・調理の能率などがある。

○献立の手順：主食，主菜，副菜の順に考える。

献立を示して，不足している品目の補充，材料の分量の記入，問題点の指摘などが出題されている。日本型食生活の一汁三菜の配膳図は頻出である。

問題演習

【1】次は無機質のはたらきについて説明したものである。それぞれ何の無機質の説明か，答えよ。

(1) 体のなかでは，たんぱく質の合成にかかわり，欠乏すると味覚の低下をまねく。

(2) 骨や歯の成分。体液のpH調整をしたり，エネルギー代謝で重要なはたらきをしている。

(3) 細胞内液に多く含まれ細胞外液の成分とのバランスを保ち，体液の浸透圧の調整をしている。また筋肉の機能維持にもはたらく。

(4) 細胞外液に多く含まれ体液の浸透圧やpH調整をしている。とりすぎると高血圧の原因となる。

(5) 鉄から血液中の赤血球が作られるのを助ける。不足すると貧血の原因になる。

【2】次の文章を読み，各問いに答えよ。

たんぱく質は約(　①　)種類のアミノ酸が多数結合したものである。消化酵素で分解されてアミノ酸として(　②　)から吸収され，筋肉などの体組織，体内反応に必要な酵素，生体防御に必要な抗体などの合成に利用される。体内で合成できない9種類のアミノ酸を必須アミノ酸といい，食事で摂取する必要がある。

たんぱく質の栄養的な価値は，必須アミノ酸の含量をもとにしたアミノ酸価で表される。アミノ酸価は次の式で求めることができる。

$$\frac{\text{食品たんぱく質中の第一制限アミノ酸含量}}{\text{アミノ酸評点パターンの当該アミノ酸含量}} \times 100$$

1　文章中の(　①　)，(　②　)に当てはまる最も適切な数字や語句を(ア)～(カ)からそれぞれ一つ選び，記号で答えよ。

(ア) 10　(イ) 20　(ウ) 30　(エ) 胃　(オ) 小腸
(カ) 大腸

2 下線部に関する各問いに答えよ。

(1) 次の表中の食パンにおける第一制限アミノ酸は何か，答えよ。

アミノ酸評点パターン (mg/gたんぱく質)		アミノ酸含量 (mg/gたんぱく質)	
アミノ酸		食パン	卵黄
ヒスチジン	15	27	31
イソロイシン	30	42	58
ロイシン	59	80	100
リシン	45	23	91
含硫アミノ酸	22	43	51
芳香族アミノ酸	38	96	100
トレオニン	23	32	59
トリプトファン	6	13	16
バリン	39	48	67

(「日本食品標準成分表2015年版(七訂)」文部科学省)

(2) 表中の食パンにおけるアミノ酸価を小数第1位を四捨五入し，整数で答えよ。

(3) 表中の食パンと卵黄のうちでアミノ酸価が高いのはどちらか答えよ。

【3】次の(1)～(4)に関係ある無機質名を答えよ。

(1) インスリンの合成に関係がある無機質
(2) 甲状腺ホルモンの成分になる無機質
(3) 体液のアルカリ性を保持し，血液を凝固させる無機質
(4) 歯・骨に微量含まれ，ほうろう質を硬くして，歯を保護する無機質

【4】次の文は現代の食生活について述べたものである。下の各問いに答えよ。

1970年代の日本の食生活は，ご飯を中心とした魚・野菜・大豆をとる伝統的な食生活に，獣鳥肉や乳製品などを取り入れたバランスがよいものであった。このような日本人独特の食生活パターンを(　　　)

といい，日本人の平均寿命の延びに大きく貢献したといわれる。

しかし，最近の若者は，ファストフード等の調理済み食品をよく食べたり，aパンや麺類だけの食事で済ませたりする傾向があり，これらのことは肥満や高血圧などの生活習慣病の原因となっている。また，栄養的観点から見ると，日本人には慢性的に骨や血液などの成分として重要な役割を果たすb無機質も不足している。

さらに，現代では家族の食事時間がばらばらである家庭や，c家族で食卓を囲んでも一人一人違うものを食べる家庭も増えてきた。

(1) 文中の(　　)内にあてはまる語句を書け。

(2) 下線aのような食事を続けると，昔の病気と思われている「かっけ」を患うことがある。これは，エネルギー代謝が順調に行われないためだが，このエネルギー代謝に必要なビタミン名を書け。

(3) 下線bの日本人に不足しがちな無機質でカルシウム以外を1つ書け。

(4) 下線cを何というか，漢字で書け。

(5) 現代の日本では輸入食品や加工食品の利用が増えている。これらに関する次の各問いに答えよ。

① 食料の輸送が環境に与える負荷を示す指標で，[食料の輸送量×輸送距離]で表されるものを何というか書け。

② 害虫や農薬への耐性強化などを目的に，別の生物の遺伝子を細胞に組み込んで品種改良した作物やその加工食品を何というか。

【5】栄養素の働きについて，次の各問いに答えよ。

(1) 次の①～③の栄養素にはエネルギー源としての働きがあります。それ以外の働きについて書け。

① 炭水化物

② 脂質

③ たんぱく質

(2) 次の文の(　①　)，(　②　)にはてはまる語句を答えよ。

技術・家庭科の授業で，栄養素の種類と働きについて取扱う際は，

(①)の働きや(②)について触れること。

(3) 小学校家庭科と中学校技術・家庭科の五大栄養素の取扱い方の違いについて書け。

【6】栄養について，次の各問いに答えよ。

(1) 次の化学反応式は，糖質の代謝を示したものである。(ア)～(ウ)に当てはまる化学式を書け。

$C_6H_{12}O_6$＋(ア) → (イ) ＋ (ウ)

(2) 体内で合成できないため，食品から摂らなければならない必須脂肪酸を，次のA～Fからすべて選び，記号で答えよ。

A リノール酸　B リジン　C アルギン酸
D リノレン酸　E ステアリン酸　F トリプトファン

(3) 食物中の脂質が体内で発生するエネルギー量は，1g当たり約何kcalか，書け。

(4) 食事摂取基準について，次の①，②の問いに答えよ。

① 次の文は，「日本人の食事摂取基準(2015年版)」に示されている策定の目的である。文中の□に当てはまる言葉は何か，書け。

これは，健康な個人または集団を対象として，国民の健康の保持・増進，□の予防のために参照するエネルギー及び栄養素の摂取量の基準を示すものである。

② 次に示す男性の推定エネルギー必要量は何kcal/日か，書け。ただし，性・年齢階級別基礎代謝基準値は下の表を参照のこと。

年齢：20歳　身長：170cm　体重：60kg

身体活動レベル：Ⅱ(1.75)

性·年齢階級別基礎代謝基準値(kcal/kg体重/日)

年齢	男	女	年齢	男	女
1～2歳	61.0	59.7	15～17歳	27.0	25.3
3～5歳	54.8	52.2	18～29歳	24.0	22.1
6～7歳	44.3	41.9	30～49歳	22.3	217
8～9歳	40.8	38.3	50～69歳	21.5	20.7
10～11歳	37.4	34.8	70歳以上	21.5	20.7
12～14歳	31.0	29.6			

厚生労働省「日本人の食事摂取基準(2015年版)」

【7】栄養について，次の各問いに答えよ。

(1) 次のア～エの語句について説明せよ。

ア 硬化油　イ 肉の熟成　ウ 緑黄色野菜

エ プロビタミン

(2) もち米とうるち米の違いについて説明せよ。

【8】次の文は正月料理について説明したものである。①～③の問いに答えなさい。

おせち料理は新年を祝うための伝統食で，それぞれの料理には意味が込められている。祝い肴の中でも(A)(B)(C)を三つ肴といい，(A)は元気に働けるように，(B)は子孫繁栄，(C)は豊作を願っている。

① A～Cにあてはまる料理名を答えなさい。

② 祝いの席などで出される会席料理の献立の一つで，数種の料理の盛り合わせを何というか，ア～オから1つ選び，記号で答えなさい。

ア 猪口　イ 口取り　ウ 向付　エ 鉢肴　オ 平

③ 正月料理の②は，甘いものが多い。これらは，砂糖が貴重だった時代に長崎で発祥した料理の形式の中に取り入れられた。この料理の形式を何というか。

【9】日本型食生活についての学習において，指導したい点を3つ，箇条書きせよ。

【10】幼児期の栄養について，次の文の(ア)～(ウ)に当てはまる最も適当な数字を，あとのA～Hの中からそれぞれ1つずつ選び，記号で答えよ。

○ 幼児期は，運動機能の発達に伴い運動量が大幅に増加し，エネルギーの消費量も大きくなるが，消化機能は未熟で，胃の容量も小さいため，1日3回の食事で必要な栄養素を確保することは難しい。そこで，間食を与え，栄養を補給する。間食の配分は，総エネルギーに対して，(　ア　)%を目安にするとよい。

○　たんぱく質を摂取する際は，必須アミノ酸を豊富に含む動物性たんぱく質を全摂取たんぱく質の(　イ　)%前後摂取することが望ましい。

○　野菜や果物は，各種ビタミン，無機質の供給源として重要であり，野菜の全摂取量の(　ウ　)分の1以上は緑黄色野菜を食べることが望ましい。

A　10～20　　B　7　　C　70　　D　30　　E　45

F　25～30　　G　4　　H　3

【11】「日本人の食事摂取基準」について，次のア～オのうち<u>適当でないもの</u>を1つ選び，記号で答えよ。

ア「推定平均必要量」は，栄養不足にならないための指標として用いる。該当の性・年齢に属する人々の50%が必要量を満たすと推定される1日の摂取量である。

イ「推奨量」は，該当の性・年齢に属するほとんどの人(97～98%)が必要量を満たすと推定される1日の摂取量である。

ウ「目標量」は，生活習慣病の予防のために当面の目標とすべき摂取量である。

エ　成人の推定エネルギー必要量(kcal/日)は，基礎代謝量に身体活動レベルを乗じた数値であらわされる。

オ　17歳男子(身体活動レベルⅡ)の脂質摂取基準は，30g以下である。

解答・解説

【1】(1)　亜鉛　　(2)　りん　　(3)　カリウム　　(4)　ナトリウム　(5)　銅

解説 (3)　問題文の「細胞内液に多く含まれる」がヒントで，該当するのはカリウム。　(4)　細胞外液に含まれる物質はいろんな物質があるが，浸透圧やPH調節をしている，高血圧の原因であることから該当するのはナトリウム。　(5)　ヘモグロビンは鉄を成分としてヘモグロビンがつくられるが，この過程で銅が必要となる。貧血の原因には VB_{12}・葉酸のビタミンも関係する。

【2】1① (イ)　② (オ)　2 (1)　リシン　(2)　51　(3)　卵黄

解説 1　必須アミノ酸と非必須アミノ酸について確認しておくこと。2　(1)　アミノ酸評点パターンに対して不足しているのはリシンである。　(2)　評点パターン45に対して食パンは23である。アミノ酸価は23÷45×100＝0.5111×100≒51。　(3)　卵黄のアミノ酸含量は評点パターンと比べて不足しているアミノ酸はないので，アミノ酸価は100。

【3】(1)　亜鉛　(2)　ヨウ素　(3)　カルシウム　(4)　フッ素

解説 (1)　亜鉛はインスリンの構成成分。クロム，セリンと共に，糖尿病(Ⅱ型糖尿病)に対する効果が期待されている。　(2)　ヨウ素は，甲状腺ホルモンの成分としてや，発育を促進・エネルギー生産を高めるなどの働きをしている。　(3)　血液中には一定のカルシウム量が必要で，心臓や脳の働き，筋肉の収縮，ホルモンの分泌，血液凝固など，生命維持にかかせない働きをしている。　(4)　フッ素の塗布はほうろう質強化に効果があるとされており，虫歯の予防になる。

【4】(1)　日本型食生活　(2)　ビタミンB_1　(3)　鉄　(4)　個食(個食化)　(5)　①　フードマイレージ(フードマイル)　②　遺伝子組換食品

解説 (2)　かっけは，ビタミンB1欠乏症の1つで，ビタミンB1(チアミン)の欠乏によって心不全と末梢神経障害をきたす疾患である。心不全によって下肢のむくみが，神経障害によって下肢のしびれが起きることからかっけの名で呼ばれる。　(3)　貧血の原因は，いくつかあるが，鉄不足によるものが最も多い。息切れや疲れやすいなどの症状が出る。(5)　①　先進国の中で，日本は非常に高い。地産地消への取り組みは，フードマイレージを抑えることにつながる。　②　遺伝子組み換え食品は，大豆・じゃがいも・なたね・とうもろこし・てんさいなど8作物。

【5】(1) ① 食物繊維は，腸の働きを良くし，便秘解消に役立つ。糖質は，脳のエネルギー源として重要な働きをもつ。など ② 細胞膜の成分となるなど，体の組織をつくる。皮下脂肪に蓄えられて体温を保つ働きをする。など ③ 筋肉，血液，内臓，皮膚，毛髪など，体の組織を作るもとになる。 動物性たんぱく質には，人体に必要な必須アミノ酸がバランスよく含まれる。など (2) ① 水 ② 食物繊維 (3) 小学校では栄養素の働きを3色分類で学習。赤(主に体を作る基になる食品：たんぱく質，無機質(カルシウム)) 緑(主に体の調子を整えるもとになる食品：ビタミンや無機質を多く含む食品) 黄(主にエネルギーのもとになる食品：炭水化物，脂質)。中学校では小学校の3色分類の働きから含有食品群を考え，6つの食品群に分ける。5大栄養素の働きについては(体の組織を作る・身体の調子を整える・エネルギー源になる)の機能について，小学校の学習内容をさらに深める。

解説 (1) 五大栄養素は，他に無機質，ビタミンがある。無機質は体構成成分と生理機能を調節する働きもある。栄養素の働きは「体をつくる」「エネルギー源になる」「他の栄養素が働く助けになる」の大きく3つに分けて考えられる。

【6】(1) ア $6O_2$ イ $6CO_2$ ウ $6H_2O$ (イ，ウは順不同) (2) A，D (3) 約9kcal (4) ① 生活習慣病 ② 2,520kcal/日

解説 (1) グルコース($C_6H_{12}O_6$)が酸素を消費して二酸化炭素と水を生成したことを示している。この時にエネルギーを発生する。 (2) 必須脂肪酸とは，体にとって必要だが体内では合成されないため，食物から摂取しなければならない脂肪酸のことをいう。リノール酸・リノレン酸・アラキドン酸のことで植物油に多量に含まれ，血中コレステロール濃度を低下させる。 (4) ① 食事摂取基準は，健康な個人または集団を対象として，国民の健康の維持・増進，エネルギー・栄養素欠乏症の予防，生活習慣病の予防，過剰摂取による健康障害の予防を目的とし，エネルギー及び各栄養素の摂取量の基準を示すものである。保健所，保健センター，民間健康増進施設等において，生活習慣病予防のために実施される栄養指導，学校や事業所等の給食提供にあたって，最も基礎となる科学的データである。生活習慣病予防に重点をおき，栄養素について新たな指標「目標量」を設定した。増やすべき栄養素として，食物繊維，カルシウムなど，減らすべき栄養素として，コレステロール，ナトリウム(食塩)とした。　② 24.0kcal×60kg×1.75(身体活動レベルⅡ)＝2520(kcal/日)

【7】(1)　ア　加工脂のことで，植物油や魚油など常温で液体の油に水素を添加すると，不飽和脂肪酸が飽和脂肪酸に変化し固化する。マーガリンやショートニングはこの性質を利用して作った食品。　イ　肉は屠殺後に一度，組織が硬直する。その後，組織内の酵素の働きで，たんぱく質が分解され，徐々に柔らかくなり，風味が増しておいしくなる，これを肉の熟成という。　ウ　生の状態で可食部100g当たりカロテン含量が600μg以上含む野菜。しかしカロテンが600μgに満たなくても摂取量や使用頻度の高いピーマンやトマトなども緑黄色野菜として扱われる。　エ　身体の中に入ってから，ビタミンとして作用する物質に変わるもの。　(2)　もち米はアミロペクチン100%からなり，うるち米はアミロペクチン80%，アミロース20%からできている。

解説 (1)　ア　水素添加の処理により，トランス脂肪酸が生成されることが知られている。　イ　肉の熟成は，肉の自己消化作用によって，タンパク質がアミノ酸に分解する作用である。牛肉の熟成期間は1～2週間，豚肉は3～5日，鶏肉が半日～1日ぐらいである。　ウ　アスパラガス，さやいんげん，さやえんどう，しし唐なども600μg以下だが，緑黄色野菜とみなす。　(2)　アミロペクチンとアミロースの違いはでんぷんの構造上の違いによるもの。アミロペクチンはぶどう糖の結合が枝分かれして絡み合っているため粘りを生じる。アミロースはぶどう糖が直線状に結合している。インディカ米はアミロペクチン量が69～70%のため，粘りが少なく食感がパラパラである。

【8】①　A　黒豆　　B　数の子　　C　田作り　　②　イ　　③　卓袱(しっぽく)料理

解説 ①　日本の和食文化である，おせち料理には，それぞれの料理に願いが込められている。　②　懐石料理，会席料理，精進料理について確認しておきたい。　③　中国や西欧の料理が日本化した長崎発祥の宴会料理である。円卓を囲んで，大皿に盛られたコース料理を，膳ではなく，円卓に乗せて食事することに大きな特徴がある。吸い物の「お鰭」，刺身といった冷たい前菜にあたる「小菜」，天ぷらなどの温かい「中鉢」，和の料理盛り合わせ「大鉢」，果物などの「水菓子」，しめの甘味「梅椀」が豪勢に盛られ並べられる。シュガーロードの起点だった長崎では，当時貴重だった砂糖をふんだんに使うことが，最上級のおもてなしだったといわれている。「梅椀」で，紅白の丸餅入りのお汁粉をふるまう。

【9】米飯と一汁三菜を組み合わせてととのえる日本の食習慣であること。(ごはん，みそ汁，三種類のおかず)　　使われる食品の数も多く，栄養のバランスがとりやすいこと。　健康的な食生活を営むために日本の食習慣のよさを伝えること。など。

解説 私たちの食生活は，日本の伝統的食生活パターンである「ごはん」を中心として，大豆，野菜，魚など国内で生産，捕獲される素材を用い，しょうゆ，みそ，だしなどにより調理，味付けされた副食を組み合わせるものが典型的であった。しかし，このようなパターンに加えて畜産物や油脂類の消費も増えてきた。その結果，昭和50年頃には，主食である米を中心として畜産物や果実などがバランスよく加わった，健康的で豊かな食生活「日本型食生活」が実現した。

【10】ア A　イ E　ウ H

解説 幼児期の栄養摂取については，本問で述べられているとおり，3度の食事に加え1日に1～2度の間食が重要な位置を占めることを認識する必要がある。それぞれの数値については，本問の文章を学習すればよいだろう。

【11】(1) オ

解説 食事摂取基準とは，健康な個人または集団を対象として，国民の健康の維持増進，ダイエットなどによるエネルギー・栄養素の欠乏症予防，糖尿病や高血圧などの生活習慣病予防，サプリメントなどで特定の栄養素を摂りすぎることによる健康障害の予防などを目的として，エネルギーおよび栄養素の摂取量の基準を示したものである。5年に一度発表される。

家庭科マスター

食生活②〈食品・調理〉

▼食品

○日常的に使用する食品として，米，肉，魚，卵，大豆，小麦粉，油脂などについてまとめておく。
それぞれ，種類，栄養的特徴，調理性，加工食品について理解する。

○食品の保存，食品表示法，食品添加物，食中毒(細菌性食中毒，化学性食中毒)についても学んでおく。

○食料自給率，地産地消，フードマイレージ，バーチャルウォーター，食品ロス等環境に関しても理解しておく。

▼調理

○代表的な料理について，材料，調味料，時間，温度などについて，分量や標準的なデータを把握しておく。

○調理の手法別に，汁物，寄せ物，たきこみ飯，あく抜き，煮物，揚げ物，調味料など詳細に体験し，理解する必要がある。

○でんぷん，卵，牛乳について，調理上の性質および効果について学ぶこと。

○なお，食品の安全と衛生，アレルギー，宇宙食など，近年，話題になっている事項について，幅広く関心をもって調べておくこと。
この他に，安全性との関連で，トレーサビリティ，HACCP，ポストハーベストについての出題が多い。

○食料品の災害備蓄：ローリングストックや災害時の調理「パッククッキング」についても理解しておく。

問題演習

【1】次のア〜エの食品の色に多く含まれる色素の組合せとして最も適するものを，下の①〜⑤から1つ選べ。

ア　肉の赤色　　　　　　イ　なすの紫色
ウ　にんじんの赤・黄色　エ　ほうれん草の緑色

① ア　ミオグロビン　　イ　フラボノイド
　 ウ　フィコシアニン　エ　アスタシン
② ア　アスタシン　　　イ　フィコシアニン
　 ウ　カロテノイド　　エ　クロロフィル
③ ア　ミオグロビン　　イ　アントシアン
　 ウ　カロテノイド　　エ　クロロフィル
④ ア　ミオグロビン　　イ　フィコシアニン
　 ウ　フラボノイド　　エ　アスタシン
⑤ ア　アスタシン　　　イ　アントシアン
　 ウ　カロテノイド　　エ　クロロフィル

【2】次の文章を読んで，下の各問いに答えよ。

食品添加物は，食品を製造・加工する時に，$_A$品質の改良，保存性の向上，着色や調味などを目的として加えられる物質である。

食品添加物は，製造方法により(　ア　)と天然添加物に分けられる。また，(　イ　)法では，有効性と安全性が確認され厚生労働大臣の指定を受けた(　ウ　)と，長年の実績から使用が認められた天然添加物である(　エ　)や天然香料などに分類される。

今後，開発される食品添加物は，すべて(　ウ　)となるが，$_B$一度許可されても安全性に疑いが生じた場合は，使用禁止となる。

食品添加物を使用した食品には，物質名を表示することが義務付けられている。

(1)　空欄ア〜エに当てはまる語句を答えよ。

(2) 下線部Aにかかわって，①～④の目的で使われる食品添加物を下のA～Fから1つずつ選び，記号で答えよ。

① 食品の腐敗を防止する。

② 肉類や魚卵などの色を鮮やかにする。

③ 食品に着色する。

④ 食品になめらかさや粘りを与える。

A ジフェニル　　B 亜硝酸ナトリウム

C グリセリン脂肪酸エステル　　D コチニール

E ソルビン酸カリウム　　F アルギン酸ナトリウム

(3) 下線部Bにかかわって，平成16年に使用禁止となった食品添加物と，その理由を書け。

【3】郷土料理と都道府県名の組み合わせとして，正しいものを，次の1～5から1つ選べ。

1 ふなずし(滋賀県)　柿の葉寿司(大阪府)
ますずし(富山県)

2 きりたんぽ鍋(秋田県)　おやき(長野県)
ひっつみ(岩手県)

3 讃岐うどん(長崎県)　石狩鍋(北海道)
しもつかれ(栃木県)

4 さばのへしこ(福井県)　いただき(鹿児島県)
冷や汁(宮崎県)

5 じゃっぱ汁(青森県)　からしれんこん(群馬県)
ほうとう(山梨県)

【4】次表を参考に，食品群に関連する下の各問いに答えよ。

〈6つの基礎食品群〉

1　群	2　群	3　群
血や肉をつくる	骨・歯をつくる 体の各機能を調整	皮膚や粘膜の保護 体の各機能を調整
4　群	**5　群**	**6　群**
体の各機能を調整	エネルギー源	効率的なエネルギー源

〈4つの基礎食品群〉

1　群	2　群	3　群	4　群
栄養を完全にする	血や肉をつくる	体の調子をよくする	力や体温となる

(1)　食品群に関する①～⑨の記述のうち，適当でないものを2つ選べ。

①〈6つの基礎食品群〉の2群に分類される食品は，牛乳・乳製品，小魚，海藻である。

②〈6つの基礎食品群〉の5群に分類される食品は，〈4つの食品群〉ではすべて4群に分類される。

③〈4つの食品群〉の1群に分類される食品は，〈3色食品群〉では赤群に分類される。

④〈4つの食品群〉の3群にはきのこ類，海藻類を含む野菜が分類され，$\frac{1}{3}$以上は緑黄色野菜でとることが望ましい。

⑤〈4つの食品群〉の1群に分類される二つの食品は，〈6つの基礎食品群〉では1群と2群に分かれる。

⑥　大豆製品は〈6つの基礎食品群〉では1群，〈4つの食品群〉では2群に分類される。

⑦〈6つの基礎食品群〉の1群は，1人1日当たり卵1コ(50g)をとり，残りを肉：魚＝1：1に分ける。

⑧〈6つの基礎食品群〉の穀類については，飯は米の重量で，パン，麺はそのまま(生重量)で計算する。

⑨　中学生・高校生の〈4つの食品群〉による野菜の摂取量のめやすは，男女とも350gである。

(2)〈6つの基礎食品群〉で3群に分類されない食品を含む組み合わせを次の①～⑤から1つ選べ。

①　人参，かぼちゃ，トマト，赤ピーマン

②　京菜，サラダ菜，サニーレタス，貝割れ大根

③　ほうれん草，小松菜，なばな，三つ葉

④　チンゲンサイ，オクラ，さやいんげん，せり

⑤　ピーマン，ズッキーニ，ブロッコリー，さやえんどう

【5】食品について，次の各問いに答えよ。

(1) 食品衛生法施行規則において，アレルギー物質の表示が義務付けられている食品を次のA～Eからすべて選び，記号で答えよ。

A 乳　B 大豆　C 落花生　D 桃　E かに

(2) 次の文中の(ア)～(ウ)に当てはまる言葉を下のA～Iから1つずつ選び，記号で答えよ。

○ りんごを切った後，切り口が褐変するのは，りんごに含まれる(ア)が空気に触れると酸化酵素のはたらきにより酸化されるからである。

○ モロヘイヤ，やまいも，おくらなどのぬめりの成分は(イ)である。

○ ヨーロッパ原産のキク科の植物アンディーブは，別名(ウ)といわれ，独特の香りと苦さがある。

A ポリフェノール　B ペクチン　C レンニン
D チコリー　E アリシン　F レチノール
G ルバーブ　H ムチン　I コールラビ

【6】食物について，次の各問いに答えよ。

(1) 牛，豚，鶏の肉について，次の各問いに答えよ。

① (ア)～(キ)にあてはまる語句を答えよ。

いずれもたんぱく質の(ア)組成が優れており，ビタミン(イ)，B_1，B_2，さらに無機質，特に(ウ)の含有量が高い。

動物の種類により，含まれる栄養素の量は異なる。ビタミン(イ)は(エ)肉に，ビタミンB_1およびB_2は(オ)肉に，(ウ)は(カ)肉に多く含まれる。

肉は，加熱するとたんぱく質が変性して硬くなるが，(キ)の部分は長時間の水煮でやわらかくなる。

② 次の図のア，イの斜線の部位の名称を答えよ。

ア　牛肉　　　　　　イ　豚肉

(2)　食中毒について，次の各問いに答えよ。

①　食中毒の原因となる微生物を2つ答えよ。

②　食中毒の予防のポイントとして次のア～ウがあげられるが，具体的にどのようなことを行えばよいか，簡潔に答えよ。

ア　菌をつけない。

イ　菌を増やさない。

ウ　菌を殺す。

【7】次の①～④の手順でムニエルを作るとき，下の各問いに答えよ。

①　魚に塩・こしょうを振って7～8分間置く。
②　小麦粉をまぶして，余分な粉を落とす。
③　フライパンを熱し，油とバターを入れ，盛り付けたときに，上になる側から強火で焼く。
④　表面に焼き色が付いたら弱火にして約10分間焼く。裏返して弱火で約5分間焼き，中まで火を通す。

(1)　魚に塩・こしょうを振って7～8分間置くと，見た目にはどのような現象が起き，それによって魚の肉はどうなるか書け。

(2)　始めに魚を強火で焼くのはなぜか，その理由を書け。

(3)　魚にまぶした小麦粉が，加熱によって薄い膜に変わる。この現象を何というか，書け。

(4)　赤身の魚は，筋肉に色素たんぱく質を多く含んでいる。この色素たんぱく質を何というか，書け。

(5) 旬の魚は一般的に，味がよく，価格が安いと言われている。他にはどのような長所があるか，1つ書け。

(6) 魚の脂質に含まれるDHAは，脳卒中や心臓病などの病気を予防すると言われている。DHAの正式名称を何というか，書け。

【8】日常食の調理について，次の各問いに答えよ。

(1) 「ゆでる」と「煮る」の調理の違いを書け。

(2) にんじん・ほうれん草などの野菜は炒めて食すると体によいといわれる理由を書け。

(3) 直火焼きと間接焼きの違いと，それぞれの調理例を書け。

(4) けんちん汁に里いもを入れる場合，里いもと同時に入れる調味料は何かを書け。

【9】調理について，次の各問いに答えよ。

(1) 「茶碗蒸し」を作りたい。次の①，②の問いに答えよ。

① 卵50gに対して使用するだし汁の量は，どのくらいが適当か。最も適するものをa～dから1つ選び，記号で答えよ。

a 50mL　b 150mL　c 300mL　d 400mL

② 蒸し終わった「茶碗蒸し」を見たところ，細かい穴が複数あいていた。このような状態を何というか。書け。

(2) 次の①，②の料理に使われる特徴的な材料をa～fから1つずつ選び，記号で答えよ。

① 吉野煮

② ピカタ

a 山椒　b 卵　c 豆腐　d でんぷん　e 白みそ

f ヨーグルト

【10】「筑前煮」の調理について，次の各問いに答えよ。

(1) 次の①，②の材料をどのような切り方をするか書け。また，そのような切り方をする理由も書け。

① にんじんやごぼう

② こんにゃく

(2) 次の①，②の材料を水につける理由をそれぞれ書け。

① 切ったごぼうやれんこん

② 干ししいたけ

(3) 煮る前に材料を炒める理由を書け。

(4) 筑前煮のように汁気がなくなるまで煮る場合の水加減(調味料を含める)を表す言葉を次の①～③から選び，番号とその意味を書け。

① ひたひた　② かぶるくらい　③ たっぷり

解答・解説

【1】③

解説 野菜の色には4つの代表的な色素がある。・カロテノイドは赤や黄の色素で，にんじん，トマト，すいかに含まれる。・アントシアンは紫色の色素で，なす，赤かぶ，赤じそ，いちごに含まれ，酸性で赤，中性で紫，アルカリ性で青色となる。クロロフィルは緑色の色素で，こまつな，ピーマン，いんげん，パセリにふくまれる。フラボノイドは無色で，アルカリ性で淡黄色になり，たまねぎ，大豆，キャベツに含まれる。

【2】(1) ア 合成添加物　イ 食品衛生　ウ 指定添加物　エ 既存添加物　(2) ① E　② B　③ D　④ F　(3) アカネ色素　理由…発がん性が認められたため

解説 (1) 食品添加物については，食品衛生法第4条第2項に，「添加物とは，食品の製造の過程において又は食品の加工若しくは保存の目的で，食品に添加，混和，浸潤その他の方法によって使用する物をいう」と定義されている。 (2) 着色料コチニールはエンジムシ(中南米原産の昆虫)から得られた赤色の着色料。飲料，菓子，かまぼこなど幅広く使用されている。 (3) あかね色素は西洋あかねの根から抽出した赤色の色素。腎臓に対し，発がん性が認められ，使用禁止となる。布の染料としては使用されている。

【3】2

解説 柿の葉寿司は奈良県，讃岐うどんは香川県，いただきは鳥取県，からしれんこんは熊本県の郷土料理である。

【4】(1) ②，⑦　(2) ⑤

解説 (1) ②…6つの基礎食品群の5群とは穀類・いも類・砂糖である。4つの食品群ではいも類が3群になっている。⑦…6つの基礎食品群の第1群は豆・豆製品もある。このことからも⑦の内容は間違い。

(2) 6つの基礎食品群の3群とは緑黄色野菜である。緑黄色野菜とは可食部100g中，カロテンを600μg以上含むもの，または600μg以下でも，食生活の上でよく利用されるもので1回の使用量が比較的多いものをいう。⑤のうち，ズッキーニはそれに当たらない。

【5】(1) A，C，E　(2) ア A　イ H　ウ D

解説 (1) 表示が義務付けられているアレルギー物質は，卵，乳，小麦，そば，落花生，えび，かにである。2023年3月9日，消費者庁より，食品表示基準の一部を改正する内閣府令が公表され，食物アレルギーの義務表示対象品目に「くるみ」が追加された。従って，現時点では8品目になる。　(2) ア 野菜や果物に含まれる色素に関する出題は頻出である。ポリフェノールの他，カロテノイド，フラボノイド等の特徴もおさえておくこと。　イ ムチンはたんぱく質と多糖類が結合した粘性物質で納豆，オクラ，やまいもなどに含まれる。　ウ アンディーブ(チコリー)はフランスでは17世紀からサラダ用として栽培され，日本には江戸時代に伝来した。

【6】(1) ① ア アミノ酸　イ A　ウ 鉄　エ 鶏　オ 豚　カ 牛　キ 筋　② ア サーロイン　イ かた

(2) ① 大腸菌，サルモネラ菌　② ア 調理の前に指の間や手首

を洗う。　イ　鮮度のよい食品を購入し，適切に保存する。できた料理はすぐ食べる。　ウ　十分な加熱殺菌を行う。

解説 (1)　①　鶏肉に多く含まれるのはビタミンAで，豚肉にはビタミンB_1及びB_2，牛肉には鉄が多く含まれている。　②　肉の部位は基本なのでしっかり頭に入れておくこと。　(2)　①　他に，黄色ブドウ球菌，ノロウイルス，カンピロバクターなど。　②　ア　他に，調理器具の殺菌を行う。なども可。

【7】(1)　水分が出て，肉がしまる。　(2)　魚の表面のたんぱく質を固め，うま味を逃がさないようにするため。　(3)　糊化　(4)　ミオグロビン　(5)　栄養価が高い　(6)　ドコサヘキサエン酸

解説 (4)　ミオグロビンは，ヘモグロビンに似ている色素たんぱく質の一種である。筋肉に存在して酸素分子を代謝に必要な時まで貯蔵する。一般に動物の筋肉が赤いのはこのたんぱく質のためである。　(6)　ドコサヘキサエン酸は略称DHAと呼ばれ，不飽和脂肪酸のひとつでマグロ，ハマチ，サバ，イワシなど魚の脂肪に多く含まれる。DHAは体内で生成することができない必須脂肪酸で，食品から摂取しなければならない栄養素である。コレステロールを抑制するといわれている。

【8】(1)　ゆでるは，食品を加熱し食品のみ食するが，煮るは，調理後に汁も一緒に食する。みそ汁などの汁物や，煮魚・煮付けなどが該当する。　(2)　にんじんやほうれん草などの緑黄色野菜には脂溶性ビタミンであるビタミンAが多く，炒めることによって油にビタミンが流出するため。　(3)　直火焼き…放射熱が食品に伝えられるもの　調理例：くし焼き，網焼きなど　間接焼き…温めてから食品を加熱するもの　調理例：ムニエル，オーブン焼きなど　(4)　塩

解説 (1)　ゆでる場合は主に材料の下処理，煮る場合は料理の仕上げとして用いられ，また，ゆでるときは単に水だけ，もしくは塩，酢をわずかに加える程度で処理するのに対して，煮るときは必ず調味料が使われる。　(2)　にんじんやほうれん草に多く含まれるビタミンAは脂溶性なので油で炒めると吸収率がアップする。 (3) 直火焼きは金串を打って鉄弓で焼くか，石綿付きの網，あるいは金網で焼く。間接焼きは，家庭料理ならフライパンに入れて焼いたり，熱したオーブンで加熱したりもする。 (4) 里いものぬめりを取るために塩を使う。

【9】(1) ① b　② すがたつ(すが入る)，など　(2) ① d　② b

解説 (2) ① 吉野煮はくず粉を用いて煮た煮物のこと，くず煮とも言う。煮物の最後にくず粉や片栗粉を加えてドロリとさせたもの。また，材料にくず粉をまぶして煮たものも吉野煮という。どろりとさせることで味が全体にからみ，味のしみ込みにくいものに味をからめることができる。また，滑らかな舌触りも料理の味にプラスされる。
② ピカタとは，薄く切った肉や魚に小麦粉をまぶし，粉チーズを混ぜた溶き卵を絡ませてソテーしたもの。(参考：日本では卵に粉チーズを絡ませた方法が主流。高校教科書にもこの方法が掲載されている)

【10】(1) ① 乱切り　② 手や茶碗・スプーンでちぎる。理由…味をしみこみやすくするため。 (2) ① 変色を防ぐため。② 乾物をもどすため。 だしをとるため。など　(3) うまみを閉じ込めるため。煮くずれを防ぐため。風味を出すため。など
(4) 番号：①　意味：材料が少し出るくらいの水加減

解説 筑前煮とは，筑前(福岡県)の郷土料理で，鶏肉のぶつ切り，にんじん，れんこん，大根，こんにゃくなどをよく炒めてから水を加え，砂糖，しょうゆで炒り煮にしたもの。福岡ではがめ煮と呼び，骨付きの鶏肉を用いて正月料理とされている。

●書籍内容の訂正等について

弊社では教員採用試験対策シリーズ（参考書，過去問，全国まるごと過去問題集），公務員試験対策シリーズ，公立幼稚園・保育士試験対策シリーズ，会社別就職試験対策シリーズについて，正誤表をホームページ（https://www.kyodo-s.jp）に掲載いたします。内容に訂正等，疑問点がございましたら，まずホームページをご確認ください。もし，正誤表に掲載されていない訂正等，疑問点がございましたら，下記項目をご記入の上，以下の送付先までお送りいただくようお願いいたします。

① **書籍名，都道府県（学校）名，年度**
（例：教員採用試験過去問シリーズ　小学校教諭 過去問　2025年度版）
② **ページ数**（書籍に記載されているページ数をご記入ください。）
③ **訂正等，疑問点**（内容は具体的にご記入ください。）
（例:問題文では“ア～オの中から選べ”とあるが，選択肢はエまでしかない）

〔ご注意〕
○ 電話での質問や相談等につきましては，受付けておりません。ご注意ください。
○ 正誤表の更新は適宜行います。
○ いただいた疑問点につきましては，当社編集制作部で検討の上，正誤表への反映を決定させていただきます（個別回答は，原則行いませんのであしからずご了承ください）。

●情報提供のお願い

協同教育研究会では，これから教員採用試験を受験される方々に，より正確な問題を，より多くご提供できるよう情報の収集を行っております。つきましては，教員採用試験に関する次の項目の情報を，以下の送付先までお送りいただけますと幸いでございます。お送りいただきました方には謝礼を差し上げます。
（情報量があまりに少ない場合は，謝礼をご用意できかねる場合があります）。

◆あなたの受験された面接試験，論作文試験の実施方法や質問内容
◆教員採用試験の受験体験記

送付先	○電子メール：edit@kyodo-s.jp ○FAX：03-3233-1233（協同出版株式会社　編集制作部 行） ○郵送：〒101-0054　東京都千代田区神田錦町2-5 協同出版株式会社　編集制作部 行 ○HP:https://kyodo-s.jp/provision（右記のQRコードからもアクセスできます）

※謝礼をお送りする関係から，いずれの方法でお送りいただく際にも，「お名前」「ご住所」は，必ず明記いただきますよう，よろしくお願い申し上げます。

教員採用試験「過去問」シリーズ

石川県の
家庭科 過去問

編　集　© 協同教育研究会
発　行　令和6年2月25日
発行者　小貫　輝雄
発行所　協同出版株式会社
〒101-0054　東京都千代田区神田錦町2 - 5
電話　03－3295－1341
振替　東京00190－4－94061
印刷所　協同出版・POD工場

落丁・乱丁はお取り替えいたします。